本书是"厦门与 RCEP 国家经贸合作发展的主要方向和推进方式研究"课题的最终成果。

RCEP 框架下的经贸合作

基于厦门市的研究

A RESEARCH BASED ON
XIAMEN CITY

ECONOMIC
AND TRADE COOPERATION
UNDER
THE FRAMEWORK OF RCEP

黄群慧 等 著

社会科学文献出版社
SOCIAL SCIENCES ACADEMIC PRESS (CHINA)

《RCEP 框架下的经贸合作：基于厦门市的研究》课题组

组　　长　黄群慧　中国社会科学院经济研究所

副组长　彭朝明　厦门市发展研究中心

成　　员　刘学良　中国社会科学院经济研究所

　　　　　刘洪愧　中国社会科学院经济研究所

　　　　　倪红福　中国社会科学院经济研究所

　　　　　张小溪　中国社会科学院经济研究所

　　　　　续　继　中国社会科学院经济研究所

　　　　　王　骁　中国社会科学院经济研究所

　　　　　陈菲妮　厦门市发展研究中心

　　　　　黄榆舒　厦门市发展研究中心

　　　　　黄光增　厦门市发展研究中心

　　　　　王成龙　厦门市发展研究中心

前　言

当前 WTO 框架下国际贸易投资规则推进缓慢，以《全面与进步跨太平洋伙伴关系协定》（CPTPP）为代表的双边或者区域性深度贸易协定接连签署，国际贸易投资规则出现新特点。在此背景下，2020 年 11 月 15 日，东盟十国、中国、日本、韩国、澳大利亚和新西兰正式签署《区域全面经济伙伴关系协定》（RCEP）。作为全球最大的自由贸易协定，RCEP 是一个全面、现代、高质量和互惠的自贸协定，是亚太区域一体化的重要里程碑事件。RCEP 共包括 20 章和 4 个承诺表附件，既涉及货物贸易、服务贸易、投资合作、原产地规则等传统自贸协定领域，又新增知识产权、竞争政策、电子商务、数字贸易、环境保护等议题领域，体现了新型自由贸易协定的发展方向。具体来看，RCEP 有以下特点。

一是在货物贸易方面，RCEP 旨在取消或降低区域内关税和非关税壁垒，促进原产地规则、海关程序、检验检疫、技术标准等统一规则的实施，提高货物贸易自由化和便利化水平。二是在服务贸易方面，RCEP 涉及适用范围、原产地规则、国民待遇、最惠国待遇、透明度清单、本地存在、国内法规等方面的规则，旨在消减服务贸易领域的限制性、歧视性措施。三是在双边投资方面，RCEP 旨在打造自由、便利、竞争性的区域投资环境，其"投资"章共包括 18 个条款和 2 个附件以及 15 个投资领域不符措施承诺表，涉及投资促进、保护、便利化和自由化四大支柱。在其他新兴和热点议题方面，RCEP 首次在地区范围内达成较高水平的知识产权、电子商务合作条款，增加了竞争、中小企业、贸易救济等议题，制定了如临时保障措施、过渡保障措施、反倾销中禁止归零等超出 WTO 规定的义务。四是为最大限度兼顾各方国情和发展需求，RCEP 在坚持高标准的同时，兼顾适度性、普惠性与包容性，在倡导"开放地区主义"的同时，坚持渐进务实开放原则。

中国对外经贸格局发生重要变化，RCEP 的签订对中国经贸发展具有重要意义。一是 RCEP 有助于推动建立全球最大自由贸易区和一体化的区域大市场。RCEP 区域内经贸规模大，涵盖了全球约 30% 的人口、30% 的经济总量和 30% 的对外贸易量。二是 RCEP 由亚洲国家主导制定，成为亚太区域内经贸合作的新趋势。三是 RCEP 有助于加强中国与 RCEP 成员国的经贸联系，提升中国对外贸易多元化水平，构建中国与周边国家更加紧密的产业链供应链联系。四是 RCEP 有助于推动中国自由贸易协定建设水平，提升中国制度型开放水平。

RCEP 的签订对厦门经贸发展同样具有重要意义。RCEP 将进一步扩大厦门对外经贸合作的市场深度和广度，提高厦门与 RCEP 成员国经贸合作的自由化便利化程度，从而使厦门的国际竞争力显著增强，对区域外国家的吸引力和辐射力都将更大。这将促使厦门成为吸收台资、台企的新高地，也将有效提升厦门金砖创新基地的影响力，吸引更多金砖国家的企业到厦门投资，从而提高厦门的产业规模和产业链供应链的完整性，促进产业升级。此外，RCEP 也将成为厦门推动构建开放型经济新体制的驱动因素。

因此，RCEP 将给厦门经贸带来重要机遇，成为厦门贸易发展新动力、投资合作新引擎、产业升级新助力，同时夯实厦门"海丝"核心区和新发展格局节点城市地位，引领厦门制度型开放新方向，探索与周边国家经贸合作的新模式。当然，厦门与 RCEP 成员国经贸合作也面临诸多挑战。例如，RCEP 相对现有自贸协定在关税方面的优惠并不明显，成员国对中国的非关税壁垒较多，部分成员国在基础设施方面存在短板，成员国营商环境、贸易便利化水平、技术标准水平差异较大。此外，RCEP 也将加剧厦门与 RCEP 成员国间的产业竞争。

面对 RCEP 带来的机遇与挑战，需要全面分析厦门与 RCEP 成员国经贸合作的基础与前景。协议签订以来，厦门与 RCEP 成员国的贸易发展非常迅速，双边贸易和投资规模明显增长，未来厦门与 RCEP 成员国的合作前景也十分广阔。例如，RCEP 短期内就将为中日贸易和投资带来更大机会，也将在长期内拓展厦门与 RCEP 成员国的贸易投资潜力。RCEP 也将为厦门国际供应链服务企业带来更多机会，有利于这些企业构建亚太地区供应链体系，规避中美贸易摩擦的长期性影响。RCEP 还将促进日本、韩国等先进制造业国家的企业进入厦门市场，同时为厦门企业"走出去"提供更广阔的空间。

在此背景下，厦门要全面思考和把握加强与 RCEP 成员国经贸合作的主要方向、推进方式和政策举措，不断推进与 RCEP 成员国的经贸合作，促进厦门开放型经济高质量发展。在主要方向上，要利用 RCEP 推动厦门成为区域内经贸合作中心城市和平台型城市，强化厦门与 RCEP 成员国在"4+4+6"现代化产业体系的合作、在产业链供应链的合作、在现代化服务业的合作，加强厦门与 RCEP 成员国间的双向投资。在推进厦门与 RCEP 成员国经贸合作方式上，要有侧重点和针对性，对不同国家、不同行业、不同领域采取不同的合作方式，同时基于当前国内外经贸合作模式的最新发展趋势、贸易模式的演变以及厦门自身的特征，以共建经贸合作区模式和数字贸易模式、建设一批"小而美"特色项目和特色产品进出口基地、夯实服务贸易进出口基地等为抓手，强化与 RCEP 成员国的经贸合作。具体的政策举措如下。

第一，货物贸易领域。一是引导企业用好 RCEP 对出口货物的优惠关税待遇。引导企业择优选用现有自贸协定优惠安排，充分利用 RCEP 原产地累积规则促进厦门与 RCEP 成员国的中间品贸易和加工贸易。二是强化与 RCEP 成员国的政策沟通。加强与 RCEP 成员国关于反倾销政策、各类标准体系、认证体系的谈判沟通。三是完善贸易便利化各项措施。进一步压缩通关时间、提高通关效率，全面落实 RCEP "6 小时通关"，进一步完善厦门国际贸易"单一窗口"，推进其与亚太示范电子口岸网络（APMEN）合作。四是针对重点国家采取针对性举措。梳理总结厦门与 RCEP 经贸合作的重点国家和发展潜力较大国家。充分利用中日首次建立自贸关系的契机，大力开拓日本市场。五是充分利用跨境电商的助推作用。加强对跨境电商的引导和政策扶持，完善跨境电商产业链和服务链，做大做强厦门跨境电商产业园。打造海、陆、空、铁"四位一体"的跨境电商物流体系，鼓励企业在重点国家建设具备公共仓储、集货分销、物流配送能力的海外仓，对符合条件的企业给予资金支持与补助。鼓励厦门制造业企业加强与大型跨境电商平台企业合作，提高对海外订单信息的获取及时度。

第二，服务贸易领域。一是充分利用厦门作为服务贸易创新发展试点城市、中国服务外包示范城市的相关政策以及 RCEP 对于服务贸易的优惠政策，拓宽服务贸易合作领域。二是充分利用 RCEP 推动厦门数字服务贸易高质量发展。以推动厦门数字服务出口基地优化升级为抓手，鼓励企业积极开发数字服务内容、云服务、大数据、区块链等数字贸易业态，提升国家数字服务出口基地能级。加强与日本在游戏、动漫、电影等产业方面的合作。三是充分利用 RCEP 促进厦门文化出口平台发展，进一步打造厦门文化出口平台，推动厦门与 RCEP 成员国的文化交流和文化贸易。四是利用 RCEP 培养厦门高端服务出口新优势。做大做强厦门飞机维修行业，将其打造成为东南亚地区的飞机维修中心，积极推进服务业扩大开放综合试点工作，推动现代化生产性服务贸易发展。

第三，吸收外商投资领域。一是充分利用 RCEP 政策优惠举措，围绕厦门"4+4+6"现代化产业体系，聚焦日本、韩国、新加坡的高科技企业、行业领军企业和技术先进型中小企业，加大吸收外商直接投资的力度。二是创新吸收外资的形式，鼓励 RCEP 成员国外资在厦门设立各种形式的独资企业。支持日本、韩国、新加坡等国高科技企业在厦门设立研发中心，与国内企业联合开展技术研发、承担国内重大科研攻关项目。三是针对 RCEP 成员国的外商投资，出台新一轮利用外资鼓励政策。成立 RCEP 重点外资项目工作专班机制，加强要素支撑、政策支持和服务保障。四是推动厦门与 RCEP 成员国建立投资促进合作机制，采取多种形式构建投资促进平台。建立 RCEP 外资招商项目库和企业库，加快在 RCEP 成员国建立投资促进代表处、选聘投资促进顾问，加强与行业协会及华人华侨商会对接联系。五是放宽 RCEP 外商投资的准入领域和门槛。利用 RCEP 契机全面落实市场准入承诺即准营制试点,切实实施外商投资准入前国民待遇加负面清单制度。六是优化外商投资企业营商环境,解决好国外人才的入境、生活、教育、医疗等问题。为 RCEP 成员国符合条件的外商投资企业聘雇并推荐的外籍高级管理、技术人才申请永久居留提供便利。

第四,对外投资领域。一是引导企业主动"走出去"到 RCEP 成员国提前布点。鼓励有条件的厦门物流龙头企业到日本、韩国、东南亚地区建设海外仓,鼓励企业利用原产地累积规则、"背对背"原产地证明等制度在 RCEP 成员国优化产业和供应链布局。二是加强与 RCEP 成员国产能合作。促进企业参与 RCEP 成员国港口、铁路、公路、能源等重大基础设施项目建设,拓展境外承包工程承包项目。三是利用 RCEP 投资自由化契机,引导大型企业和企业集团建设一批境外经贸合作区,加快推进象盛镍业印度尼西亚经贸合作区等建设。四是完善企业对外直接投资的政策环境。缩减企业境外投资备案时间,为企业提供境外融资支持,适当简化人员因公出境、资金境内外流转等方面的审批流程。针对制造业、高端服务业和资源能源类企业在 RCEP 成员国的对外直接投资,可在审批和资金方面给予绿色通道。五是增强对境外投资企业的海外服务能力。发挥中国贸促会对外联络资源渠道、当地使领馆、行业协会等作用,协助解决企业对外直接投资面临的难点和痛点。六是利用海丝基金和股权投资基金为企业提供资金支持,发挥厦门国贸集团股份有限公司(简称国贸集团)、厦门象屿集团有限公司(简称象屿集团)等供应链企业的作用来引导中小企业"走出去",提供相应的信息服务。

第五,优化政府的公共服务能力和政务服务质量。一是进一步提高政府作为公共服务平台的功能。建设完善 RCEP 企业服务中心,打造"一站式"贸易投资服务平台。充分用好"9·8"投洽会、进博会等重大招商活动平台,增加投洽会(厦洽会)的 RCEP 元素内容。加强厦门与 RCEP 产业合作委员会、中国-东盟商务理事会等组织的合作。二是引进一批专业化、国际化的各类服务机构落户厦门。三是优化完善 RCEP 规则的推广宣传工作。进一步完善 RCEP 相关政策的宣传推广工作,形成一个 RCEP 与现有其他协定的享惠对比清单，引导企业选择最适合自身需求的自贸协定。四是科技赋能提高外贸服务效率和方式。利用大数据和人工智能系统给相关企业定向推送优惠政策。五是发挥贸促会等中介机构的作用。鼓励厦门贸促会立足自身优势，为加深厦门与 RCEP 成员国经贸合作提供支撑。进一步发挥出口信用保险机构的作用，鼓励成立民营出口信用保险机构，鼓励成员国的出口信用保险机构在厦门设立分支机构，为厦门出口企业提供相关保险服务。

第六，完善厦门与 RCEP 成员国的物流运输网络，提高效率。一是申请开通厦门与 RCEP 成员国的更多航线，进一步织密厦门外贸干线网络，积极构建"RCEP+丝路飞翔"物流大通道，使厦门成为连接日本、韩国与东南亚、澳大利亚等国的中转枢纽。二是加强海运、铁路、公路等多种运输方式的衔接和配合。进一步推进多式联运"一单制"改革，加快建设中国－东盟多式联运联盟基地和服务中心。三是完善"丝路海运"国际航运综合服务平台和"丝路海运"联盟，服务更多 RCEP 成员国。四是进一步提高物流便利化水平。完善物流运输服务能力和效率，加强信息化建设，推动企业间的物流信息共享。

第七，将厦门打造成联通中国台湾和金砖国家的枢纽，推动制度型开放。一是用好 RCEP 吸引台胞台企台资来厦投资、兴业、创业。加强厦台产业融合，加快建设海峡两岸集成电路产业合作试验区，探索与台资主体开展 RCEP 成员国第三地投资合作。适度超前开展交通物流基础设施建设，构建两岸物流大通道，推动台湾地区货物经由厦门出口。大力吸收台湾地区的高素质人才，进一步扩大直接采认台湾职业资格范围。二是用好 RCEP 规则助力厦门金砖创新基地建设。利用 RCEP 推动厦门与金砖国家展开更加深入的产业合作，发挥厦门作为联系 RCEP 成员国与金砖国家枢纽的作用，助益企业打通 RCEP 与金砖国家市场。三是以厦门自贸片区为基础，以 RCEP 成员国为主要对象，推动制度型开放。瞄准 RCEP 规则，在促进资金、技术、人员等"要素型开放"的同时，加快规则、规制、管理和标准等"制度型开放"。在厦门自贸片区内，率先落实 RCEP 过渡性条款，推动投资便利化、服务贸易负面清单、数字贸易等协议内容率先落地。

目 录

主报告

专题报告

主报告

厦门与 RCEP 成员国经贸合作的
背景、前景与对策

一 RCEP 签订的国内国际背景、特点与意义

（一）RCEP 签订的国内国际背景

1. WTO 框架下国际贸易投资新规则推进缓慢，制约全球经贸发展

以世界贸易组织（WTO）为核心的多边贸易体制一直以来都发挥着重要作用。但是近年来 WTO 框架下国际贸易投资新规则推进缓慢，以 WTO 为代表多边贸易体制的权威性和有效性受到严重挑战。例如，被认为是 WTO 最高成就的《关于争端解决规则与程序的谅解》已经失效。美国采取单边措施并持续阻挠 WTO 上诉机构法官遴选，使作为 WTO 最重要功能之一的争端解决功能陷入困境。2023 年 2 月 27 日，在世贸组织争端解决机构例会上，由 WTO 的 127 个成员提出的重启上诉机构新法官遴选程序的提案，再次因为美国的阻拦而宣告失败，而这已经是该提案第 63 次被阻。中美贸易摩擦、美国对欧盟诸多产品征收惩罚性关税等，都暴露了 WTO 在解决贸易争端方面的不足之处。此外，WTO 框架下的多边贸易谈判还远没有就数字贸易等新规则达成一致意见，关于数据跨境流动、数字设施本地化、隐私保护等方面的数字贸易关键条款目前还没有在 WTO 规

则中得到体现。

诸多因素导致 WTO 框架下的国际贸易投资规则推进缓慢。其一，近年来随着国际经济贸易格局的深刻变化，尤其是自 2008 年国际金融危机以来，全球经济增速下行和需求回落导致贸易保护主义不断在全球范围内蔓延，经济全球化遭遇逆流。其二，在国际经贸格局深刻变化背景下，WTO 未能对此做出必要调整，以致自身的体制机制弊端不断显现：谈判机制复杂，决策效率偏低；贸易政策审议程序复杂，缺乏时效性和透明度；争端解决机制裁决存在不一致性和不连贯性；等等。其三，发达国家与发展中国家关于 WTO 改革的立场相差甚远。发达国家强调"公平贸易""深度一体化"，要求取消或改革发展中国家享有的特殊和差别待遇，而发展中国家则要求发达成员履行承诺和义务，进一步扩展特殊和差别待遇的适用范围。其四，在数字经济和数字贸易加快发展背景下，主要贸易大国和利益集团针对国际贸易新规则的博弈日益凸显，导致以 WTO 为代表的多边贸易规则不断受到冲击和挑战。美国带头反对 WTO，不仅阻碍 WTO 上诉机构新成员任命，还频繁以国家安全为由对他国产品发起调查甚至加征关税。其五，WTO 的协商一致原则使每一位 WTO 成员都拥有否决权，但由于 WTO 成员众多，利益诉求存在较大差异，也成为导致 WTO 谈判效率低下或者谈判陷入僵局的重要因素。

2. 以 CPTPP 为代表的深度区域贸易投资协定接连签署

面对 WTO 框架下的多边贸易体制推进缓慢，世界各国越来越倾向于采取双边和区域贸易协定来推进相互间的贸易投资合作，减少对 WTO 多边贸易体制的依赖，国际贸易投资规则出现新特点。2017 年以来，WTO 框架外的双边或区域贸易协议数量大幅增加，覆盖范围和深度也有所提高。根据 WTO 的公告，从全球有效区域贸易协定数量的变化看，2017~2022 年，全球增加的有效区域贸易协定个数达到 71 个。比较有代表性的深度区域贸易协定包括：《全面与进步跨太平洋伙伴关系协定》（CPTPP，占世界经济比重超过 13%）；《美国-墨西哥-加拿大协定》（USMCA，占世界经济的比重约 30%）；《区域全面经济伙伴关系协定》（RCEP，占世界经济的比重约

30%);《非洲大陆自由贸易区》（AfCFTA，占世界经济的比重约 3%）。这些深度区域贸易协定，不仅涵盖货物贸易、服务贸易、投资准入等传统经贸议题，还包括电子商务、数字贸易、知识产权保护、国有企业、补贴、劳工和环境标准相关的其他议题，而且在市场准入、争端解决、开放程度等方面都超越了 WTO 规则。

以 CPTPP 为例，其涵盖日本、加拿大、澳大利亚、智利、新西兰、新加坡、文莱、马来西亚、越南、墨西哥和秘鲁 11 国。CPTPP 具有开放标准高、覆盖范围广、边境后议题多等特点，在贸易投资规则上体现高度自由化、便利化，在国内规制上体现高度市场化、法治化和国际化的公平竞争环境，在开放标准上体现对发展中经济体的包容性，在组织成员发展上体现多边开放原则，成为具有世界影响力甚至引领未来国际经贸规则创新变革趋势的高标准自由贸易协定。

CPTPP 的高标准致力于实现各成员 99.5% 的税目和贸易额"零关税"。此外，在服务贸易和投资领域，CPTPP 以负面清单方式实施市场开放。CPTPP 的广覆盖则是指 CPTPP 包括 30 章，涵盖货物贸易、服务贸易、投资、规则、合作与便利化、一般法律条款共六大领域。这些领域的覆盖范围广泛，涉及经济和社会领域的各个方面。CPTPP 的边境后议题多指的是，它广泛涉及国内规制的边境后公平开放，覆盖国有企业、竞争中性、知识产权保护、政府采购、补贴、劳工标准、环境保护、技术性贸易壁垒、监管一致性、透明度与反腐败等边境后规则。

3. 中国的对外经贸格局发生重要变化

中国对外经贸格局最重要的变化是，近年来中国在美国进口中的占比不断下降。根据美国商务部公布的 2023 年上半年贸易统计数据，从各国占美国进口商品的比重来看，2023 年 1～6 月墨西哥超过中国，跃居首位。这是中国 15 年来首次跌落榜首，而墨西哥则自 2001 年有可比数据以来首次成为美国第一大进口国。不仅如此，2023 年上半年加拿大对美国出口额也达2106 亿美元，超过中国。这意味着，中国目前已经下跌至美国第三大进口国。此外，2023 年中国到欧盟等发达国家和地区的出口额也有所下降，占中国出口的比重也在下滑。可以说，美国等发达国家对我国出口的拉动作用不断减弱，占我国出口的比重不断下降。

与此同时，中国在东盟国家进口中的份额显著上升，2017~2022 年从 20.2% 提升至 24.7%。此外，墨西哥、日本、韩国、欧盟、印度、俄罗斯等经济体的出口中，我国获得的增加值比重也呈现出不同程度的上升。我国对其他"一带一路"国家特别是对拉美和非洲国家的出口不断增长，占比不断提升。

具体从中国进出口的地区结构来看，2023 年 1~8 月我国前五大贸易伙伴依次为东盟、欧盟、美国、日本、韩国，对上述贸易伙伴进出口总额分别为 41108.6 亿元、36829.5 亿元、30468.4 亿元、14489.8 亿元、14070.9 亿元。东盟是我国第一大贸易伙伴，占我国进出口比重达 15.2%。其中，对东盟出口额 23980.3 亿元，占出口比重为 15.5%；进口额 17128.3 亿元，占进口比重为 14.7%。其中，我国对东盟的新加坡出口增速高达 21.0%。欧盟是我国第二大贸易伙伴，占我国进出口总额比重达 13.6%。其中，对欧盟出口额 23712.3 亿元，同比下降 4.4%，占出口比重 15.3%；进口额 13117.2 亿元，增长 4.3%，占进口比重 11.3%。美国是我国第三大贸易伙伴，占我国进出口比重达 11.2%。其中，对美国出口额 22715.8 亿元，下降 11.7%，占出口比重 14.7%；进口额 7752.7 亿元，增长 1.6%，占进口比重为 6.7%。我国对日本、韩国的出口增速出现下滑，分别下降 2.4%、1.6%；进口增速也分别下滑 10.7%、19.0%。此外，我国对俄罗斯、南非等经济体的出口额增速较高，均超过 10%；对加拿大、俄罗斯、澳大利亚的进口额增速均超过 15%。

中国对外经贸格局发生变化的重要原因是中美贸易摩擦，使中国对美国出口造成了很大的不确定性，影响了企业的出口决策，造成了诸多跨国公司将产业链和订单转移到墨西哥和东南亚等。美国也正在推进与友好国家构筑所谓的供应链的"友岸外包"或者"近岸外包"。在中美贸易摩擦持续作用下，国际生产分工格局和贸易商品的流向开始发生变化。对我国而言，中美贸易摩擦造成的外部不确定性也使得我国企业的出口成本上升，导致企业向墨西哥、东南亚等迁移的现象比较严重，且长期来看可能不断强化。

（二）RCEP 协定下国际贸易投资规则的主要特点

RCEP 是 2012 年由东盟发起的，历时八年，由包括东盟十国以及中国、日本、韩国、澳大利亚、新西兰共 15 个成员国签订的协定。2020 年 11 月 15 日，RCEP 第四次领导人会议期间，东盟十国、中国、日本、韩国、澳大利亚和新西兰正式签署协定。2022 年 1 月 1 日起，RCEP 对文莱、柬埔寨、老挝、新加坡、泰国、越南、中国、日本、新西兰和澳大利亚 10 国正式生效，2 月 1 日起，RCEP 对韩国正式生效，3 月 18 日起，RCEP 对马来西亚正式生效，2022 年 5 月 1 日对缅甸正式生效，2023 年 1 月 2 日对印度尼西亚正式生效，2023 年 6 月 2 日对菲律宾正式生效，标志着 RCEP 对 15 个签署国全面生效。作为全球最大的自由贸易协定，RCEP 是一个全面、现代、高质量和互惠的自贸协定。RCEP 的生效实施，将有利于促进区域经济增长，是全球和区域一体化的一个新的里程碑。

RCEP 共包括 20 章和 4 个附件（关税承诺表、服务具体承诺表、服务和投资保留及不符措施承诺表、自然人临时移动具体承诺表），既涉及货物贸易、服务贸易、投资合作、原产地规则等传统自贸协定领域，又新增了知识产权、竞争政策、电子商务、数字贸易、环境保护等议题领域，体现了新型自由贸易协定的发展方向，是全面、现代化、高质量和互惠的自贸协定。RCEP 协定的主要特点如下。

第一，货物贸易方面的特点。RCEP 旨在取消或降低区域内关税和非关税壁垒，促进原产地规则、海关程序、检验检疫、技术标准等统一规则的实施，提高货物贸易自由化和便利化水平，降低区域内贸易成本，提升产品国际竞争力。RCEP 协定第二~七章为货物贸易相关内容，共 6 章 4 个附件，同时还公开了各方具体关税承诺表。在关税方面，RCEP 协定生效后，区域内 90% 以上的货物贸易最终会实现零关税，且主要是立刻零关税和 10 年内零关税，自由贸易区（简称自贸区）有望在较短时间兑现所有货物贸易自由化承诺，大幅降低区域内贸易成本和商品价格。在原产地规则方面，RCEP 采用更宽泛的区域完全累积规则，不仅允许区域内各方具有原产资格的中间品累加到最终产品的原产成分之中，而且将区域内所有生产活动及产品增值均纳入最终产品的原产成分计算之中，以进一步扩大原产货物的范围。RCEP 也将微小加工和处理规则作为原产货物认定标准的补充，适用直接运输规则但不限制时间，原产地证明类型更加丰富与灵活。在程序便利化方面，RCEP 旨在推动缔约方海关程序更加简化、透明、可预期，提升贸易便利化水平。RCEP 要求采取更加便捷的海关程序，规定货物放行时限，对经认证经营者提供额外的贸易便利化措施。在卫生与植物检疫措施（SPS）方面，RCEP 促进区域制度、标准对接，减少非关税壁垒。在标准、技术法规和合格评定程序方面，RCEP 采取更加细致、严谨、可行的规则。在贸易救济方面，RCEP 在重申 WTO 相关协定权利义务的基础上，对贸易救济做出更详细规定，进一步提高贸易救济调查透明度水平，限制滥用。

第二，服务贸易方面的特点。RCEP "服务贸易" 章主要涉及适用范围、原产地规则、国民待遇、最惠国待遇、透明度清单、本地存在、国内法规、承认等方面的规则，以消减服务贸易领域的限制性、歧视性措施。RCEP 开放承诺显著提升了区域服务贸易开放水平，已高于《服务贸易总协定》和 "10+1" 自贸协定开放水平。RCEP 成员国对服务贸易领域的开放采取正面清单和负面清单两种承诺模式。其中，新西兰、中国、菲律宾、泰国、越南、老挝、柬埔寨、缅甸等 8 个成员国暂时采用正面清单承诺，而日本、韩国、澳大利亚、新加坡、文莱、马来西亚、印度尼西亚等 7 个成员国采用负面清单方式承诺。RCEP 扩大了自然人临时移动的承诺类别，就金融和电信行业的市场准入和监管透明度做出高水平承诺，相关承诺开放的服务部门显著高于目前各方与东盟现有自贸协定水平。中国在 RCEP 中也达到了已有对外签署自贸协定中的最高水平，在研发、管理咨询、制造业相关服务、养老服务、专业设计、建筑等部门都做出了新的开放承诺。

第三，投资合作方面的特点。RCEP 国际投资规则旨在打造自由、便利、竞争性的区域投资环境，其 "投资" 章共包括 18 个条款和 2 个附件

（习惯国际法和征收），以及 15 个投资领域不符措施承诺表，涉及投资促进、保护、便利化和自由化四大支柱，为投资者在本区域进行投资活动提供了较为全面的制度保障。RCEP 用负面清单的方式进行投资准入谈判，对制造业、农业、林业、渔业、采矿业五个非服务业领域做出较高水平开放承诺。RCEP 也是中国首次在自贸协定中引入准入前国民待遇加负面清单的开放模式。除了投资自由化相关规则外，RCEP 还包括投资保护、投资促进和投资便利化措施。例如，RCEP 详细列出了不得在投资准入前或准入后强制施加或执行的要求，也制定了详细的投资促进和投资便利化条款，强调了安全例外条款。

第四，RCEP 涵盖诸多区域贸易协定的新议题、新规则。RCEP 是在 WTO 等相关多边贸易规则的基础上发展的新型自贸协定。RCEP 既包含传统的货物、服务和投资等市场准入内容，还首次在地区范围内达成了较高水平的知识产权、电子商务合作条款，增加了竞争、中小企业、贸易救济等 WTO 框架下关注的新兴和热点议题，制定了如临时保障措施、过渡保障措施、反倾销中禁止归零等超出 WTO 规定的义务。为适应数字经济时代的发展要求，RCEP 还加强了数字环境下著作权或相关权利以及商标的保护，要求维持对电子传输内容免征关税的做法。同时，由于 RCEP 涵盖的电子商务、政府采购等领域涉及众多"边境后"条款，对成员国提出改革与调整要求。以中国为例，在电子商务领域，中国首次提出在符合国家法律法规的前提下，在自贸协定中纳入数据流动和信息存储等规定。在 RCEP 内，中国首在对外签署的自贸协定中设立"政府采购"章，表达了中国促进国内政府采购领域改革、实现政府采购开放和参与国际合作的积极意愿。

第五，RCEP 体现普惠包容的合作理念和渐进务实的开放原则。RCEP 成员国发展差距很大，新加坡人均 GDP 是缅甸的 46 倍。为最大限度兼顾各方国情和发展需求，RCEP 在坚持高标准的同时，兼顾适度性与包容度，倡导"开放地区主义"的同时，坚持渐进务实的开放原则。RCEP 谈判指导原则强调，应承认各国的差异和所处的不同环境，要采取适当灵活的形式，为最不发达成员国提供特殊和差别待遇。在实际承诺中，RCEP 体现了在 WTO

基础上渐进务实的开放原则，实现了市场准入和各领域规则方面的利益平衡。如老挝、柬埔寨、缅甸等欠发达成员国可通过更长的过渡期来实现服务贸易"负面清单"开放，而且要求各成员国对最不发达国家原产货物不可实施过渡性保障措施，也不可向其实施的过渡性保障措施要求补偿。此外，在知识产权、竞争政策、透明度、经济技术合作等诸多规则领域，RCEP 也给予欠发达国家特殊安排，以促进包容均衡发展，使各方都能充分共享RCEP 成果。如 RCEP "政府采购"章规定，不得要求最不发达国家承担政府采购领域透明度与合作相关的任何义务，但最不发达国家可以受益于其他成员国之间政府采购领域的相关合作。此条款尊重和落实了 WTO 框架下政府采购协议中强调的发展中国家应享有的特殊和差别待遇，同时也体现了RCEP 对各成员国自主开放权利的尊重及对不同发展水平国家的包容。

（三）RCEP 签订对中国经贸发展的意义

第一，RCEP 有助于推动建立全球最大自由贸易区和一体化的区域大市场。RCEP 区域内经贸规模大，涵盖了全球约 30% 的人口、30% 的经济总量和 30% 的对外贸易量。联合国贸易和发展会议报告显示，RCEP 成员国制造业总产出占世界 50%，其中全球约 50% 的汽车生产和多达 70% 的电子产品生产均在此区域内完成。然而，与全球另外两大传统的经济板块相比，欧盟和北美均建立了以自贸协定为依托的区域统一大市场，亚太区域的经济一体化进程存在明显滞后。RCEP 的签署顺应了亚太国家间产业合作网络日益紧密繁荣的发展趋势，使区域内既包含中国、东盟等新兴市场和人口大国，也包含日、澳、韩等成熟和发达市场，建立起区域内更加一体化的自贸区和庞大市场。特别是通过 RCEP，中日、日韩之间首次建立了自贸伙伴关系，这为中日韩自贸区谈判奠定了良好的基础，对东亚的区域一体化进程起到了极大的促进作用。在 RCEP 生效后，相关经贸规则将进一步促进开放的区域大市场建设。例如，RCEP 中区域累积的原产地规则允许产品原产地价值成分可在 15 个成员国之间进行累积。此规则很好地适应了区域内制造业发达、各类中间品贸易往来密切的特点，可有效降低原产货物的免税门槛，提高企业对优惠税率的利用率，提高区域内中间品贸易。同时在投资方面，RCEP 用负面清单的方式进行投资准入谈判，对制造业、农业、林业、渔业、采矿业五个非服务业领域做出较高水平开放承诺，将显著提升区域内投资合作，引导更多要素资源在区域内自由流动和高效配置，促进区域产业链供应链重组布局，为企业和消费者创造更多福利。

第二，RCEP 由亚洲国家主导制定，彰显全球经贸规则变革新趋势。以往东亚、东南亚国家只能成为西方发达国家"高水平自贸协定"的接受者。RCEP 的签署代表了亚洲国家从以往国际经贸规则被动的接受者和追逐者演变成为规则的主导制定者，这有利于使经贸规则的发展方向更加满足亚洲国家自身发展的利益诉求，符合亚洲国家发展差距较大的实际，也有利于为国际经贸规则改革提供亚洲智慧和亚洲方案。RCEP 还彰显了现行全球经贸规则融合发展的新趋势。亚太地区尤其东亚是全球人口分布最稠密、经贸往来最频繁的地区，包含多个发展中经济体和发达经济体。同时，亚洲各经济体是区域、双边自由贸易协定的重要实践者，本区域各国间多个双边与区域自贸协定为多边自贸区建设奠定了基础。然而，各类自贸协定的纵横交错容易引发国际制度的"面条碗"效应，纷繁复杂的规则影响自贸协定在贸易往来进程的实际应用。在这一背景下，RCEP 整合了东盟与中国、日本、韩国、澳大利亚、新西兰多个"10+1"自贸协定以及中、日、韩、澳、新五国之间已有的多对自贸伙伴关系，成为亚太区域内经贸合作的新趋势。

第三，RCEP 有助于加强中国与 RCEP 成员国的经贸联系，提升中国对外贸易多元化水平，构建中国与周边国家更加紧密的产业链供应链联系。一方面，在中美贸易摩擦背景下，RCEP 的签署降低了中国与 RCEP 成员国的关税和非关税贸易壁垒，有助于进一步扩大中国与 RCEP 成员国的贸易规模，提高中国对外贸易的多元化水平，弱化中国对美国等发达国家的市场依赖程度。根据测算，RCEP 有望带动我国整体平均进口关税税率下行约 1.5 个百分点，带动我国出口商品整体平均被征收关税税率下行约 0.5 个百分点。同时，RCEP 成员国中，日本、韩国、越南、马来西亚、泰国、新加坡都是我国比较重要的贸易伙伴。另一方面，在 RCEP 投资合作政策利好下，成员国间中间品贸易和直接投资持续增长，将促进完善区域间产业链供应链体系。RCEP 成员国之间经济结构高度互补，区域内资本要素、技术要素、劳动力要素齐全。在原产地累积规则、贸易便利化、负面清单投资准入等一系列制度安排下，成员国间资源要素将更加自由流动，从而强化成员国间生产分工合作，使得相关产业布局可以更灵活地遵从效率原则，促进成员国间产业链供应链布局更加合理。2022 年，我国对 RCEP 其他成员国进出口中间产品 8.7 万亿元，增长 8.5%，占同期我国对其他成员国进出口总值的 67.2%。2022 年，我国实际使用 RCEP 成员国外资金额达 235.3 亿美元，同比增长 24.8%，远高于世界对华投资 9% 的增速，其中韩国、东盟对华投资分别增长 64.2% 和 8.2%。RCEP 成员国对中国实际利用外资增长贡献率达 29.9%，比 2021 年提高了 17.7 个百分点。RCEP 区域也是中国企业对外投资的重点，2022 年中国对 RCEP 成员国非金融类直接投资总额为 179.6 亿美元，较 2021 年净增约 25 亿美元，同比增长 18.9%，占我国对外非金融类直接投资比重达 15.4%，较 2021 年提高 5 个百分点。

第四，RCEP 有助于推动中国自由贸易协定建设水平，提升中国制度型开放水平。对于中国来说，RCEP 是中国对外签署的首个超大型自贸协定，将大幅提升中国自贸协定构建水平，是通过制度型开放加快构建新发展格局的有效实践。一方面，随着 RCEP 的签署，中国对外签署的自贸协定将达到 19 个，中国自贸伙伴数将达到 26 个。根据商务部 2022 年数据，在 RCEP 生效后，中国与自贸伙伴的贸易额占比由 27% 上升到 35%，中国超过 1/3 的对外贸易将实现零关税。另一方面，在 RCEP 中，中国首次同日本建立了自贸伙伴关系，这是中国首次与世界前十的经济体签署自贸协定，是中国实施自由贸易区提升战略、构建面向全球的高标准自由贸易区网络的重要举措。RCEP 的签署使我国向着立足周边、辐射"一带一路"、面向全球的高标准自贸区网络前进了一大步。这将进一步推进中日韩自贸区谈判，加速中欧投资协定谈判落地，并尽早开启中欧自贸协定的谈判。这些高水平自贸协定的签署和谈判势必推动中国加快制度型开放速度、力度、广度和深度。

（四）RCEP 签订对厦门经贸发展的意义

在 RCEP 范围内，厦门处于连接东南亚与东北亚的中心节点位置，具有广阔的市场空间，可以发挥区域性国际枢纽地位。一方面，厦门与全球 220 多个国家和地区开展贸易往来，拥有通达 55 个国家和地区、149 个港口的 130 多条外贸航线。另一方面，福建是海上丝绸之路的重要起点，素有对外的贸易传统，福建数量众多的华人华侨也有助于厦门在 RCEP 范围内发挥更大作用。2023 年，福建约有 1580 万华侨华人，其中在东南亚超过 1200 万人，分布在印度尼西亚、菲律宾、马来西亚、新加坡、泰国等国家。近年来，随着产业转移，越南、柬埔寨、老挝等国家也有不少福建华侨华人前往投资兴业。此外，厦门与 RCEP 成员国的经贸往来密切。2022 年，厦门对 RCEP 成员国进出口 473 亿美元，占厦门进出口总值的 34%。近两年来，厦门出口下降幅度较大，特别是对欧美发达国家的下降幅度更大，厦门开放型经济的发展面临挑战，亟须开拓新的市场，RCEP 的生效和广泛实施将给厦门对外经贸发展带来新动力和新方向，带来新一轮发展机遇。

第一，厦门是典型的开放型城市，RCEP 的签订将进一步扩大厦门对外经贸合作的市场深度和广度，提高厦门与 RCEP 成员国经贸合作的便利化程度，降低各种贸易投资壁垒，从而使厦门的国际竞争力显著增强，对区域外国家的吸引力和辐射力都将更大。

第二，厦门国际竞争力的强化有助于厦门扩大对台合作，将成为吸收台资、台企的新高地。RCEP 的签订使成员国之间的一体化程度显著提高，使厦门在对外贸易和投资上具有更大的比较优势。而由于台湾地区是非 RCEP 成员，台湾地区产品只有符合原产地规则才可进入该区域市场享有零关税，这可能促使一些台湾企业采取迂回大陆的办法，从而扩大厦门与台湾地区的贸易规模，刺激台企赴厦门投资设厂，从而有助于稳定和扩展厦门与台湾地区的产业链供应链，厦门对台湾地区企业的吸引力将显著提升。

第三，厦门对外经贸合作的进一步发展和国际竞争力的提升将有效提升厦门金砖创新基地的影响力，吸引一大批外资企业特别是金砖国家的企业到厦门投资。

第四，大量优质台资企业和外资企业入驻将进一步促进厦门产业发展，提高产业规模和产业链供应链的完整性，同时促进产业升级。

第五，RCEP 也将成为厦门推动构建开放型经济新体制的驱动因素。RCEP 代表最新的国际贸易投资标准，在贸易、投资、人员交往等方面的新制度、新规定、新做法将刺激厦门推动开放型经济新体制进一步完善，扩大厦门对外开放的领域、范围，加快厦门从要素和市场的开放转向标准、规则、管理等方面的制度型开放。

第六，RCEP 的签订还有利于厦门强化与 RCEP 成员国的互联互通，加强与 RCEP 成员国的经贸合作，包括贸易、双边投资等各方面，从而给厦门开放型经济发展以新的动力。例如，RCEP 的实施有助于厦门扩大贸易规模、拓展转口贸易、发展贸易新业态。RCEP 的签订还有助于厦门扩大从成员国进口先进技术设备、原材料、中间产品、优质消费品等，打造区域性进口商品集散中心。此外，RCEP 的签订还可以推动传统外贸企业向跨境电商转型，助推企业在成员国建设"海外仓"，强化"跨境电商+海外仓"模式出口。

二　RCEP 对厦门经贸发展的机遇与挑战

RCEP 的全面生效将为我国推进更高水平对外开放提供强劲助力，有利于我国与世界上发展最快、经济最活跃的亚太市场的进一步融合，破解贸易保护主义干扰叠加全球经济下行周期下对我国经济的负面冲击。开展与 RCEP 成员国的经贸合作，厦门拥有区位、港口、侨务、海洋、自贸试验区、"海丝"核心区等诸多方面的基础优势，应牢牢把握 RCEP 带来的发展机遇，全方位扩大与 RCEP 成员国的经贸往来，促进厦门的国际贸易高质量发展，推动厦门成为中国和东盟间投资合作中心城市，实现厦门对外贸易投资规则创新发展，夯实厦门"海丝"核心区和新发展格局节点城市地位，依托 RCEP 稳步推动产业高端化发展，探索寻找中国与周边国家经贸合作的新模式。

（一）RCEP 为厦门经贸发展带来新机遇

1. 贸易发展新动力：利用 RCEP 促进厦门市贸易高质量发展

第一，RCEP 对扩大厦门进出口贸易规模有积极作用。RCEP 将贸易自由化和便利化作为首要任务，要求对区域内 90% 的货物实施立即零关税或未来 10 年递减至零，这有助于扩大厦门出口产品市场空间，满足国内进口消费需求，对进出口贸易具有积极作用。第二，RCEP 令中国首次与日本建立自贸关系，有助于增强厦门和日本的经贸往来。在 RCEP 签署前，日本一直没有与中国签订双边自贸协定或与中国加入同个多边自贸协定。RCEP 令中国首次与日本建立自贸关系，在此助力下，厦门和日本的经贸关系将得到明显加强。第三，RCEP 有助于通过区域经济一体化合作，构建上下游产业链的紧密联系，缓解我国与美国之间的经贸紧张关系。RCEP 生效有助于深化我国和 RCEP 其他国家的国际产能合作，将产业链的下游向越南、印度尼西亚等国转移，我国向产业链的中上游转移，从而变中国直接向美国出口最终商品为中国向其他国家出口中间产品，其他国家向美国出口最终产品，从而缓解我国对美巨额顺差带来的经贸关系紧张压力。第四，RCEP 或将促进台企加大在大陆投资和扩大产能，扩大厦台贸易规模和水平。由于台湾并未加入 RCEP，这可能促使一些台湾企业采取迂回大陆的办法，通过在大陆投资和扩大产能从而享受 RCEP 成员关税及原产地规则优惠。厦门是两岸经贸往来最为紧密的地区，厦门或将受益于此，进一步加强与台湾的产业协作，扩大与台湾的贸易规模和水平。

2. 投资合作新引擎：利用 RCEP 推动厦门成为中国-东盟投资合作中心城市

RCEP 成员国中最大受惠方是东盟国家，具体来看，RCEP 将使东盟国家宏观经济层面相对受益最大，实际 GDP、进出口、投资等都将呈现大幅增长。从资本要素的角度看，RCEP 生效将促进区域投资增长，拉高东盟大多数成员国的资本价格，同时也将提高东盟国家的资本回报率。厦门应把握 RCEP 战略机遇，力争成为中国-东盟投资合作中心城市。第一，厦门与东盟国家有区位相近、交通便利、民心相通等投资合作天然优势。厦门与东盟国家地理距离相近，交通便利，海运、航空都可方便地联络交通，此外，分布在世界各地的闽籍华侨华人中，东南亚地区占比高达 78%，华侨华人 70% 以上从事商业经营活动，海外华侨华人与故乡剪不断的关系促进民心相通，成为推动中国与东盟国家经贸合作重要的人文和社会基础。第二，厦门与东盟国家经贸合作日益密切，具有投资合作的良好经贸基础。东盟是厦门最大的贸易伙伴，同时，也是厦门最重要的对外投资目的地之一，越来越多的厦门企业牵手东盟，共享发展成果。如象屿集团在印度尼西亚投资的不锈钢冶炼一体化项目等已在东盟落地生根，产生良好经济效益，实现国内国际两种资源、两个市场的互联互动。第三，国际产业链供应链的重塑需要我国加大对外投资力度。在国际产业链供应链变化的过程中，我们不能做产业链重构的被动接受者，而要积极应对，主动"走出去"布局海外市场，通过资本、技术、品牌向外输出继续保持产业竞争优势，在产业链重构中增强与 RCEP 成员国特别是东盟国家的产业生态联系。

3. 制度型开放新方向：推动厦门市对外贸易投资规则创新发展

我国实行渐进改革开放的发展模式，对外开放具有零散、碎片化、以商品和要素流动为主的特征，制度型开放有所不足。与商品和要素流动型开放相比，制度型开放是规则、规制、管理、标准等方面的开放，其本质特征是一种由"边境开放"逐步向"境内开放"的拓展，从贸易壁垒、市场准入等向国内规则、规制、法律等体系的延伸，是制度层面的"引进来"与"走出去"。因此，制度型开放的层次更高、难度更大，而 RCEP 落地有助于推动乃至倒逼厦门贸易投资规则进一步深化改革和创新发展。第一，RCEP 落地有助于推动厦门市对外贸易投资规则进一步创新发展。RCEP 涵盖了从降低关税到降低非关税壁垒、从货物贸易到服务贸易便利化、从金融到电信、从贸易到投资、从原产地规则到贸易便利化、从知识产权保护到争端解决、从中小企业到经济技术合作等诸多内容，融入 RCEP 要求我们必须履行承诺，对 RCEP 的所有条文进行梳理，主动对标和对接 RCEP 规则体系，从而推动我们的对外投资贸易规则进一步创新发展。第二，融入 RCEP 有助于推动以开放促改革，实现自身制度变革进一步深化。制度存在惰性惯性，往往需要有外部力量推动才能实现变革，RCEP 带来的制度型开放机会将起到推动制度性变革的作用，RCEP 包括电子商务、政府采购、中小企业等大量"边境后"条款，这涉及国内多个部门法律和规章制度的调整，有利于推动我国要素市场化改革、强化竞争政策基础性地位等深层次体制机制改革取得重要突破。

4. 城市地位新机遇：利用 RCEP 夯实厦门"海丝"核心区和新发展格局节点城市地位

RCEP 实施带来的战略机遇有利于厦门夯实自身"海丝"核心区和新发展格局节点城市的地位，在双循环新发展格局中发挥更大作用。第一，RCEP 有利于厦门夯实"海丝"核心区地位。福建是海上丝绸之路的东方起点，是 21 世纪海上丝绸之路核心区，厦门作为福建对外开放的窗口城市也面临福建省内乃至省外沿海诸多城市的激烈竞争。把握好融入 RCEP 机遇，进一步加强与 RCEP 成员国的互联互通和经贸合作，有利于厦门夯实"海丝"核心区的城市地位，扩大厦门作为"海丝"核心区重要城市的经济、文化等多方面的影响力。第二，RCEP 有助于厦门提升新发展格局节点城市地位。打造新发展格局节点城市，是厦门积极服务和融入新发展格局、不断增强以制度创新为核心的改革开放新优势的具体举措。然而，国内许多城市都提出打造新发展格局节点城市的目标，厦门打造新发展格局节点城市需要突出自身对外开放程度高的特色，发挥两个市场在厦门交汇、两种资源在厦门聚集的优势。RCEP 为发挥厦门优势提供了更广阔的平台，有利于进一步促进国际国内两个循环在厦门的相互贯通和相互促进，吸引台企台资进一步来厦投资兴业创业，助力厦门金砖国家新工业革命伙伴关系创新基地建设，帮助企业通过供应链优势打通 RCEP 与金砖国家市场，从而夯实自身新发展格局节点城市的地位。

5. 产业升级新助力：依托 RCEP 稳步推动产业高端化发展

第一，RCEP 有助于进一步吸引高质量外资流入。RCEP 服务贸易和投资总体开放水平明显高于原有中国-东盟"10+1"自贸协定，对吸引外商投资具有重要推动作用，与日本首次建立自贸关系也有助于吸引日资企业进入中国投资。特别是随着中国产业高端化和科技水平的进展，吸引到的外商投资也更趋于高端化，技术水平进一步提高。第二，RCEP 有助于开拓厦门"4+4+6"现代化产业体系的发展机遇。RCEP 全面生效有助于进一步发挥厦门电子信息、商贸物流等四大支柱产业集群的优势，推动开拓新的国际市场，有利于汇聚资本、人才、技术等要素，进一步培育壮大生物医药、新材料等四大战略性新兴产业，有利于抓住前瞻布局的第三代半导体、未来网络、氢能与储能等未来产业的发展机遇，累积先发优势。第三，RCEP 有助于加强外移产能和国内产业生态的紧密联系。要看到，虽然一些产业环节的部分产能有转移出去的倾向，但转移出去的企业不是一只断线的风筝，它们仍然和国内的产业生态体系有紧密的联系。国内产业生态一是可通过中间产品贸易为外移企业的生产提供中间产品；二是可通过服务贸易实现生产性服务业的"出海"；三是可通过专利、品牌、营销网络等无形资产融入海外企业的生产制造，从而获取收益。

6. 合作模式新空间：探索中国与周边国家经贸合作的新模式

第一，RCEP 全面生效有助于拓展同时包含多个成员国的多边经贸合作。RCEP 签订之前，东亚地区（特别是中国与其他国家）以双边自贸协定为主，双边自贸协定在促进多国的经贸协作时存在困难，会降低市场规模效应和竞争效应，且重叠交织的双边自贸协定还会产生"意大利面碗效应"，增加企业交易成本并降低企业对自贸协定的利用率。而 RCEP 是巨型的多边自贸协定，RCEP 全面生效有助于拓展同时包含多个成员国的多边经贸合作。例如，RCEP 的一项重要成果是使用区域累积原则统一了原产地规则，这显著降低了企业利用优惠关税的难度，有助于产业链供应链在多个成员国内部的进一步分工与协作。第二，RCEP 生效有助于拓展经贸合作新领域。RCEP 对服务贸易、投资自由化、知识产权保护、电子商务、数字贸易等领域的开放提出了更高要求，服务贸易和投资分阶段全面转向负面清单制度，成员国间相关领域贸易投资的限制与歧视性措施大幅减少，这有助于我们拓展与其他成员国经贸合作的新领域，进一步发挥厦门的比较优势，推动优势产业"走出去"，实现跳出厦门发展厦门。

（二）厦门与 RCEP 成员国经贸合作面临的挑战

尽管 RCEP 将极大地推动区域内贸易和投资自由化、便利化，是一个重要的发展机遇，但对我国和厦门而言，仍然存在一些问题或者说挑战，包括企业对 RCEP 关税降低的感受不是很明显、部分 RCEP 成员国营商环境有待改善、成员国内部差异大、法规制度内容及执行情况不一等问题，这些问题可能对我们利用 RCEP 机会拓展和其他国家的经贸合作产生制约。

1. 在关税方面，RCEP 相对现有自贸协定的优惠并不明显

尽管 RCEP 将进一步降低区域内关税水平，但由于中国已与除日本外其他 13 个 RCEP 成员国签订自贸协定，比较现有自贸协定与 RCEP 关于关税的优惠安排可以发现，RCEP 对进一步降低中国与这 13 个成员国的关税水平的作用十分有限。因此，目前除日本外，厦门企业与 RCEP 成员国的交易较少使用 RCEP 原产地证书和 RCEP 的优惠政策。此外，实际享受到的关税优惠还取决于进出口商品的具体情况以及相关国家的贸易政策和法规。以 RCEP 和中韩自贸协定为例，与中韩自贸协定相比，RCEP 的降税力度明显偏低，在 RCEP 生效后的六年内，中国对韩国以及韩国对中国的关税税率将分别降至零关税，但是，这一过程相对于中韩自贸协定来说较慢。

2. RCEP 成员国对中国的非关税壁垒较多，制约厦门与其经贸合作

中国与 RCEP 成员国的非关税贸易壁垒主要表现为各种类型的反倾销制裁和农产品贸易保护政策。例如，尽管中国-东盟自贸区已签订十年之久，但部分成员国为保护其国内制造业濒临破产或亏损，贸易保护主义氛围依然浓厚，频频对中国发起反倾销调查并征收反倾销税。中国企业出口到澳大利亚的钢材、铝材、化工产品经常面临澳大利亚的反倾销、技术性贸易壁垒、配额问题。日本农产品贸易的检验检疫手续繁杂，缺乏"等效性"，企业从域外其他国家进口到厦门再转口至日本等国家时，仍需再次检验检疫，极大增加了国际货物物流时间、业务运营成本等。

3. 部分 RCEP 成员国在基础设施方面存在短板

日本、韩国、新加坡已经是发达国家，具有良好的基础设施，但是位于

东盟的部分 RCEP 成员国在贸易便利化基础设施、国内运输物流基础设施等方面存在明显短板，制约了厦门拓展与这些国家的经贸发展。此外，东盟一些国家的地理环境复杂多变，例如，印度尼西亚、菲律宾属多岛屿国家，岛与岛之间的交通不像陆地相连的国家那么方便，物流配送时间较长；而越南是一个狭长的沿海国家，2/3 的土地在农村，城乡基础设施水平差异很大。物流基础设施水平较低也限制了厦门与这些国家的跨境电商业务的发展，东南亚市场规模及稳定性不足，跨境电商的最终市场很多时候仍是欧美发达国家，但东南亚国家自动化智能化技术发展与美国等发达国家差距较大，进而导致厦门市出口 RCEP 成员国的占比难以提高，RCEP 的作用发挥较为有限。

4. RCEP 成员国营商环境和贸易便利化技术标准水平差异较大

一方面，位于东盟的 RCEP 成员国的营商环境差异较大。其中，新加坡的营商环境表现最好，其次是马来西亚和泰国相对也可以。但是，印度尼西亚、越南等国家的营商环境相对较差，企业经常会遭遇货款无法收回问题，在对外投资过程中也经常面临产权保护、行政效率低下、腐败等问题。东盟成员国之间的经济发展水平、法律法规与政策的完善程度还存在较大差异，这可能制约厦门与东盟成员国的经贸发展。另一方面，RCEP 成员国之间的标准体系差异较大，标准互认难度很大。有些成员国内部标准体系复杂，同类产品即使在本国也难以做到标准统一。尤其是一些东盟国家认证认可制度体系还不健全，所以对这些 RCEP 成员国产品的采购质量问题还是存在一些担忧。各成员国在标准、技术法规和合格评定程序方面存在差异可能会对成员国之间的贸易产生影响，因为不同的标准可能会导致产品在进口和出口时遇到障碍。

5. RCEP 将加剧厦门与其成员国间的产业竞争

RCEP 的实施将使厦门的产业面临来自成员国的更加激烈的竞争压力。一方面，RCEP 的贸易投资自由化政策将导致中国企业在区域内国家间的生产分工更加明显，厦门的劳动密集型产业将加速向越南、马来西亚等具备成本或资源优势的东盟成员国转移。RCEP 下中国对东盟产品关税减让的过渡期较短,这将加速中国低附加值产业向东南亚转移步伐。RCEP 的原产地累积规则、对外投资负面清单管理模式都将加速中国和厦门的相关企业向东南亚国家进行产业转移,从而可能对厦门经济产生一些负面影响。另一方面,RCEP 生效后国内集成电路和关键零部件等高端产业将受到来自日本和韩国的更大竞争压力和冲击。

6. 国内一些因素约束我国与 RCEP 成员国拓展经贸合作

RCEP 使得中国企业的海外业务和海外投资不断发展,需要大量国内人员到海外子公司工作。但是,目前我国对驻外人员出行的便利性、停留的时间长度等方面仍需完善。此外,RCEP 内容庞杂、议题广泛,仅"知识产权"章就包含 83 个条款和过渡期安排、技术援助 2 个附件,这在一定程度上影响了对 RCEP 协定的培训宣传效率,阻碍了企业对 RCEP 的深度解读,企业对 RCEP 的电子商务、知识产权等内容认识不足,欠缺高水平运用规则的能力,没有充分享受政策红利。

三 厦门与 RCEP 成员国经贸合作的现状与前景

(一)厦门与 RCEP 成员国的贸易往来情况与特征

1. 厦门与 RCEP 成员国的贸易发展迅速

厦门市高度重视与 RCEP 成员国保持紧密的贸易合作伙伴关系。2020年 11 月 RCEP 正式签署后,为积极把握 RCEP 新机遇,推动构建对外开放新格局,厦门市针对 RCEP 出台多项政策举措。厦门市政府外贸外资工作专班印发了《厦门市全面对接〈区域全面经济伙伴关系协定〉行动计划》。厦门市贸促会从 2022 年 1 月至 2023 年 10 月共举办 RCEP 政策解读及原产地证业务培训 8 期,培训企业人员 3500 多人次,编印《厦门市贸促会 RCEP服务指南》,深度解析 RCEP 的贸易机会和风险提示,持续发力引导企业抓住 RCEP 发展机遇尽享政策红利。厦门海关以多种方式宣讲 RCEP 项下原产地规则和关税减让安排,梳理重点享惠产品清单,对重点企业"靶向"推介 RCEP 政策，指导企业提前谋划开拓市场，当下 RCEP 原产地规则与关税减让已在厦门顺利落地。2023 年 1~8 月，厦门海关累计提供原产地合规管理咨询等专业服务上千次，上述企业享惠进口货值达 19 亿元，比上年同期增长 24%，共签发 RCEP 原产地证书 1.4 万份，涉及金额 9.49 亿美元，同比分别增长 27.4%、31.3%，其中 98.85% 为厦门市企业自助打印；RCEP 项下享惠进口 6.06 亿元，减免税款 1193 万元，同比分别增长 61.23%、59.73%。2023 年 1~10 月，厦门市贸促会签发 RCEP 原产地证书 1650 份，比上年同期增长 20%，涉及金额 7316.10 万美元，同比增长 12%。

在上述政策举措的扶持下，厦门与 RCEP 的贸易发展十分迅速，根据厦门市海关统计数据，2023 年 1~8 月，厦门市对 RCEP 其他 14 个成员国进出口 2063.5 亿元，比上年同期增长 2%，占厦门市外贸总值的 32.7%；其中出口 816.7 亿元，下降 1.7%；进口 1246.8 亿元，增长 4.5%。以美元计价，从出口侧看，厦门市海关统计数据显示，2022 年厦门向 RCEP 成员国出口货物总额 188.49 亿美元，占全市出口总额的 25.8%，申报出口退税出口额为 140.23 亿美元，同比增长 8.45%。2023 年 1~8 月，厦门市向 RCEP 成员国出口货物总额 133.43 亿美元，占全市出口总额的 27.5%，同比增长 10.4%，申报出口退税出口额 90.87 亿美元，与上年同期 91.59 亿美元基本持平。

2. 厦门与 RCEP 成员国双边贸易规模明显增长

从出口看，2020~2022 年厦门对所有 RCEP 成员国出口金额同比均有所增加。其中日本、菲律宾、韩国和越南是厦门前四大出口目的国，出口金额分别为 731.47 亿元、597.24 亿元、433.53 亿元和 404.39 亿元，马来西亚、印度尼西亚、泰国和澳大利亚紧随其后，其他几个国家出口金额相对较少。就同比增速来说，2020~2022 年，文莱和老挝增速远超其他国家，同比分别增长 93.72% 和 74.41%，其他国家如对韩国、柬埔寨、马来西亚和缅甸等出口均有超过 10% 的同比增速。从进口看，除个别国家（老挝和新加坡）外，2020~2022 年厦门从其他 RCEP 成员国进口金额也均同比有明显上升，其中澳大利亚、印度尼西亚和日本是厦门市前三大进口来源国，进口金额分别为 1427.92

亿元、1370.44 亿元和 514.91 亿元，越南、马来西亚、韩国、新西兰和泰国同样是厦门进口金额较高的来源国，而从其他 RCEP 成员国进口的金额相对较少。就同比增速看，柬埔寨、缅甸和印度尼西亚是进口增长最快的三个国家，分别为 62.45%、57.51% 和 54.29%，其他国家如新西兰、泰国和菲律宾进口同比增速也都超过了 10%。2023 年 1~8 月，厦门对 RCEP 成员国出口额排前五位的国家为日本、韩国、越南、菲律宾、泰国，出口额分别为 49.73 亿美元、15.8 亿美元、11.82 亿美元、10.68 亿美元、10.57 亿美元；相比上年 1~8 月，出口额增幅较大的国家有老挝（155.69%）、日本（85%）、印度尼西亚（10.47%）、泰国（9.39%）、新加坡（2.1%）。

3. 厦门向 RCEP 成员国出口产品主要包括纺织鞋帽制品等劳动密集型产品以及机电产品

从产品结构看，根据海关总署的数据，厦门市近年来向 RCEP 成员国出口的产品主要包括纺织原料及纺织制品、皮革制品、鞋帽制品等劳动密集型产品以及机电产品。2021 年，厦门市出口机电产品 1916.8 亿元，增长 14.6%；其中，出口电子元件、液晶显示板、汽车零配件分别增长 42.9%、64.2% 和 33.5%；厦门对 RCEP 成员国的纺织品出口额达 26.3 亿美元，其中出口东盟国家 21.3 亿美元，占比高达 81%。箱包类产品出口 RCEP 成员国 1.3 亿美元，同比增长 4.51%；鞋类产品出口 7.2 亿美元，增速达 20.78%，其中出口东盟国家 5.03 亿美元，占比约 70%。

4. 厦门从 RCEP 成员国进口以机电产品和资源类产品为主

进口方面，厦门市从 RCEP 成员国进口产品以机电产品、矿产品、食品饮料烟酒为主，粮食、原油等大宗商品进口大幅增加，资源类产品进口规模扩大。其中，2021 年，厦门市进口粮食 1210.5 万吨，增长 73.3%，矿产品进口以铁矿及其精矿、煤及褐煤、石材荒料为主，2021 年厦门进口 RCEP 成员国铁矿及其精矿共 70.6 亿美元，其中，从澳大利亚进口铁矿及其精矿 70.08 亿美元，占比达 99.3%。煤及褐煤方面，2021 年，厦门从 RCEP 成员国进口煤及褐煤 26.19 亿美元，从印度尼西亚进口 24.04 亿美元，在 RCEP 成员国中占比高达 91.78%。石材荒料的进口金额也十分庞大，2021 年从

RCEP 成员国进口额为 5023.7 亿美元，东盟十国占比 88.56%，最主要的进口来源地是柬埔寨。

（二）厦门与 RCEP 成员国双边投资稳步增长

1. 日、韩和新加坡是 RCEP 成员国中厦门主要 FDI 来源地

从 2020~2022 年 RCEP 成员国在厦门的整体投资情况来看，占厦门外资的比例并不高。2020 年厦门实际利用 RCEP 成员国外资金额约占全部实际利用外资的 9%，2021 年、2022 年约占 8%。从国别来看，新加坡和日本是厦门主要的外资来源国。值得注意的是，近年来，来自马来西亚的外资逐渐增多。从现有存量企业来看，厦门的外资企业主要来自日本、韩国和新加坡。其中，日本企业有电气硝子、松下、富士电气、日立能源、雅马哈等公司，韩国企业有爱思开等。

2. 厦门对 RCEP 成员国的投资呈现逐渐增加的趋势

厦门对 RCEP 成员国的投资呈现逐渐增加的趋势，投资项目数量和投资金额均有所增加。中方投资在对 RCEP 成员国的投资中占据较大比例，投资目的地主要集中在新加坡、泰国、越南和印度尼西亚等国家。近几年厦门对 RCEP 成员国投资的项目数量持续上升，投资金额虽有波动，但总体呈增长态势，厦门对 RCEP 成员国的投资主要集中在新加坡、泰国、越南、印度尼西亚、马来西亚等国家。其中，新加坡是最主要的投资目的地，由于新加坡在东盟地区中的核心和门户地位，厦门的一些境外投资把区域或国际总部设在新加坡，将其作为区域扩展的大本营，这使得新加坡吸收了大量的中国投资。2022 年，厦门市境外投资备案项目 114 个，投资总额约 14.65 亿美元，中方投资额约 12.43 亿美元。其中对 RCEP 成员国共 33 个投资项目，占比约 28.9%，投资总额约 5.3 亿美元，占比约 36.2%；其中中方投资额约 3.56 亿美元，占比约 28.6%。主要集中在制造业、矿产开发、信息技术及批发零售等行业。对外投资国家主要包括新加坡（10 个）、越南（5 个）、泰国（5 个）、印度尼西亚（4 个）、澳大利亚（3 个）、马来西亚（2 个）、日本（2 个），菲律宾和韩国各 1 个。

3.厦门与 RCEP 成员国间双边投资的主要企业和领域

日本在厦门投资企业有电气硝子、松下、富士电气、日立能源、雅马哈等公司，除雅马哈属于软件业外，其他都集中于制造业。其中电气硝子在厦门主要从事 8.5 代液晶玻璃基板的制造，电气硝子四期项目在厦建设玻璃基板加工厂以满足三期项目 10.5 代玻璃基板的切割加工需求，五期项目计划在厦建设 10.5 代液晶玻璃基板加工厂。厦门松下电子信息有限公司主要产品为数码相机、镜筒、镜片、基板安装、成形及模具加工等。富士电气主要从事高质量电子产品的生产，产品包括液晶模组、车载模组、电池组加工、开关电源、变流器等。日立能源是日立能源 GIS 及 GIL 在华的研发、制造和服务基地，主要从事高压开关等电器设备，产品覆盖 72.5～1200 千伏全系列电压等级。雅马哈发动机（厦门）信息系统有限公司致力于为雅马哈发动机集团及相关企业提供销售物流、经销商管理、生产管理、供应链管理、售后服务、总务人事等"一站式"服务，业务领域覆盖国内、日本和东南亚地区，连续多年软件外包出口额居福建省和厦门市前列。韩国企业爱思开实业是韩国 SK 集团（世界 500 强）全额投资建设的专业生产和加工高档钢板的外商独资企业，主要经营和销售各种镀锌板、镀铝板等专业加工钢材。

厦门在 RCEP 成员国投资的主要领域集中于大宗商品贸易、物流供应链和制造业，"出海"企业主要是三大国企。其中，厦门建发集团有限公司（简称建发集团）涉及的行业主要有纸制品、钢铁、农产品和矿产品等大宗商品贸易业务，在东盟及韩国已设立 8 家公司，2022 年进出口总额（含国际贸易）业务收入占供应链总收入比例达 40%。公司持续完善全球化供应链服务体系、拓展国际产业链资源，厦门建发农产品有限公司、厦门建发汽车有限公司等多家经营单位积极探索海外仓模式，增强货源控制能力的同时为下游客户提供更多服务。

国贸集团涉及的行业主要有铁矿、煤炭以及有色金属等大宗商品贸易业务。国贸集团持续推进全球化布局，在新加坡、印度尼西亚、缅甸、新西兰、乌兹别克斯坦、美国等多个国家设立驻外分支机构，与全球 170 多个国家和地区、8 万余家产业链上下游客户建立稳定的合作关系，搭建了境内外重要购销市场的经营网络。

象屿集团国际物流能力卓越，是少数在大宗商品赛道拥有国际物流供应链能力的公司。近年来，象屿集团在印度尼西亚、新西兰、新加坡等国设立 9 家业务或平台公司，除了从事物流供应链的海外投资运营，象屿集团还深度参与 RCEP 成员国制造业投资项目，象屿集团在印度尼西亚苏拉威西组建的不锈钢冶炼一体化项目已初获成功，象屿集团在当地开展相应的供应链物流业务，负责全链路的原料供给及产品销售，国内大宗商品分销、仓储、物流的先进模式得以复制到海外，展现出"制造业+供应链"型投资的潜力。

（三）厦门与 RCEP 成员国拓展经贸合作的前景

1. RCEP 为中日贸易和投资在短期内直接带来机会

RCEP 使日本与中国首次签署自贸协定，两国间部分产品立即零关税带来贸易机会，其中中国对日本进口产品零关税税目新增 1371 个，占总税目的 16.6%，涉及产品的 2020 年进口额为 85.4 亿美元，约占 2020 年中国从日本进口总额（1748.7 亿美元）的 4.9%；日本对中国进口产品零关税税目新增 1876 个，占总税目的 16.3%，涉及产品的 2020 年中国对日本出口额为 133.6 亿美元，约占 2020 年中国对日本出口总额（1426.6 亿美元）的 9.4%。中日贸易成本的下降有利于吸引日本直接投资。

2. RCEP 对拓展除日本外的其他成员国贸易的作用体现在长期

除日本外，中国与其他 13 个 RCEP 成员国均已签订自贸协定，经比较现有自贸协定及分析 RCEP 协议的中国对外关税承诺表发现，中国与东盟、澳大利亚、韩国、新西兰相互新增立即零关税产品税目占比微乎其微，因此 RCEP 对货物贸易影响主要体现在未来 10~15 年关税逐步降至零所带来的长期机遇上，国内上游产业如纺织制造、有色金属、橡胶、矿产冶炼等行业将长期受益于关税减让带来的原材料价格下降。中国进口关税在未来 10~15 年内边际降幅较大的产品为：液晶装置、汽车配件、丁苯橡胶。

3. RCEP 为厦门国际供应链服务企业带来更多合作机会

RCEP 将采用负面清单的模式对制造业、农业、林业、渔业、采矿业 5

个非服务业领域投资做出较高水平开放承诺，承诺投资将受到保护、允许外商独资、享受最惠国待遇和国民待遇、禁止业绩要求等，促进了投资自由化和便利化。区域内投资自由化将加速国内产能过剩产业和劳动密集型产业向东盟等低成本国家转移，从而带动相关产业链的资源倾斜，将给厦门的多家国际供应链服务企业带来更多项目合作机会，有利于企业加快布局海外关键物流基础设施，在东南亚保税区建立配套的物流设施，加强海外货权安全管理，实现库存前移，进一步提升供应链服务能力。

4. 形成区域性供应链体系规避国际贸易摩擦

RCEP 的签署有利于国际供应链服务企业构建亚太地区加工和分销体系，规避中美贸易摩擦的长期性影响。中美关系仍存在不确定性，中澳关系较为紧张，中国与两国进出口贸易存在关税加征和非关税壁垒风险。RCEP 的签署有利于国际供应链服务企业构建亚太地区供应链体系，在东南亚建立生产和加工中心，承接部分国内订单，利用东南亚与美国市场关税优惠协议，稳固原美国市场份额。此外，构建亚太地区供应链体系有利于国际供应链企业将原计划进口到中国的美国农产品或澳大利亚煤炭/冻肉转销至东盟，规避关税及非关税壁垒，同时打造更为广阔的外部市场。

5. 扩大双向投资和加快融入区域价值链

当 RCEP 生效后，厦门将受益于该区域内投资采用负面清单制度，这将为厦门引进外资和对外投资提供更广阔的机会和更开放的市场环境。RCEP 将促进日本、韩国等先进制造业国家的投资进入厦门市场。这些国家在汽车、电子、机械等制造业领域具有先进技术和丰富经验。对于厦门及其周边地区的纺织服装、轻工、汽车和建材等优势企业来说，RCEP 的生效为它们的"走出去"战略提供了更广阔的投资空间。通过与 RCEP 成员国的合作和投资，这些企业可以进一步拓展国际市场，加强品牌建设，提升产品质量和竞争力，它们也可以利用 RCEP 成员国的市场和资源，实现更高效的供应链管理、技术创新和合作发展，推动企业的国际化进程。特别是，当前中国与 RCEP 成员国间的双边投资规模还较少，未来还有较大发展空间。

6. RCEP 的服务贸易部门高水平开放将为厦门的现代服务业提供更多的市场机会

新加坡等国在现代服务业方面具有先进经验和技术，在金融、物流、信息技术等领域取得了显著成就。通过 RCEP，厦门的企业可以与这些国家的企业进行更紧密的合作和交流，吸收先进技术和管理经验，提升自身的竞争力。同时，厦门的现代服务业企业也可以通过 RCEP 的市场准入优惠，进一步拓展海外市场，开展跨国业务和合作。

四 厦门强化与 RCEP 成员国经贸合作的主要方向

（一）利用 RCEP 推动厦门成为区域内经贸合作中心城市

厦门处于连接东南亚与东北亚的中心节点位置，具有建设成为 RCEP 区域内经贸合作中心城市的潜力。RCEP 的签订强化了厦门与 RCEP 成员国间的互联互通和经贸合作，扩大了厦门对外经贸合作的市场深度和广度，使得厦门的国际竞争力显著增强，对区域外国家的吸引力和辐射力都将更大，将有效提升厦门金砖创新基地的影响力，吸引大批金砖国家的企业到厦门投资。RCEP 的签订还将强化厦门对台合作吸引力，成为吸收台资、台企的新高地。

因此，要充分利用 RCEP 签订给厦门带来的市场广度和深度扩大优势，把厦门打造成一个国际化的平台型城市。一是成为联结中国与其他 RCEP 成员国的中心城市，当前重点可放在成为联结福建其他城市与 RCEP 成员国上。二是将 RCEP 与厦门现有平台和基地相结合，特别是与厦门金砖创新基地相结合，成为联结 RCEP 成员国与金砖国家、其他海丝国家的平台。三是将厦门打造成联结台胞台资台企与 RCEP 成员国经贸合作的平台。由于台湾地区无法加入 RCEP，这可能促使一些台胞、台资、台湾企业采取迂回大陆的办法，通过在大陆投资和扩大产能从而享受 RCEP 成员在关税及原产地规则等方面的优惠待遇。厦门是两岸经贸往来最为紧密的地区，也是对台合作的示范区，厦门要充分利用这一机遇进一步加强与台湾的经贸合作，扩大和提高与台湾的投资规模和水平，成为助力台湾与 RCEP 成员国合作的中心城市。

在此基础上，加快推进厦门"五中心一基地"（国际航运中心、国际贸易中心、国际旅游会展中心、区域创新中心、区域金融中心和金砖国家新工业革命伙伴关系创新基地）建设，促使国际国内的航运、贸易、旅游会展、金融、创新等要素不断向厦门集聚。

（二）强化厦门与 RCEP 成员国在"4+4+6"现代化产业体系的合作

在产业发展方面，要围绕厦门"4+4+6"（四大支柱产业集群、四个战略性新兴产业、六个未来产业）现代化产业体系建设，加强厦门与 RCEP 成员国的合作。从制造业产业布局来看，电子信息产业、机械装备产业、生物医药、新材料、新能源等是厦门的支柱产业和战略性新兴产业，数字经济是厦门产业布局的重要方向。厦门致力于打造万亿电子信息产业集群，前瞻布局第三代半导体、未来网络、前沿战略材料、氢能与储能、基因与生物技术、深海空天开发等未来产业。

部分 RCEP 成员国特别是日本、韩国、新加坡在电子信息、机械装备等厦门重点发展的支柱产业、战略性新兴产业和未来产业领域具有较为明显的优势和先进的经验。例如，日本在半导体、机器人等高技术产业上均拥有世界前列的技术水平，信息通信是韩国优势性产业，电子工业是新加坡传统产业。厦门加强与日本、韩国等 RCEP 成员国的经贸合作，可以学习相关产业发展的先进经验，在巩固厦门现有产业优势基础上实现转型和效益增长。同时，较多 RCEP 成员国把信息通信等数字经济作为产业布局的重要方向。例如，新型数字基础设施、数字技术被列为澳大利亚优先投资的产业领域，文莱将信息通信技术作为五大重点发展领域之一，泰国重点发展智能电子、自动化机器人、数字技术等十大重点领域，日本、韩国、越南等国也与中国在数字经济领域有深度合作。厦门可立足现有产业禀赋，以高水平对外产业合作推进与 RCEP 成员国在相关产业上的合作，助力厦门现代化产业体系建设。

（三）加强厦门与 RCEP 成员国间的产业链供应链合作

充分利用 RCEP 签订契机，加强厦门与 RCEP 成员国在优势互补产业的合作，优化区域内产业链供应链布局，提高厦门产业链供应链韧性。例如，从贸易结构来看，机械及运输设备是中国与日本、韩国、马来西亚、菲律宾、新加坡、泰国、越南等 RCEP 成员国进出口规模和比重较大的货物类别，在中国与部分 RCEP 成员国的经贸往来中，机械及运输设备占货物贸易全品类进口或出口的比重已经超过 50%。机械装备是厦门的优势型和支柱型产业，这为厦门与 RCEP 成员国合作打下良好基础。同时，从产业结构来看，柬埔寨、印度尼西亚、马来西亚、缅甸、泰国、越南等 RCEP 成员国的第二产业比重较大，多发展劳动密集型制造业和出口导向型工业。厦门可参与到机械装备门类的区域价值链重塑中，发挥厦门联结日本、韩国等技术先进国家与东南亚技术相对落后国家的优势，加快高端中间产品出口，起到技术引进、吸收和扩散的作用。在 RCEP 区域合作中，厦门还要加快技术、人才、数据等生产要素流动，向电子电器、航空维修制造、新能源汽车、高档机床、精密仪器等智能制造装备转型。同时，要看到厦门生产成本不能支撑劳动密集型产业发展，其生产成本远高于东盟地区，要引导劳动密集型产业向东盟地区转移，加快对外直接投资力度。

（四）强化厦门与 RCEP 成员国在现代化服务业的合作

服务业一直是厦门经贸发展的重点，当前服务业和服务贸易快速发展，在厦门经济发展与对外经贸合作中的重要性日益凸显，因此也要强化厦门与 RCEP 成员国在现代化服务业领域的合作，加快打造厦门现代化服务业新体系。要围绕商贸物流产业、金融服务产业、影视、网络视听、文化旅游、创意设计、动漫游戏、艺术品、音乐等领域，加快与 RCEP 成员国合作。吸引 RCEP 成员国企业参与厦门国家文化和科技融合发展示范基地、国家文化出口基地、中国智能视听产业基地等建设。

特别是，厦门正致力于发展金融科技、财富管理、绿色金融、航运金融等现代金融特色业务，新加坡目前是全球第二大财富管理中心、亚洲美元市场中心，也是全球第三大离岸人民币中心，金融保险业发达，因此重点要加强与新加坡合作，为打造厦门金融对外开放先行区、金融科技发展高地、财富管理创新高地提供助力。同时，现代物流业也是厦门产业发展的重要方向，柬埔寨、老挝、菲律宾等 RCEP 成员国物流基础设施建设薄弱，且与中国合作共建意愿较强，厦门可以深耕基础设施特别是新型基础设施领域的合作，拓展物流市场海外蓝海。此外，文旅创意也是厦门产业布局的方向，而柬埔寨、印度尼西亚、老挝、菲律宾、泰国等 RCEP 成员国旅游资源相对丰富，具有开发和发展潜力，厦门可以提供文化旅游和创意设计等领域先进经验，为海外旅游提供数字宣传、园区布置、文创设计等贸易服务。

同时，厦门飞机维修已经具有较大规模和先发优势，要争取把厦门建设成为 RCEP 区域内的飞机维修中心。厦门动漫、电子游戏等产业发展势头良好，对区域内国家出口快速增长，要充分挖掘这一新兴服务业的潜力。北京、深圳等地人力成本较高，适合作为总部，厦门作为交付基地很合适。此外，厦门跨境数据中心、冷却、海底存储等技术完备，离岸服务贸易也有很大发展潜力，可建设成为面向东盟地区提供法律、大数据、商业、资格认证、知识产权、专业咨询等现代化服务的城市。

（五）加强厦门与 RCEP 成员国间的双向投资

相对厦门与 RCEP 成员国的双边贸易来看，厦门对 RCEP 成员国的投资占比不是很高，引入 RCEP 成员国的直接投资仍相对较少，"引进来"战略仍有拓展空间，应继续强化与 RCEP 成员国间的双向投资合作。从 2020～2022 年 RCEP 成员国在厦门的整体投资情况来看，占厦门外资的比例并不高。2020 年厦门实际利用 RCEP 成员国外资金额约占全部实际利用外资金额的 9%，2021 年和 2022 年约占 8%。从国别来看，新加坡、韩国和日本是厦门主要的外资来源国，其余 RCEP 成员国除澳大利亚（3.0 亿美元）、泰国（1.1 亿美元）外，2021 年在中国的实际投资金额均在千万美元级别或不足千万美元。鉴于 RCEP 成员国的直接投资仍有待增加，厦门可以在增强外资吸引力上先试先行，探索和创新双向投资新模式。

在引进外资方面，厦门要重点引进厦门现代化产业体系中的 "4＋4＋6" 先进制造业、生物医药、新能源、新材料、未来产业等，同时引进一批外资金融机构、现代化服务企业和研发企业。要继续加强厦门和日本的投资往来，RCEP 令中国首次与日本建立自贸关系，在此助力下，厦门和日本的经贸关系将得到明显加强。从 2020～2022 年的数据来看，日本是厦门主要的外资来源国之一，电气硝子、松下、富士电气、日立能源、雅马哈等公司先后在厦投资。此外，服务贸易部门高水平开放将为厦门的现代服务业提供更多的市场准入机会。新加坡、韩国和日本等国在现代服务业方面具有先进经验和技术，在金融、物流、信息技术等领域取得了显著成就。厦门可以与这些国家的企业进行更紧密的合作和交流，吸收先进技术和管理经验。同时，积极开展海丝中央法务区的涉外法律服务模式探索，重点引进 RCEP 成员国的法务机构开展法律服务业务，扩大本国法务机构和 RCEP 成员国法务机构的合作。

在对外投资方面，要加大对 RCEP 成员国特别是东盟的投资力度。以象屿集团为代表的厦门企业已有一批项目在东盟落地生根，并产生了良好经济效益，实现国内国际两种资源、两个市场的互联互动。未来要继续深化厦门和 RCEP 成员国的投资合作，将产业链下游向越南、印度尼西亚等国转移，厦门逐渐向产业链的中上游转移，从而变直接出口最终品为向其他国家出口中间品。

五 厦门强化与 RCEP 成员国经贸合作的推进方式

RCEP 成员国在经济发展阶段和潜力上存在较大的差异，在营商环境上也各有特色。部分 RCEP 成员国经济发达，营商环境整体较佳；另有部分 RCEP 成员国经济发展基础薄弱，营商环境仍有待改善，但具有资源丰富、劳动力充足、经济潜力强等优势，且正在逐步放开经贸合作限制。上述差异亦为厦门与相关国家优势互补创造机遇，因此在推进厦门与 RCEP 成员国经贸合作时要有侧重点和针对性，对不同国家、不同行业、不同领域采取不同的合作方式。此外，基于当前国内外经贸合作模式的最新发展趋势、贸易模式的演变以及厦门自身的特征，本报告认为厦门可重点以共建经贸合作区模式、数字贸易模式……建设一批"小而美"特色项目和特色产品进出口基地、服务贸易进出口基地等为抓手，强化与 RCEP 成员国间的经贸合作。

（一）针对不同国家采取不同的经贸合作方式

一方面，部分 RCEP 成员国经济发达，营商环境整体较佳。新加坡、澳大利亚、新西兰、日本、韩国等 RCEP 成员国为经济发达国家，2022 年人均 GDP 在全球排名分别为第 6、第 10、第 21、第 29、第 31。这些国家的对外开放水平相对较高，法律法规完备，政策公开透明，营商环境在世界名列前茅。但同时，这些国家的经济增长潜力不尽理想，根据国际货币基金组织（IMF）预测来看，2024 年，新加坡、澳大利亚、新西兰、日本、韩国经济增速预测值分别为 2.2%、1.2%、1%、1%、2.2%。近年来，伴随贸易保护主义抬头，部分发达国家也对外商投资进行了限制。例如，澳大利亚于 2021 年 1 月和 12 月分别修订了《外国投资法》《关键基础设施安全法》，以加强对国家安全和网络安全等相关项目的审查，这导致在澳投资增加了政策风险。日本于 2022 年发布《经济安全保障推进法案》，这在一定程度上增加了日企与中国合作经营成本，打击了合作积极性。韩方以民间组织规定形式对本国中小企业存在一定保护行为，外资企业或进入符合"中小企业适合业种"规定的领域，存在一定投资风险。

另一方面，部分 RCEP 成员国经济发展基础薄弱，营商环境仍有待发展，但具有资源丰富、劳动力充足、经济潜力强等优势，且正在逐步放开经贸合作限制。柬埔寨、印度尼西亚、老挝、马来西亚、缅甸、菲律宾、泰国、越南均为发展中国家或欠发达国家，人均 GDP 和人均财富水平较低，且财富分配不均衡现象突出。在营商环境上，这些国家也存在行政效率较低、外汇管制较为严格、配套工业较落后、劳动效率不高等现象。但同时，这些国家也存在优势，文莱、马来西亚、老挝、缅甸等 RCEP 成员国的油气和矿产资源丰富，菲律宾拥有数量众多、受过教育、懂英语的劳动力，印度尼西亚、越南、泰国等 RCEP 成员国劳动力相对充裕、用工成本较低。这些国家也是全球经济增长最快的国家之一，根据国际货币基金组织预测，2024年柬埔寨、菲律宾、越南、印度尼西亚 GDP 增速分别为 6.1%、5.9%、5.8%、5.0%。这些国家也正致力于提升营商环境，例如，柬埔寨于 2021年颁发新《投资法》，改善投资环境；菲律宾修正了《零售贸易自由化法》《公共服务法》《外国投资法》，总体放宽了外资准入门槛；越南调整和完善法律法规，于 2020 年通过新《投资法》，于 2021 年颁布《限制外商投资行业目录》，积极改善营商环境。

因此，厦门在与 RCEP 成员国加强经贸合作时，要针对不同国家、不同行业、不同领域采取不同的合作方式，同时要立足重点国家进行重点合作。特别是，要加强与日本、韩国、新加坡、澳大利亚、马来西亚、印度尼西亚、越南的合作。在与日本、韩国、新加坡加强合作时，可侧重于先进制造业、生物医药、高端服务业等战略性新兴产业和未来产业；在与澳大利亚、印度尼西亚加强合作时，可侧重于能源、资源等领域；在与马来西亚、越南等发展中国家加强合作时，可侧重于劳动密集型制造业的产业链合作。

（二）共建经贸合作区

近年来，经贸合作区已经成为世界各国吸收外商直接投资、促进对外经贸合作发展的重要方式。中国在经济园区建设方面积累了丰富的经验，中国也在世界各国特别是东南亚国家建立了大量境外经贸合作区，成为中国与相关国家加强经贸合作的重要模式。厦门在加强与 RCEP 成员国的经贸合作中，这种模式值得借鉴，要积极探索与 RCEP 成员国和相关城市共建各种类型的经贸合作区，不仅包括厦门企业集团去成员国参与建设经贸园区，也包括引进成员国企业到厦门建设经贸园区。在具体模式上，厦门在某一 RCEP 成员国建设经贸园区时，可以独立建设或者与东道国共建，也可以引入其他成员国共同参与。同时，可以在厦门范围内选取适当位置作为 RCEP 经贸合作园区，由厦门和成员国共建，在园区内也可以设立与具体成员国的园中园。通过这种方式，形成厦门与 RCEP 成员国共建经贸合作区的合作范式。

第一，经贸合作区已经成为各国促进经贸发展的重要模式。近年来，经贸合作区逐渐成为带动全球对外投资、吸收外资和对外贸易的重要手段。联合国贸易和发展会议（UNCTAD）专门以特殊经济区为主题撰写了《世界投资报告 2019》，系统考察了其对吸引外国投资、促进对外贸易和产业升级的重要作用。例如，特殊经济区贡献了越南 60%~70% 的外商直接投资，孟加拉国的 8 个国家级经贸合作区中 72% 的投资者来自境外。因此，世界各国设立了大量各类型经贸合作区以促进国内国际的经济合作。

第二，中国的经贸合作区建设取得显著成效。中国具有丰富的经济园区建设实践和经验，各类经济园区也对中国经济发展起到了非常重要的促进作用。中央和各级地方政府、有实力的大型园区开发企业纷纷"走出去"在世界各国特别是东南亚诸国建立了各种类型、各种级别的境外经贸合作园区。根据现有资料，截至 2019 年底纳入中国商务部统计的境外经贸合作区的已经达到 113 家，累计投资 419 亿美元，进一步对地方政府数据进行统计可以发现，中国已经在 57 个国家建设了 201 家境外经贸合作区。这些境外经贸园区有相当大比例分布在 RCEP 成员国。这主要是因为这些国家在自然资源、地理位置、劳动力成本、产业发展等方面与中国存在一定的互补关系。许多国家与中国在地理位置上比较接近且劳动力成本优势明显，如泰国、柬埔寨、越南等。RCEP 及其制度安排更是为中国和厦门在成员国进行境外经贸合作区建设提供了重要契机和便利。

第三，境外经贸合作区有助于推动中国企业高质量"走出去"，提高厦门与 RCEP 成员国经贸合作的效率。一是境外经贸合作区将基础设施建设、企业对外直接投资、劳务输出、承包工程融为一体，呈现前后相接、相互联系的"走出去"格局。二是境外经贸合作区不仅大幅度降低了企业对外投资的信息搜索和交易成本，而且提高了投资效率，从而可以引导国内企业批量化抱团"走出去"，并产生一系列规模效应。三是中国制造业企业在境外经贸合作区建立加工贸易生产基地，是中国主导的国内产业链的国际延伸，形成了初步的国际产业链。四是中国的资源能源、农产品企业在境外建立产业园区将有利于保障中国的资源能源供给。

（三）大力发展数字贸易模式

数字贸易正在成为未来全球贸易发展的新模式和新动力，也是世界各国重点发展的领域，并成为当前各个自贸协定的焦点，未来也应该成为厦门与RCEP 成员国经贸合作的主要方式。

第一，数字贸易对全球贸易增长的贡献不断攀升。在全球范围内超过50%的服务贸易已实现数字化，超过 12%的商品贸易是通过数字平台企业实现的。麦肯锡研究报告中的数据显示，受数字技术和数字贸易的推动，跨境服务增速比货物贸易增速高 60%。世界贸易组织（WTO）把《世界贸易报告 2018》的主题定为"未来的世界贸易：数字技术如何改变全球商务"，报告预计到 2030 年数字技术的使用有望使全球贸易量增加 34%。

第二，中国各级政府正在加快推进数字贸易发展。2019 年 11 月《中共中央　国务院关于推进贸易高质量发展的指导意见》、2021 年《国务院关于印发"十四五"数字经济发展规划的通知》等文件都提出要加快发展数字贸易。2022 年 10 月党的二十大报告明确提出"发展数字贸易，加快建设贸易强国"。2022 年中国国际服务贸易交易会系列高峰论坛就以"数字贸易发展趋势和前沿"为主题。商务部等相关部门先后出台深化服务贸易创新发展试点总体方案，出台支持数字贸易发展的政策，确定 12 个国家数字服务出口基地进行试点。就地方而言，北京市印发《北京市关于促进数字贸易高质量发展的若干措施》，浙江省印发《中共浙江省委　浙江省人民政府关于大力发展数字贸易的若干意见》，江苏省印发《江苏省推进数字贸易加快发展的若干措施》，广州市印发《广州市支持数字贸易创新发展若干措施》，旨在通过政策支持来加快推动数字贸易发展，推动贸易高质量发展。

第三，RCEP 协定有"电子商务"章，这是亚太地区首次达成与电子商务有关的规则，RCEP 也是中国目前数字贸易规则的最高标准。RCEP 的数字贸易规则涉及数据和设施的自由化、数据跨境流动、无纸化贸易、电子认证和电子签名、消费者权益和知识产权等多方面，同时注重保护网络安全，充分尊重成员国监管要求，注重对话与争端解决。对于部分监管水平有限的成员国，RCEP 使用过渡期、保留性脚注、兼容性表述等灵活方式达成统一，为其产业发展和国内监管体系完善保留空间。可以预见，RCEP 将极大推动中国与其成员国的数字贸易发展，有利于中国跨境电商模式的推广，促进中国跨境电商进出口规模的扩大，推动跨境电商企业加大布局海外市场，提高区域内贸易便利化水平，加速中国跨境云服务业务发展，因而也应该成为厦门强化与 RCEP 成员国经贸合作的主要模式。

而且，厦门具有较好的跨境电商发展基础。厦门跨境电商产业园已是福建省内跨境电商要素聚集度高、服务要素齐全的跨境电商全产业链综合服务平台，跨境生态圈及公共服务体系位于全国前列。

（四）建设一批"小而美"特色项目和特色产品进出口基地

中国在开展对外经贸合作实践中，不仅在相关国家建设了诸多"高大上"的大型国际合作项目，也推进了许多"小而美"的特色项目，聚焦具体产品、具体市场和特定人群，从而增加当地就业、提高人们技艺、改善人们生活，让对外经贸合作成果惠及更多人。这些诸多"小而美"特色项目汇集起来，将对厦门推进与 RCEP 成员国的合作发挥重要的实际作用，也有利于推动厦门与 RCEP 成员国之间的人员交往和民心相通，增加相互了解。这一系列"小而美"特色项目和特色产品进出口基地是厦门未来拓展与 RCEP 成员国经贸合作的重要方式。厦门与 RCEP 成员国的特色产品贸易涉及多个领域，以下是一些具体的案例。

第一，厦门毛燕进口量全国第一，已经打造成为全球毛燕加工中心城市。厦门率先落实中国与马来西亚政府签订的合作协议，首批毛燕进口落地厦门东南燕都加工生产，形成印度尼西亚、越南等国家毛燕进口加工基地和行业协会合作平台。建立东南燕都安全燕窝溯源管理平台，已吸收 29 家燕窝生产加工会员企业、2 家燕窝原料供应商，下游联通 600 余家经销商，产品溯源率达 100%。目前，东南燕都实现了燕窝"原料—生产加工—终端销售"的全产业链标准化，是在国务院《进一步深化中国（福建）自由贸易试验区改革开放方案》指导下打造的重点平台之一。

第二，厦门已经成为全国最大的进口酒集散中心之一，在国际市场上也逐渐拥有了话语权。厦门酒类进口独具特色，啤酒进口量连续多年位居全国第一，烈酒位居第二，葡萄酒位居第五，辐射福建、浙江、广东等主要的啤酒消费地。厦门海关、自贸片区等制度创新为进口酒快速发展提供了契机。例如，厦门自贸片区建成福建自由贸易试验区（简称自贸试验区）首个区外保税展示交易项目，形成了"前店后库"的进口酒类创新模式。厦门海关采取"一站式"酒类检验专区、全国首创"进口酒快检"模式、"72秒通关"等举措，专人专岗对各类报关单进行审单、验估，确保货物申报完成后就能进入"优先查验、优先送检、优先检测"的绿色通道。再如，象屿保税区进口酒交易中心 365 酒博会享受自贸试验区及保税区双重政策叠加，是典型的新零售的会员中心、大数据中心、进口酒体验中心（包括进口葡萄酒、洋酒、啤酒等酒类）。

第三，厦门是煤炭及褐煤进口重要基地，是鞋类、箱包类、纺织类主要出口基地。2021 年，厦门煤炭进口量位居全国首位，对 RCEP 成员国的箱包类产品出口额为 13376 万美元，同比增长 4.51%；鞋类产品出口额为 72215 万美元，同比增长 20.78%，其中出口东盟国家 50336 万美元。随着 RCEP 的生效，厦门的这些特色产品出口将可能享受关税减让等优惠待遇，从而进一步促进与 RCEP 成员国的贸易往来。同时，也有助于厦门的企业拓展海外市场，提高其在国际市场上的竞争力。

（五）加强服务贸易进出口基地建设

近年来，服务贸易在国际贸易中的比重持续攀升，重要性不断提高。随着厦门产业结构升级，服务贸易对厦门的重要性也不断提高，应该成为厦门未来对外贸易的重要增长点。厦门是重要的航空维修、游戏出口、文化产品出口基地，未来要依托这些服务贸易进出口基地推进厦门与 RCEP 成员国的经贸发展。

　　一方面，厦门是国家全面深化服务贸易创新发展试点城市之一，也是中国服务外包示范城市。厦门拥有多个专业性特色国家级服务出口基地，如国家文化出口基地、数字服务出口基地、中医药服务出口基地、语言服务出口基地等。这些服务出口基地的形成，有利于推动厦门形成"一试点""一示范""多基地"的服务贸易创新发展格局，为厦门的服务贸易进出口提供有力的支持。厦门商务局和厦门卫健委还专门出台了《关于支持厦门中医院申报建设国家中医药服务出口基地的意见》，旨在推动厦门中医药服务出口增长。

　　在此基础上，厦门文化出口基地位居全国首位，厦门自贸片区国家文化出口基地以综合评价 91.4 分的成绩位列全国文化出口基地功能区类基地首位；17 家企业入选 2021~2022 年度国家文化出口重点企业；厦门自贸片区成为首批 13 家国家文化出口基地创新实践案例；厦门外图集团有限公司报送的东南亚中国图书巡回展案例获评全球服务实践案例。厦门数字服务出口基地规模增长迅速，2021 年数字服务出口基地（火炬）实现数字服务出口业务增长 28.3%。近年来，厦门与 RCEP 成员国的服务贸易发展情况呈现稳步增长的趋势。根据厦门商务局发布的数据，2021 年厦门与 RCEP 成员国服务贸易总额达 463 亿元，同比增长 3%，其中出口额为 234 亿元，同比增长 6%。厦门积极推进与 RCEP 成员国的服务贸易合作。在教育、旅游、医疗等领域，厦门积极引进 RCEP 成员国的优质资源，推动服务业的双向开放。

　　另一方面，RCEP 下的服务贸易开放度显著提高，可为厦门强化与 RCEP 成员国的经贸合作提供制度支持。从原则层面看，RCEP 有以下几点要求。一是降低服务贸易壁垒，提高服务贸易开放程度。RCEP 要求成员国降低服务贸易壁垒，如减少服务贸易限制措施、提高服务市场开放程度、加强服务贸易合作等。二是规范服务贸易管理。RCEP 协议要求成员国规范服务贸易管理，如制定透明、公正、非歧视的法规和政策，加强监管合作，等等。三是加强服务贸易合作。RCEP 要求成员国加强服务贸易合作，如促进服务贸易便利化、加强服务业投资合作、推动服务业技术创新等。四是推进服务贸易数字化。RCEP 要求成员国推进服务贸易数字化，如加强电子商务合作、推动数字经济发展等。从具体举措来看，RCEP 第八章"服务贸易"共包括 25 个条款和金融服务、电信服务、专业服务 3 个附件；第九章"自然人临时移动"共包括 9 个条款，同时 RCEP 各缔约方还提交两部分服务贸易领域具体承诺表。RCEP 服务贸易条款涉及适用范围、原产地规则、国民待遇、最惠国待遇、透明度清单、本地存在、国内法规、承认等方面的规则，旨在消除服务贸易领域的限制性、歧视性措施。这将为厦门强化与 RCEP 成员国的服务贸易合作提供重要激励和支撑。

六 厦门强化与 RCEP 成员国经贸合作的政策举措

RCEP 的签订无疑将进一步扩大区域内市场规模、提高区域内市场一体化程度、拓展厦门与区域内国家的产业链供应链合作。结合厦门与 RCEP 成员国经贸合作良好的发展基础与发展势头，以及厦门与 RCEP 成员国经贸服务质量的进一步改善，本报告认为厦门与 RCEP 成员国的经贸合作前景广阔。未来，厦门可从货物贸易、服务贸易、吸收外资、对外投资、优化政府的公共服务能力和政务服务质量、完善厦门与 RCEP 成员国的物流运输网络和效率等方面推出更多政策举措，强化厦门与 RCEP 成员国间的经贸合作。

（一）利用 RCEP 优势支持货物贸易发展

1. 充分利用 RCEP 带来的关税下降优势

第一，引导企业用好 RCEP 对我国出口货物的优惠关税待遇。引导企业针对其出口产品关注 RCEP 成员国的关税减让情况，深入评估是否满足原产地规则。如果货物不能满足原产地规则，鼓励企业调整原材料来源，结合各成员国的产业优势，增加区域内原材料占比，并深入评估这种调整所需的合规成本。充分发挥厦门自贸片区的作用，先行先试针对部分国家和产品进行降税安排。

第二，引导企业择优选用现有自贸协定优惠安排，充分享受进口关税优惠。引导进口企业针对自身进口货物，比较不同自贸协定下的降税水平及原产地规则。尤其注意的是，同一原产国的同一货物在不同自贸协定下所适用的税率和原产地规则也可能有所差别。以韩国原产货物为例，RCEP 生效后，中国与韩国之间的优惠贸易协定将有 RCEP、中韩自贸协定、亚太贸易协定三项。自韩国进口时，进口企业须考虑申请适用哪一项自贸协定下的优惠关税，并须确保货物具备该协定项下原产资格。

第三，根据 RCEP 规定的关税减让时间表，列出厦门的主要产品关税清单。可分立即减免关税、五年内减免关税、十年内减免关税三大类产品，从而有利于企业掌握关税减让的进度，提高企业对 RCEP 的利用率、针对性、积极性。针对首年关税即降为零的、5 年内关税减让显著的商品，建立出口重点商品和企业清单，扩大机电产品和纺织服装出口，增加中间品和高新技术产品、消费品进口。

第四，研究开发 RCEP 关税智能享惠服务平台，为企业利用 RCEP 原产地规则提供指引。该平台要在提供各贸易国家优惠关税和原产地规则要求的查询服务基础上，进一步根据企业的自身实际，"一对一"为企业量身分析提供最优化的自贸协定选择方案。在面临多项自贸协定时，要引导企业比较产品的关税减让幅度、达到原产地规则的难易程度及付出的成本，在关税减让幅度相同又符合相关原产地规则的情况下，引导企业根据产品的需求比较协定中的其他相关条款，如通关便利化、直运规则途径时限、背对背原产地证书等方面哪个更符合产品需要。

2. 强化与 RCEP 成员国的政策沟通

第一，加强与 RCEP 成员国关于反倾销政策谈判沟通，降低中国产品被反倾销的风险。虽然厦门作为地方政府无法与 RCEP 成员国进行反倾销政策的谈判，但是可以与 RCEP 成员国以及当地的各类工商协会等沟通，及时掌握可能的反倾销信息，并及时与厦门的企业交流信息，调整产品出口地区，降低产品被反倾销风险。

第二，加强与 RCEP 成员国间各类标准体系、认证体系的沟通。RCEP 一些成员国与中国的产品标准体系和认证体系差异较大，要进一步加强政策沟通，推动标准互认。利用各种方式推广中国的标准体系，如口岸管理和服务流程和操作等，如尝试将中国的"单一窗口"业务流程标准介绍和推广到东南亚国家。

第三，组织开展 RCEP 重点国家的营商环境调查。了解厦门"走出去"企业面临的实际困难与诉求，甚至帮助东盟成员国进一步优化营商环境。加强与 RCEP 重点城市的互联互通，帮助提高这些城市的物流基础设施建设水平。

3.完善各项贸易便利化措施

第一，进一步压缩通关时间、提高通关效率。持续巩固压缩进出口货物整体通关时间、提高工作成效，将进出口货物整体通关时间稳固在合理区间，为企业提供相对稳定的通关预期。推出集装箱"卸船直提""抵港直装"等模式，提高港口作业效率。对企业向海关提交的 RCEP 原产地证书中存在的各类微小差错（包括文件之间轻微差异、信息遗漏、打字错误、特定字段的突出显示等）予以接受。

第二，全面落实 RCEP "6 小时通关"。对抵达海关监管作业场所且完整提交相关信息的 RCEP 缔约方原产易腐货物和快件、空运货物、空运物品，实行 6 小时内放行便利措施。

第三，进一步完善厦门国际贸易"单一窗口"。推动厦门国际贸易"单一窗口"向数字口岸平台 2.0 发展，集成物流、金融、航空电子货运平台、小包裹通关、海关边检、银行等各类服务。完善"单一窗口"各类应用系统和功能模块，提高各功能模块的对接，促进系统集成，提高大数据分析和利用能力，使"单一窗口"成为提供跨境贸易、物流、政务、金融等信息服务的"一站式"公共服务平台。

第四，推进厦门国际贸易"单一窗口"与亚太示范电子口岸网络（APMEN）合作。未来要积极参与亚太示范电子口岸网络框架内海运物流可视化试点、空运物流可视化试点、电子原产地证书数据交换等项目。完善厦门国际贸易"单一窗口"与亚太示范电子口岸网络合作项目航空电子货运平台（该平台是 APMEN 首个落地运营项目），助力厦门跨境电商发展。

4. 对重点国家采取更有针对性的举措

一是梳理总结厦门与 RCEP 经贸合作的重点国家和发展潜力较大国家。其中，日本、韩国、新加坡、马来西亚、印度尼西亚、越南的发展潜力较大。厦门要充分利用 RCEP 机遇扩大与这些国家的货物贸易往来。充分利用各成员国减税特点，采取"一国一策"，加大对上述重点国家的市场开拓力度。

二是中国和日本的贸易受 RCEP 影响较大，要充分利用中日首次建立自贸关系的契机，大力开拓日本市场。依托我国强大的市场需求，深挖立即零关税及关税边际降幅较大的产品。同时深入挖掘 RCEP 其他成员国间的贸易数据，结合 RCEP 降税承诺安排，探索海外市场贸易机会，大力推动海外三国贸易。

5. 充分利用跨境电商的助推作用

第一，加强跨境电商引导，提供更多政策扶持，帮助企业完善跨境电商产业链和服务链。完善厦门跨境电商上下游产业链，使跨境电商出口产品可环环相扣、衔接顺畅，提升出口跨境电商产业链韧性。扶持跨境电商新型业态发展，为跨境电商企业提供跨境支付、国际物流、互联网技术、第三方支付技术等配套服务。引导企业加快建设海外仓、保税仓等多层次物流网络，提高海外物流配送效率。通过跨境电商综合试验区，减少行政干预，优化流程，提升政府服务效率。引导跨境电商企业用足用好 RCEP 下的跨境电商优惠政策和规则，为跨境电商企业加速资金回笼、拓展海外市场资金支持。

第二，做大做强厦门跨境电商产业园。扩大厦门跨境电商产业园规模和面积，吸引 RCEP 成员国的跨境贸易、跨境电商企业落地，完善跨境电商企业供应链，加大对 RCEP 成员国跨境电商人才的吸引力度，打造其成为服务 RCEP 区域内跨境电商企业的全产业链基地。

第三，加强跨境电商配套建设、培育跨境营销网络、深化电商平台合作以及优化综合服务体系等。加强与主要市场在东南亚的电商平台合作，加快跨境电商产业集聚，推动跨境电商生态圈良性发展。引导金融机构在跨境贸易收支与结算方面提供便利服务，为跨境电商支付提供支持。

第四，在物流方面，打造"海陆空铁"四位一体的跨境电商物流体系。开通更多与 RCEP 成员国的全货机航线，实现东南亚全货机多式联运。在金融服务方面，引导银行等金融机构完善跨境电商综合金融服务方案，聚焦"结算、融资、撮合"三大板块，为跨境电商企业提供 N 项跨境电商全生命周期线上综合服务。

第五，鼓励企业在重点国家（地区）建设具备公共仓储、集货分销、物流配送能力的海外仓，对符合条件的企业给予资金支持与补助。对海外仓进行配套服务，在海外仓场地建设及装修、物流仓储信息化软件系统、硬件设备设施等方面的投入按比例给予一次性补贴。对跨境电商进出口电商平台给予租金减免、项目运营扶持等"一企一策"。支持企业开展跨境电子商务专业培训，建议对学员培训费用支出、活动举办等给予一次性资金支持。

第六，加快跨境电商人才培养。鼓励厦门大学等高校和知名互联网企业合作，开展中高端跨境电商人才培养。整合政府、协会、高校、企业等多方力量，采用跨境电商人才孵化基地、人才实训基地、产教联盟、职业技能实训班等多种方式共同培养高层次跨境电商人才。

第七，鼓励厦门制造业企业加强与大型跨境电商平台企业合作，提高对海外订单信息的获取及时度。推动传统外贸企业向跨境电商转型，鼓励企业在 RCEP 成员国建设"海外仓"，提高海外仓数字化、智能化水平，加强"跨境电商+海外仓"模式出口。

6. 充分利用 RCEP 的原产地累积规则和经核准出口商制度

充分利用 RCEP 的原产地累积规则促进厦门与区域内国家的中间品贸易和加工贸易。利用 RCEP 原产地累积规则，扩大对 RCEP 成员国先进技术设备、原材料、中间产品、优质消费品进口及紧缺产品进口，打造区域性进口商品展示和集散中心。建立完善 RCEP 实施"1+1"应急处置机制，针对企业自主出具的 RCEP 原产地声明遭遇境外拒惠问题，及时了解情况并通过海关总署相关渠道对外开展交涉，争取获得对方海关认可。大力培育海关高级认证企业成为经核准出口商，充分发挥经核准出口商制度的作用。

（二）促进服务贸易各领域发展

1. 利用 RCEP 契机拓宽服务贸易合作领域

充分利用厦门作为服务贸易创新发展试点城市、中国服务外包示范城市的相关政策以及 RCEP 对于服务贸易的优惠政策，拓宽服务贸易合作领域。围绕航空维修、跨境电商等重点服务行业，加强产业投资合作，建设 RCEP 产业合作示范基地。加强与 RCEP 成员国高端服务业合作，探索在部分 RCEP 成员国如新加坡建设飞地孵化器，建设 RCEP 服务贸易合作示范基地。积极争取国家相关部委政策支持，逐步放宽或者取消厦门与 RCEP 成员国跨境交付、境外消费、自然人临时移动等模式的服务贸易限制措施，拓展同 RCEP 成员国的服务贸易合作行业。

2. 充分利用 RCEP 推动厦门数字服务贸易高质量发展

以推动厦门数字服务出口基地优化升级为抓手，鼓励企业积极开发数字服务内容、云服务、大数据、区块链等数字贸易业态，提升国家数字服务出口基地能级。在数字服务出口基地基础上，鼓励数字内容服务企业的发展，促进手游、动漫、电影等数字服务产品对 RCEP 成员国的出口。加强与日本在游戏、动漫、电影等产业方面的合作，提高中国数字服务产品的质量。利用 RCEP 大力吸引国内国际高水平人才，例如游戏产业所需的美术和编程人才、金融法律人才、飞机维修人才。推进与 RCEP 成员国在数字基础设施等领域的合作，带动数字内容贸易发展，打造面向 RCEP 成员国的服务外包接发包平台。

3. 充分利用 RCEP 促进厦门文化出口平台

进一步打造厦门文化出口平台，推动厦门与 RCEP 成员国的文化交流和文化贸易。充分发挥厦门自贸片区国家文化出口基地的作用，推进厦门"国际图书版权超市""东南亚中国图书巡回展"高质量发展，高质量推进对外文化贸易"千帆出海"行动计划，打造更多具有闽南特色的文化影视产品，鼓励厦门文化产品出口到东南亚地区，增强厦门文化影响力。具体如下。

一是优化文化产品结构。根据 RCEP 的规则和优惠措施，调整文化产结构，重点发展厦门具有比较优势的文化产品，如艺术品、手工艺品、文化创意产品、闽南文化的影视产品等。

二是加强与 RCEP 成员国之间的文化交流和合作。推出一系列具有国际影响力的文化艺术节，吸引广大侨胞来厦门旅游度假，提高文化产品的国际知名度和认可度，从而拓展国际市场，扩大文化产品的出口规模和市场份额。

三是提升文化产业创新能力。加强厦门中高端文化产业人才的培养，加大文化产品的研发和创新投入，提高文化产业的创新能力和竞争力。推动文化产业与科技、旅游等产业的融合发展，打造具有特色的文化产业集群。

四是搭建更多文化贸易国际合作平台。如文化创意产业园区、文化产业合作联盟等，推动厦门与 RCEP 成员国在文化产品开发、市场拓展、人才培养等方面的合作，实现互利共赢。同时，加强与 RCEP 成员国之间的政策沟通和协调，确保文化产品出口的顺利进行。

4. 利用 RCEP 培养厦门高端服务出口新优势

一方面，做大做强厦门飞机维修行业，将其打造成为东南亚地区的飞机维修中心。降低飞机维修等服务贸易出口企业的关税和所得税，加大国外先进飞机维修技术和人才的引进力度，加快国内飞机维修人才的培养。继续支持太古飞机、太古部件等航空维修企业采用海关特殊监管区域外保税维修试点拓展业务，为飞机维修企业设立保税维修专用账册，开展面向 RCEP 成员国的进境航维业务和承接 RCEP 成员国服务商转包的发动机包修业务。支持厦门飞机维修企业拓展新加坡、澳大利亚、印度尼西亚的飞机维修业务。

另一方面，积极推进服务业扩大开放综合试点工作，推动现代化生产性服务贸易发展。争取自贸账户（FT 账户）资格在厦门自贸片区实施，推动发展国际金融服务，做强做大人民币结算代理清算规模，拓展 RCEP 成员国业务范围，开展"RCEP 跨境资金池"等金融产品创新，争取建设 RCEP 资金跨境结算中心。推动承接更多会计和咨询服务外包业务，加快发展法律服务，争取中央政策支持建设"海丝"国际仲裁服务中心，拓展国际海事调解与仲裁等业务。在教育、旅游、医疗等领域，积极引进 RCEP 成员国的优质资源，推动服务业的双向开放。积极推动国际旅游合作，与 RCEP 成员国的旅游部门开展交流合作，共同开发旅游产品和服务，提高旅游服务质量和水平。

（三）大力发展外商投资

在吸收外商领域，要充分利用《国务院关于进一步优化外商投资环境 加大吸引外商投资力度的意见》（国发〔2023〕11 号），落实 RCEP 在投资领域的优惠政策，加大厦门吸收外商投资的力度，放宽外商投资领域和持股比例限制，进一步完善外商投资环境，加大外资知识产权保护力度。

1. 加大吸收外商投资力度

第一，加大吸收 RCEP 成员国外资力度，特别是来自日本、韩国和新加坡等发达国家的外资。充分利用 RCEP 的政策优惠举措，围绕厦门"4+4+6"现代化产业体系，如生物医药、新能源、电子信息等产业，加强吸收外商直接投资的力度。围绕 RCEP 重点开放的投资领域，加大对 RCEP 成员国的招商推介与项目促进力度，吸引 RCEP 成员国 500 强企业、行业龙头企业、侨资华商行业龙头企业等来厦投资。聚焦日本、韩国、新加坡的高科技企业、行业领军企业和技术先进型中小企业，开展新一代信息技术、电子信息、高端装备、生物医药、新能源、新材料等产业链靶向招商引资，大力引进日本企业来厦门投资。例如，鼓励外商投资企业依法在境内开展境外已上市细胞和基因治疗药品临床试验，优化已上市境外生产药品转移至境内生产的药品上市注册申请的申报程序。

第二，创新吸收外资的形式，鼓励 RCEP 成员国外资在厦门设立各种形式的独资企业。对高技术行业和高端服务业在厦门设立子公司和分支机构给予特殊优惠。加大招商引资力度，以制定更加优惠的招商政策、搭建招商平台、加强与国内外投资促进机构的合作等方式，吸引更多外资企业来厦投资。支持日本、韩国、新加坡等国高科技企业在厦门设立研发中心，与国内企业联合开展技术研发和产业化应用，鼓励 RCEP 成员国企业及其设立的研发中心承担国内重大科研攻关项目。

第三，针对 RCEP 成员国的外商投资，出台新一轮利用外资鼓励政策。成立 RCEP 重点外资项目工作专班机制，加强要素支撑、政策支持和服务保障，推动外资项目早签约、早落地、早开工、早投产。对重点外资项目出台针对性政策，推动重点项目尽快到资。对投资额 1 亿美元以上的重点制造业外资项目，在前期、在建和投资等环节，加大用海、用地、能耗、环保等方面服务保障力度。此外，放宽高端现代化服务业的外资奖励扶持政策，加大对引进外资高端制造业及世界 500 强项目的支持奖励力度。鼓励符合条件的 RCEP 成员国企业在厦门设立投资性公司、地区总部，相关投资性公司投资设立的企业，可按国家有关规定享受外商投资企业待遇。深入实施合格境外有限合伙人（QFLP）境内投资试点，建立健全 QFLP 外汇管理便利化制度，支持以所募的境外人民币直接开展境内相关投资。

第四，推动厦门与 RCEP 成员国建立投资促进合作机制，采取多种形式构建投资促进平台。鼓励厦门投资促进团组常态化赴 RCEP 成员国开展招商引资、参会参展等活动，邀请 RCEP 成员国企业定期来厦门投资洽谈。建立 RCEP 外资招商项目库和企业库，加快在 RCEP 成员国建立投资促进代表处、选聘投资促进顾问，加强与行业协会及华人华侨商会对接联系。加强与商务部、中国贸促会驻外经贸和投资促进机构的沟通，发挥厦门设立在境外的投资促进机构（代表处）的作用，强化与境外经贸和投资促进机构的联系合作。

2. 放宽外商投资的准入领域

第一，利用 RCEP 契机全面落实市场准入承诺即准营制试点，切实实施外商投资准入前国民待遇加负面清单制度。尝试在国家和其他省份负面清单基础上，出台厦门外商投资负面清单，清单之外不得新增外商投资限制。全面放开一般制造业吸收外资的限制，推动服务业领域开放。

第二，放宽服务业外商投资准入门槛和领域，使服务业成为吸收外资的重要领域。在金融领域，落实外资银行、证券公司、基金管理公司在厦门设立独资子公司制度。在教育领域，允许外资在厦门设立独资高等教育机构，并提供在线教育服务，鼓励外资与厦门高校合作，共同培养高端人才。在医疗领域，逐步放开厦门医疗市场，允许外资独资医疗机构进入中国市场，推动医疗领域科技创新，加强与外资合作。支持飞机维修、电子商务等领域的外商投资企业与各类职业院校（含技工院校）、职业培训机构开展职业教育和培训。

3. 优化外商投资企业的营商环境

第一，在厦门范围内清理不符合最新版《外商投资法》的地方性法规和政策。全面落实《外商投资法》及其配套法规和实施条例，清理与《外商投资法》及其实施条例不符的规定。严格落实国家"两清单一目录"，积极跟进国家对外商投资新开放领域，创新利用外资新业态、新模式，引导外商投向厦门重点鼓励产业。探索在政府采购等方面给予外资企业更公平待遇，消除对跨国公司的歧视性待遇，建立竞争中性的市场环境。

第二，优化外资企业投资审批备案流程。加强政府间关于外资投资比例的沟通，在外事人员雇佣手续和入境流程上做适当的优化，打通商务局、发改委、外管局等相关部门关于境外投资的备案手续，提供"一站式"备案，缩短企业境内备案相关时间。

第三，进一步优化外资企业投资经营环境。一是深入推进外商投资"放管服"改革，进一步简化外资投资审批流程、缩短审批时间，提高审批效率，加强事中事后监管，确保外资企业的合法经营。二是充分发挥外资企业投诉工作机制作用，加大外商投资合法权益保护力度，落实好外资企业国民待遇。持续加强外商投资领域法治建设，加强外资企业合法权益的保护。三是完善竞争中性政策的基础地位，促进内外资企业公平竞争。对标国际通行标准，加快完善以"边境内规则"为特征的深化改革开放，建立竞争中性的市场环境，构建对国有、民营和外资企业一视同仁、平等对待、统一监管的制度体系。取缔区别性、歧视性的优惠政策及不正当市场干预措施。四是采取有效措施解决好国外人才的入境、生活和教育问题。外资企业员工难以拿到本人和家人签证，影响了外企在中国的经营。对高层次国外人才，提供包括签证、暂住证、居住证、住房、医疗、子女教育、交通出行、金融服务等方面的"一站式"服务体系，提高国外人才在我国生活和工作的舒适感和获得感。为 RCEP 成员国符合条件的外商投资企业聘雇并推荐的外籍高级管理、技术人才申请永久居留提供便利。对于外籍人员跨境流动，上海已经在探索签证办理上使用微信、支付宝、脸书等新方式，厦门也可以自贸片区身份向商务部申请相关新方式先行先试。五是健全外商投资公共服务体系和平台建设，强化政策宣传和法律服务支撑。指导外资企业用足用好国家、省、市各项支持政策，帮助外企协调处理对外贸易、对外投资及出口转内销业务方面的法律问题。六是加强知识产权保护力度，保障外资企业在高科技产品以及现代服务业产品方面的知识产权。

（四）扶持企业对外投资

1. 引导企业利用 RCEP 机遇主动"走出去"

第一，鼓励厦门企业到 RCEP 成员国提前布点。可利用"前期先成立办事处、成熟后设立平台公司"的模式，在营商环境较优的日韩及东南亚地区设立平台公司。鼓励有条件的厦门物流龙头企业到日本、韩国、东南亚地区等主要跨境电子商务出口地建设海外仓，搭建以海外仓为支点的出口目的国配送辐射网点，提供"一站式"仓储配送服务。

第二，鼓励企业利用原产地累积规则、"背对背"原产地证明等制度在 RCEP 成员国优化产业和供应链布局。积极融入东南亚产业转移浪潮，依托 RCEP 投资自由化及劳动力成本优势带来的红利，鼓励企业以投资参股或战略合作方式在东南亚设立加工基地和物流设施，进一步发挥公司已建立农产品和矿产品海外资源优势。深入研究 RCEP 成员国的资源要素禀赋特点、产业发展特点，据此强化与各成员国的产业链供应链合作。围绕服务贸易、投资、原产地规则等领域的开放承诺，加快推动与 RCEP 成员国构建相互促进、互利共赢的产业链供应链体系。

第三，加强与 RCEP 成员国产能合作。持续开辟国际产能合作平台，促进企业参与 RCEP 成员国港口、铁路、公路、能源等重大基础设施项目建设，拓展境外承包工程承包项目。

第四，利用 RCEP 投资自由化契机，引导大型企业和企业集团建设一批境外经贸合作区，加快推进象盛镍业印度尼西亚经贸合作区等建设。境外经贸合作区已经成为我国主动"走出去"开展对外投资合作的重要方式，我国已经建设有 100 多个境外经贸合作区，包括国家层面和各级地方政府层面主导建设的，如柬埔寨西哈努克港经济特区、中国-越南（深圳-海防）经贸合作区、中国-白俄罗斯工业园区等。厦门可借鉴深圳、浙江、江苏等地区的经验，引导本市有条件的大型企业或者企业集团到 RCEP 成员国建设若干境外产业园区，从而推动本地企业"走出去"并巩固厦门与相关国家的产业链供应链联系。此外，要通过境外园区建设，带动厦门其他企业批量化抱团"走出去"，特别是带动更多贸易企业"走出去"。

2. 优化企业对外直接投资的政策环境

第一，继续推动经贸投资合作，减少境外投资备案时间。对于 3 亿美元以下的境外投资项目，在核实真实性情况下，尽量缩短审批备案时间。

第二，加强境外投资政策支持。为更好地鼓励企业"走出去"发展，建议厦门在政策上给予更多支持，例如将境外业务的效益与其他业务的经营情况区别考核或者给予考核剔除。在利息、税收等方面给予减免优惠，为企业提供境外融资支持等。适当简化人员因公出境、资金境内外流转等方面的审批流程。对于在 RCEP 成员国投资的重点投资项目，在中方人员出境方面给予特殊通道支持。

第三，针对制造业、高端服务业和资源能源类企业在 RCEP 成员国的对外直接投资，可在审批和资金方面给予绿色通道，加快审批速度。未来我国资源能源型对外直接投资可能会面临更多壁垒，政府层面需要进一步思考如何拓展企业对外直接投资空间、减少境外投资阻力。此外，要鼓励民营企业在制造业和资源能源领域的对外直接投资，在资金流出审批和融资上给予更多支持。

3. 提升对境外投资企业的海外服务能力

一是针对厦门企业对外直接投资落地难、资金短期、RCEP 成员国保护措施多、资质要求多、信息不透明等问题，要综合施策提高海外服务能力。二是通过中国贸促会对外联络资源渠道、当地使领馆、行业协会等，协助解决企业对外直接投资面临的难点和痛点。三是利用海丝基金和股权投资基金给企业提供资金支持，鼓励政府投资基金和大企业联合或者组建联盟企业在海外建立产业园区，作为各类企业对外直接投资的基地和落脚地，引导企业批量化抱团"走出去"，形成完善的产业链供应链。四是有效发挥国贸集团、象屿集团等供应链企业的作用来引导中小企业"走出去"，并提供相应的信息服务。

（五）优化政府的公共服务能力和政务服务质量

1.进一步提高政府作为公共服务平台的功能

第一，建设完善 RCEP 企业服务中心，为企业提供商务、法律、税务、关务、物流等专业化服务，打造我国与 RCEP 其他成员国间"一站式"贸易投资服务平台。落实原产地企业备案与对外贸易经营者备案两证合一，原产地证书领事认证"一窗受理"，打造 RCEP "一站式"综合政务服务体系。依托"海丝中央法务区·云平台"，建立 RCEP 成员国产业法律等基础数据库，开展 RCEP 实时风险预警分析。

第二，充分用好现有的"9·8"投洽会、进博会等重大招商活动平台，增加投洽会（厦洽会）的 RCEP 元素内容。在这些平台基础上，由厦门商务局、经信局、贸促会等机构牵头，定期组织开展一些 RCEP 成员国的专业性的投资与贸易对接交流会、贸易对接会、服务贸易对接、第三方产能合作研讨会等，邀请成员国的各类企业参加，为厦门与 RCEP 成员国间的企业搭建贸易投资合作的公共服务平台。

第三，加强厦门与 RCEP 产业合作委员会、中国-东盟商务理事会等组织的合作。通过合作，引导一些涉及 RCEP 的重要会议在厦门举办，邀请 RCEP 成员国政府官员、商业领袖、行业协会负责人、学界人士等参与会议，提高厦门在 RCEP 成员国的影响力，打造区域内高端交流平台。其中，RCEP 产业合作委员会由 RCEP 的 15 个成员国组成，牵头机构是中国-东盟商务理事会，发起机构是 RCEP 成员国有关工商组织，旨在推动区域内各国贸易、投资、产业合作，推动 RCEP 建设。

第四，深入实施重点特色平台提升行动方案。做优做强航空维修、融资租赁、进口酒、进口毛燕、数字产品出口基地、文化出口基地等重点平台，推动厦门服务贸易发展。

第五，引进一批专业化服务机构落户厦门。推动落地国际商事争端预防与解决组织厦门代表处，引进知识产权运营公共服务平台等公共服务机构在厦门开展更多业务。引进各类律师事务所、各类交易平台等专业化机构落户厦门。积极引进一批 RCEP 成员国的各类国际组织在厦门设立办事处，强化厦门的国际服务功能。

2. 优化完善 RCEP 规则的推广宣传工作

第一，进一步完善 RCEP 相关政策的宣传推广工作。提高宣传培训工作的可操作性、针对性、普惠性、立体性，总结梳理 RCEP 相对其他现有协定在哪些产品、哪些方面有更多优惠，并形成一个 RCEP 与现有其他协定①的享惠（包括关税税率、双边投资等方面的优惠）对比清单，引导企业选择最适合自身需求的自贸协定。针对 RCEP 优惠政策的利用率进行系统的统计和分析，确定重点减税产品和重大减税企业，进行重点培训支持。针对厦门外贸企业的实际情况，分别对关税减让、原产地规则、知识产权保护、通关便利化等内容进行针对性、系统性宣讲解读。以企业、商品为单元，多维度对 RCEP 进口利用率进行动态分析，准确定位关区未享惠企业，横向比对相关商品税号项下对应的原产国、实征税率以及能够适用的各个协定税率、最低协定税率和预计免税税额，助力企业"惠中选惠"。

第二，加强出口企业走访调研，切实了解企业的实际需求和面临问题。针对享惠涉及环节中可能出现的难点，完善调查研究问卷，通过电话沟通、网上问卷、现场走访等方式对未享惠企业开展调查研究，通过新媒体收集企业需求，找准企业享惠痛点、难点。特别是加强走访日资企业和对日进出口企业，从拓展对日经贸合作角度深入挖掘有利政策，最大化地发挥 RCEP 协

---

① 中国与 RCEP 成员国现有的自贸协定还包括中国-东盟、中国-新加坡、中国-韩国、中国-澳大利亚、中国-新西兰自贸协定以及亚太贸易协定。

定效力，促进对日本进出口贸易。

3. 科技赋能外贸服务效率提高

第一，利用大数据和人工智能系统给相关企业进行定向推送优惠政策。加强"线上+线下"相结合的宣传培训，选准重点企业靶向宣传，帮助小微企业了解规则、提前布局。持续提升业务便利化水平，推进原产地证书"智能审核+自助打印"，大力推广原产地证书全流程数字化服务。

第二，推广原产地证书自助打印制度，扩展到可以自助打印其他各类出口报关证书、表格和资料。优化"智能审核+自助打印"全流程智能签证服务，联合地方政府搭建 RCEP 智能享惠平台，实现政策咨询、证书打印等多项服务功能一体化集成。与 RCEP 成员国商谈，使更多国家接受厦门企业自助打印的原产地证书。充分运用我国与韩日泰等多国已建立的原产地信息智能核查机制以及与新西兰实现的原产地信息电子交换模式，快速验核证明真实性、经核准出口商资格，提升海关监管及服务效能。

4. 发挥贸促会等中介机构的作用

第一，鼓励厦门贸促会立足自身优势，为加深厦门与 RCEP 成员国经贸合作提供支撑。厦门贸促会、厦门国际商会作为经贸政策执行机构，要按照职能定位，多做"政府有必要做但不便做、企业想做却做不了"的工作，在活跃贸易投资行业生态、搭建政企沟通平台方面发挥作用。贸促会要定期和不定期组织举办各类 RCEP 成员国间的经贸论坛，邀请 RCEP 成员国政要、驻华使节、国际工商机构、行业龙头企业负责人来厦交流研讨，促进厦门企业与 RCEP 成员国企业更多对接合作。

第二，鼓励厦门贸促会牵头召开 RCEP 成员国推介会，组织厦门企业到 RCEP 成员国交流洽谈。发挥厦门贸促会等机构的作用。一是邀请成员国贸促机构、商业协会等来厦推介东道国的营商环境以及招商引资政策，为厦门企业解读政策、答疑解难，建立厦门企业与 RCEP 成员国组织的沟通联络渠道。二是组织举办各类与 RCEP 成员国的经贸对接、洽谈活动，邀请 RCEP 成员国工商界人士来厦交流研讨，推动厦门企业与 RCEP 成员国企业双向经贸交流。

第三，针对部分 RCEP 成员国出口货款难回收问题，可进一步发挥出口信用保险机构的作用。鼓励成立民营出口信用保险机构，鼓励成员国的出口信用保险机构在厦门设立分支机构，为厦门出口企业提供相关保险服务。

（六）完善厦门与 RCEP 成员国的物流运输网络和效率

要利用 RCEP 机会更高水平融入国际大循环，加强港口、机场、海运、空运等交通基础设施建设，增强国际物流通达性和时效性，巩固提升厦门在亚太区域国际商贸中心的地位。

第一，申请开通厦门与 RCEP 成员国的更多航线，进一步织密厦门外贸干线网络，积极构建"RCEP+丝路飞翔"物流大通道，使厦门成为连接日本、韩国、东南亚、澳大利亚等地的中转枢纽。一是增加直飞或经停航班数量，覆盖更多的 RCEP 成员国。鼓励国内外航空公司增加航班频率，提供更多的航空运力。二是根据市场需求和运力情况，优化航线网络，提高航班计划的灵活性和适应性。采取点对点航线结构，缩短航班时间和提高航班频率。三是鼓励航空公司开展货运业务，提供更多的货运运力。可以提供货运补贴、税收优惠等政策支持，吸引更多的航空公司参与货运业务。四是支持开辟、加密 RCEP 成员国全货运航线，提升空中货运网络通达性。

第二，加强海运、铁路、公路等多种运输方式的衔接和配合。推动多式联运发展，实现不同运输方式之间的无缝衔接，提高物流运输的灵活性和适应性。进一步推进多式联运"一单制"改革，加快建设中国-东盟多式联运联盟基地和服务中心。推动试点企业在 RCEP 成员国设立办事处，支持在 RCEP 成员国设立集装箱海外还箱点，完善全链条服务。探索试点航空快件国际中转集拼，推动厦门与 RCEP 成员国之间冰鲜水产品、冷链产品和高附加值产品的高效快速运输。

第三，完善"丝路海运"国际航运综合服务平台和"丝路海运"联盟，服务更多 RCEP 成员国。积极提供物流全程可视化、命名航线监测、公共订舱、联盟运营管理等服务，促进港口领域降本增效提质。支持"丝路海运"班轮与厦台海空航线、中欧（厦门）班列对接。提升中欧（厦门）班列运行效率，优化班列运行线路，拓宽班列货源渠道，增强回程揽货能力，探索开通海铁联运客户定制专列，构建连接东盟中亚海陆枢纽通道，放大中欧（厦门）班列辐射牵引作用。

第四，进一步提高物流便利化水平。加强与 RCEP 成员国之间的沟通协调，进一步推动口岸通关便利化，简化通关流程，降低通关成本，提高货物快速通关和转运效率。完善"6 小时通关""24 小时过境免办边检手续""144 小时过境免签"等政策。进一步推广无纸化通关，实施预归类制度，提供"一站式"服务，等等。

第五，提高物流运输服务能力和效率。进一步支持厦门象屿速传供应链发展股份有限公司（简称象屿速传）构建以中欧班列、中国－印度尼西亚、中国－越南、中国－泰国及全球大宗干散货国际租船为主的国际物流服务能力，在印度尼西亚、越南、泰国、新加坡、新西兰等 RCEP 成员国设立更多运营网点。精准对接航运及进出口贸易企业需求，拓展航线网络，深化港航合作展。提升物流设施水平，投资建设现代化的物流设施，如智能仓储、配送中心、中转站等，以提高物流运输的效率和准确性。优化仓储配送网络，在 RCEP 成员国重要节点城市建设智能仓储和配送网络，实现货物快速分拨和配送，提高物流运输的及时性和准确性。

第六，加强信息化建设，推动企业间的物流信息共享。实现物流信息的实时更新和共享，提高物流运输的透明度和可追踪性。推动建立公共信息平台、开发物流管理软件、推广物联网技术等方式来实现信息共享。加强与RCEP 成员国之间的合作与信息共享，推动航空运输的便利化和规范化。与RCEP 成员国建立合作机制，共享航班信息和运力资源，提高航空运输的效率和准确性。

（七）将厦门打造成联通中国台湾和金砖国家的枢纽，推动制度型开放

要充分利用 RCEP 全面生效背景下厦门联结 RCEP 成员国和中国台湾以及金砖国家的优势地位，将厦门打造成联通中国台湾和金砖国家的经贸合作枢纽。同时，要利用厦门自贸片区制度创新优势，推动厦门制度型开放步伐。

第一，用好 RCEP 规则吸引台胞台企台资来厦投资、兴业、创业。中国台湾不是 RCEP 成员，RCEP 生效可能导致台湾经贸边缘化风险，为厦台经贸合作提供了新机遇。因此，一是加强厦台产业融合，加快建设海峡两岸集成电路产业合作试验区等产业合作平台，大力引进台湾百大企业及泰博科技、永联物流等行业领军企业。探索与台资主体开展 RCEP 成员国第三地投资合作。二是适度超前开展交通物流基础设施建设，构建两岸物流大通道，推动台湾地区货物经由厦门出口。畅通厦门与高雄、台中航路，增加两岸直航快船航线，打造以金门为中转、海翔码头为集货中心的两岸快递物流通道，促进周边货物经厦台海陆空多式联运集散。三是大力吸收台湾地区的高素质人才，进一步扩大直接采认台湾职业资格范围。逐步扩大取得国家法律职业资格的台湾居民在闽从事律师职业的执业范围。四是放宽台湾地区高端人才在厦门的居住和落户限制。落实《中共中央　国务院关于支持福建探索海峡两岸融合发展新路建设两岸融合发展示范区的意见》，取消台胞在厦门的暂住登记，鼓励台胞申领台湾居民居住证，实现台胞在厦门定居落户"愿落尽落"。扩大台湾居民居住证身份核验应用范围，努力实现台湾居民居住证与大陆居民身份证社会面应用同等便利。完善台胞在厦门的就业、就医、住房、养老服务、社会救助等制度保障，试点将在厦台胞纳入社会保障体系。落实厦门与金门加快融合发展，实现金门居民在厦门同等享受当地居民待遇，打造厦金"同城生活圈"。

第二，用好 RCEP 规则助力厦门金砖创新基地建设。一是利用 RCEP 给厦门带来的对外经贸合作优势，推动厦门与金砖国家展开更加深入的产业合作，发挥厦门作为联系 RCEP 成员国与金砖国家枢纽的作用。二是吸引金砖国家的更多企业在厦门投资，建设区域性总部或者在厦门设立各类研发营销中心。对于金砖国家企业在厦门设立子公司、区域性总部和营销中心的，要给予各类政策性优惠和鼓励。三是结合厦门金砖创新基地的重点发展产业以及金砖国家的优势产业，扩大厦门与金砖国家的产业互补和合作，强化彼此的产业链供应链联系，从而助益企业打通 RCEP 与金砖国家市场。

第三，以厦门自贸片区为基础，以 RCEP 成员国为主要对象，推动制度型开放。厦门在融入 RCEP 过程中，应推进制度型开放，与国际制度更好对接。以厦门自贸片区为核心平台载体，实现贸易投资规则创新发展，以开放促改革，进一步优化政务公共服务和营商环境。

一是推动厦门市对外贸易投资规则进一步与国际接轨。厦门要瞄准 RCEP 规则，大力推动规则、管理、标准等制度与 RCEP 相衔接，在促进资金、技术、人员等要素的"要素型开放"的同时，加快规则、规制、管理、标准等的"制度型开放"，要把握机遇，先行先试，充分发挥自贸试验区制度创新优势，率先落实 RCEP 过渡性条款，推动投资便利化、服务贸易负面清单、数字贸易、跨境电子商务等协议内容在厦门自贸片区率先落地。

二是以开放促改革，实现自身贸易投资规则创新发展。应借助融入 RCEP 机会，以开放促改革，要继续推进"放管服"改革，完善行政审批制度，创新并健全市场监管，减少不当干预，维护市场公平竞争，持续推进政务公共服务不断优化；要积极推动投资从"正面清单"向"负面清单"制度转变，全面放开制造业准入限制，加快服务贸易部门高水平开放；积极开展海丝中央法务区的涉外法律服务模式探索，重点引进 RCEP 成员国的法务机构开展法律服务业务，扩大本国法务机构和 RCEP 成员国法务机构的合作，以提升涉外法务工作水平和涉外营商环境。

三是落实《关于在有条件的自由贸易试验区和自由贸易港试点对接国际高标准推进制度型开放的若干措施》（国发〔2023〕9 号），在 RCEP 框架下加大高水平压力测试和探索实践。在厦门自贸片区内，对于与 RCEP 成员国的进出口贸易和双边投资活动，要不断创新货物贸易、服务贸易、数字贸易、商务人员临时入境、营商环境等方面的措施。在货物贸易方面，针对不同使用目的的产品，采取灵活的进出口监管措施。放宽 RCEP 成员国的金融、保险、咨询、审计等现代服务业机构在厦门自贸片区的经营许可和业务范围、服务对象，引进更多 RCEP 成员国的高端服务业企业，提高外资持股比例，允许其服务厦门自贸片区内的更多企业。制定鼓励类境外专业人员提供专业服务清单，建立境外职业资格单向认可工作程序，对专业人员取得的境外职业资格实行单向认可，允许符合条件的具有境外职业资格的专业人员经有关部门审批备案后提供专业服务。延长在厦门自贸片区内工作的 RCEP 成员国工作人员的停留时间，随行家属可享受口岸签证办理便利。随行家属入境后，可在出入境管理部门申请换发与专家本人所持签证入境有效期相同、入境停留期限相同的签证。此外，在厦门自贸片区内企业与 RCEP 成员国之间适当放宽跨境数据流动的限制，实行更加便利自由的跨境数据流动制度。对于与跨境电商、数字服务贸易特别是文化数字贸易、游戏等相关的数据跨境流动，给予更多自由度。

专题报告

专题一　RCEP 成员国经贸发展现状和潜力

本专题报告研究并总结了 RCEP 成员国经济发展总体情况、RCEP 成员国的对外贸易总体情况，并对 RCEP 成员国经济发展潜力进行了基本评估。研究发现，RCEP 成员国在经济发展阶段、财富水平和产业结构上存在较大的差异，但亦为优势互补与合作共赢创造了机遇。从贸易合作与资本合作来看，RCEP 成员国与中国贸易往来密切，贸易基础良好，中国是各 RCEP 成员国的主要货物贸易出口地和货物贸易进口来源地。较多 RCEP 成员国与中国保持着紧密的联系，多个 RCEP 成员国在中国对外直接投资流量、对外直接投资存量、设立境外企业数量的国家（地区）排名中名列前茅，且在中国设立较多企业并进行了大额投资。从发展潜力来看，RCEP 成员国的经济发展潜力不尽相同，部分发展中国家经济势头强劲，但亦有部分国家经济疲软，动力不足，在创新潜力上各国的差距也相对较大，发达国家相对表现更佳。鉴于发展阶段、文化背景、营商环境等因素，中国与 RCEP 成员国的合作风险与机遇并存。

一　RCEP 成员国的经济发展

RCEP 成员国在经济发展阶段、财富水平和产业结构上存在较大的差异，但也为优势互补的合作提供了契机，实现相互开放与合作共赢。[1]

---

[1]　余淼杰、蒋海威：《从 RCEP 到 CPTPP：差异、挑战及对策》，《国际经济评论》2021 年第 2 期。

1. 澳大利亚

澳大利亚面积为 769 万平方公里，居世界第六位；拥有 2597 万人口，是世界上人口密度较低国家之一。从经济发展来看，澳大利亚是世界上经济最发达的国家之一。国际货币基金组织（IMF）公布的数据显示，2022 年，澳大利亚 GDP 为 17019 万美元，在全球排名[①]第 12，人均 GDP 为 65526 美元，在全球排名第 10。从财富分配来看，澳大利亚人均财富很高，且分配相对均衡，高资产群体相对多，低资产群体相对少。根据瑞士银行集团（UBS Group）与瑞士信贷集团（Credit Suisse）共同发布的《全球财富报告2023》，2022 年，澳大利亚人均财富为 496819 美元，远高于全球人均财富（84718 美元）和亚太地区人均财富（61154 美元）；财富基尼系数为 66.3，人均财富中位数为 247453 美元，人均资产不足 1 万美元的人口比例为 9.9%，低于全球（52.5%）以及亚太地区（62.3%）人均资产不足 1 万美元的人口比例，人均财富超过 100 万美元的人口比例为 9.4%，高于全球（1.1%）以及亚太地区（0.8%）人均财富超过 100 万美元的人口比例。从产业格局来看，2022 年，澳大利亚国内生产总值中，第一产业占 3.2%，第二产业占 27.9%，第三产业占 62.4%，服务业是澳大利亚经济中占比最大的产业部门。[②] 农牧业是澳大利亚传统优势产业，澳大利亚素有"骑在羊背上的国家"之称，澳大利亚亦被称为"坐在矿车上的国家"，采矿业非常发达，矿产资源丰富，拥有 70 种以上矿产，铁矿石、煤炭、黄金、铜、铝等多种矿石产储量位居世界前列。

2. 日本

日本面积为 37.8 万平方公里，拥有 1.25 亿人口，少子化、老龄化等问题日益加剧，导致劳动力供给不足。从经济发展来看，日本是主要发达国家

---

① IMF 共对全球 195 个主权国家中的 187 个进行了 GDP 测算，此排名为在 187 个国家中的排名。GDP 为 IMF 根据美元现价折算的数据，IMF 发布数据时间为 2023 年 4 月。本专题其他国家 GDP 数据情况与此相同，下文不再注释。

② 世界银行（World Bank）世界发展指数数据库。本专题其他国家的产业格局数据均来自此，下文不再注释。

和第三经济大体，国际货币基金组织公布的数据显示，2022 年，日本 GDP 为 42335 万美元，在全球排名第 3，人均 GDP 为 33822 美元，在全球排名第 29。从财富分配来看，日本人均财富较多，且财富分配平等性高。根据瑞士银行集团（UBS Group）与瑞士信贷集团（Credit Suisse）共同发布的《全球财富报告 2023》，2022 年，日本人均财富为 216078 美元，高于全球人均财富（84718 美元）和亚太地区人均财富（61154 美元）；财富基尼系数为 65.0，人均财富中位数为 103681 美元，人均资产不足 1 万美元的人口比例为 11.6%，低于全球（52.5%）以及亚太地区（62.3%）人均资产不足 1 万美元的人口比例，人均财富超过 100 万美元的人口比例为 2.6%，高于全球（1.1%）以及亚太地区（0.8%）人均财富超过 100 万美元的人口比例。从产业格局来看，2021 年[①]，日本国内生产总值中，第一产业占 1.0%，第二产业占 28.8%，第三产业占 70.2%，服务业是其主要产业，日本科学技术发展迅猛，深耕高精尖产业，在汽车、半导体、钢铁、机床、造船、机器人、建筑机械等高技术产业上均拥有世界前列的技术水平。

3. 韩国

韩国面积为 10.04 万平方公里，拥有 5164 万人口。人口分布主要集中在首尔、釜山、仁川。从经济发展来看，韩国是亚洲四个经济发达国家之一。国际货币基金组织公布的数据显示，2022 年，韩国 GDP 为 16652 万美元，在全球排名第 13，人均 GDP 为 32250 美元，在全球排名第 31。从财富分配来看，韩国人均财富较高，且财富分配相对公平。根据瑞士银行集团（UBS Group）与瑞士信贷集团（Credit Suisse）共同发布的《全球财富报告 2023》，2022 年，韩国人均财富为 230760 美元，高于全球人均财富（84718 美元）和亚太地区人均财富（61154 美元）；人均财富中位数为 92719 美元，财富基尼系数为 67.9，人均资产不足 1 万美元的人口比例为 15.4%，低于全球（52.5%）以及亚太地区（62.3%）人均资产不足 1 万美元的人口比

---

① 世界银行（World Bank）世界发展指数数据库未给出 2022 年数据，因此选用 2021 年数据。下文使用的各国产业结构数据均为数据库给出的最新年份数据。

例，人均财富超过 100 万美元的人口比例为 2.9%，高于全球（1.1%）以及亚太地区（0.8%）人均财富超过 100 万美元的人口比例。从产业格局来看，2022 年，韩国国内生产总值中，第一产业占 1.6%，第二产业占 31.8%，第三产业占 66.6%，韩国的服务业比重较大，且制造业实力雄厚，信息通信、汽车、造船、钢铁、石化是其优势产业。

4. 新西兰

新西兰面积为 26.86 万平方公里，拥有 513 万人口。中国已经成为新西兰主要的移民来源国之一。从经济发展来看，新西兰是经济发达国家，国际货币基金组织公布的数据显示，2022 年，新西兰 GDP 为 2419 万美元，在全球排名第 50，人均 GDP 为 47208 美元，在全球排名第 21。从财富分配来看，新西兰人均财富很高，拥有较高财富的群体比重较大，且财富分配平等性较佳。根据瑞士银行集团（UBS Group）与瑞士信贷集团（Credit Suisse）共同发布的《全球财富报告 2023》，2022 年，新西兰人均财富为 388761 美元，远高于全球人均财富（84718 美元）和亚太地区人均财富（61154 美元）；人均财富中位数为 193065 美元，财富基尼系数为 69.9，人均资产不足 1 万美元的人口比例为 20.8%，低于全球（52.5%）以及亚太地区（62.3%）人均资产不足 1 万美元的人口比例，人均财富超过 100 万美元的人口比例为 7.0%，高于全球（1.1%）以及亚太地区（0.8%）人均财富超过 100 万美元的人口比例。从产业格局来看，2020 年，新西兰国内生产总值中，第一产业占 5.7%，第二产业占 19.7%，第三产业占 74.6%，第三产业占比较大，旅游业是其最主要的支柱产业之一，乳业在其国民经济中占据举足轻重的地位，畜牧业和林业亦是新西兰优势产业。

5. 文莱

文莱面积为 5765 平方公里，拥有 44 万人口。华人在文莱是仅次于马来人的第二民族。从经济发展来看，文莱人均 GDP 在亚洲排名相对靠前，在东南亚地区仅次于新加坡。国际货币基金组织公布的数据显示，2022 年，文莱 GDP 为 166 万美元，在全球排名第 125，人均 GDP 为 37667 美元，在全球排名第 26。从财富分配来看，文莱人均财富较低，且财富分配不均衡现象严重。根据瑞士银行集团（UBS Group）与瑞士信贷集团（Credit Suisse）共同发布的《全球财富报告 2023》，2022 年，文莱人均财富为 39908 美元，低于全球人均财富（84718 美元）和亚太地区人均财富（61154 美元）；人均财富中位数为 6983 美元，财富基尼系数为 89.0，人均资产不足 1 万美元的人口比例为 56.3%，高于全球人均资产不足 1 万美元的人口比例（52.5%），但低于亚太地区人均资产不足 1 万美元的人口比例（62.3%），人均财富超过 100 万美元的人口比例为 0.6%，低于全球（1.1%）以及亚太地区（0.8%）人均财富超过 100 万美元的人口比例。从产业格局来看，2022 年，文莱国内生产总值中，第一产业占 1.1%，第二产业占 67.9%，第三产业占 31.0%，文莱第二产业比重最大，油气资源丰富，采矿业发达，油气产业是文莱经济支柱，但工业基础薄弱、经济结构单一，产业发展严重依赖石油与天然气出口。

6. 柬埔寨

柬埔寨面积为 18.1 万平方公里，拥有 1599 万人口。人口的地理分布很不平衡，居民主要集中在中部平原地区。从经济发展来看，柬埔寨经济发展水平较为落后。国际货币基金组织公布的数据显示，2022 年，柬埔寨 GDP 为 285 万美元，在全球排名第 103，人均 GDP 为 1785 美元，在全球排名第 150。从财富分配来看，柬埔寨人均财富低，极少数群体拥有较高财富，绝大多数群体财富有限，财富分配不平等问题亦相对突出。根据瑞士银行集团（UBS Group）与瑞士信贷集团（Credit Suisse）共同发布的《全球财富报告 2023》，2022 年，柬埔寨人均财富为 6036 美元，远低于全球人均财富（84718 美元）和亚太地区人均财富（61154 美元）；人均财富中位数为 2185 美元，财富基尼系数为 77.5，人均资产不足 1 万美元的人口比例为 90.3%，高于全球（52.5%）以及亚太地区（62.3%）人均资产不足 1 万美元的人口比例，人均财富超过 100 万美元的人口比例很小，仅 0.001%，与全球（1.1%）以及亚太地区（0.8%）人均财富超过 100 万美元的人口比例存在较大差距。从产业格局来看，2022 年，柬埔寨国内生产总值中，第一产业占 21.9%，第二产业占 37.7%，第三产业占 40.4%，农业占比相对较高，在柬埔寨国民经济中具有举足轻重的地位，制衣业和建筑业是柬埔寨工业的两大支柱，同时柬埔寨旅游资源亦丰富。

7. 印度尼西亚

印度尼西亚面积为 190 万平方公里，拥有 2.75 亿人口，人口数量居全球第四位。从经济发展来看，印度尼西亚是东盟第一大经济体。国际货币基金组织公布的数据显示，2022 年，印度尼西亚 GDP 为 13188 万美元，在全球排名第 16，人均 GDP 为 4798 美元，在全球排名第 109。从财富分配来看，印度尼西亚人均财富不足和财富分配不均问题凸显，超过 2/3 的群体拥有极少财富。根据瑞士银行集团（UBS Group）与瑞士信贷集团（Credit Suisse）共同发布的《全球财富报告 2023》，2022 年，印度尼西亚人均财富为 17457 美元，低于全球人均财富（84718 美元）和亚太地区人均财富（61154 美元）；人均财富中位数为 4819 美元，财富基尼系数为 78.0，人均资产不足 1 万美元的人口比例为 67.7%，高于全球（52.5%）以及亚太地区（62.3%）人均资产不足 1 万美元的人口比例，人均财富超过 100 万美元的人口比例极小，不足 0.001%，与全球（1.1%）以及亚太地区（0.8%）人均财富超过 100 万美元的人口比例存在较大差距。从产业格局来看，2022 年，印度尼西亚国内生产总值中，第一产业占 12.4%，第二产业占 41.4%，第三产业占 46.2%，印度尼西亚是农业大国，第一产业比重相对较高，且油气资源丰富，采矿业发达，但工业化水平相对不高，同时，旅游资源非常丰富，旅游业具有发展潜力。

8. 老挝

老挝面积为 23.68 万平方公里，拥有 748 万人口，是中南半岛北部唯一的内陆国家。从经济发展来看，老挝是世界上最不发达国家之一。国际货币基金组织公布的数据显示，2022 年，老挝 GDP 为 153 万美元，在全球排名第 129，人均 GDP 为 2047 美元，在全球排名第 148。从财富分配来看，超过九成群体财富极度有限，人均财富远低于全球水平，且财富不平等性很高。根据瑞士银行集团（UBS Group）与瑞士信贷集团（Credit Suisse）共同发布的《全球财富报告 2023》，2022 年，老挝人均财富为 6191 美元，低于全球人均财富（84718 美元）和亚太地区人均财富（61154 美元）；人均财富中位数为 1366 美元，财富基尼系数为 87.3，人均资产不足 1 万美元的人口比例为 92.3%，占人口比例的绝大多数，远高于全球（52.5%）以及亚太地区（62.3%）人均资产不足 1 万美元的人口比例，人均财富超过 100 万美元的人口比例极其小，接近 0，与全球（1.1%）以及亚太地区（0.8%）人均财富超过 100 万美元的人口比例存在较大差距。从产业格局来看，2022 年，老挝国内生产总值中，第一产业占 14.6%，第二产业占 33.6%，第三产业占 51.8%，老挝农业发达，自然资源丰富，采矿业相对发达，可利用太阳能、生物能源、煤炭、风能和水电能发展电能产业，旅游资源亦相对丰富。

9. 马来西亚

马来西亚面积为 33 万平方公里，拥有 3299 万人口。华人在马来西亚是仅次于马来人的第二民族。从经济发展来看，马来西亚经济发展相对平稳。国际货币基金组织公布的数据显示，2022 年，马来西亚 GDP 为 4079 万美元，在全球排名第 35，人均 GDP 为 12364 美元，在全球排名第 66。从财富分配来看，人均财富水平较低，与亚太地区和全球平均水平均有差距，且财富分配不平等现象严重。根据瑞士银行集团（UBS Group）与瑞士信贷集团（Credit Suisse）共同发布的《全球财富报告 2023》，2022 年，马来西亚人均财富为 29314 美元，低于全球人均财富（84718 美元）和亚太地区人均财富（61154 美元）；人均财富中位数为 8523 美元，财富基尼系数为 83.1，人均资产不足 1 万美元的人口比例为 55.0%，高于全球人均资产不足 1 万美元的人口比例（52.5%），但低于亚太地区人均资产不足 1 万美元的人口比例（62.3%），人均财富超过 100 万美元的人口比例为 0.2%，低于全球（1.1%）以及亚太地区（0.8%）人均财富超过 100 万美元的人口比例。从产业格局来看，2022 年，马来西亚国内生产总值中，第一产业占 8.9%，第二产业占 39.2%，第三产业占 51.9%，服务业是马来西亚经济中最大的产业部门，旅游业是服务业的重要部门之一。马来西亚自然资源丰富，农产品主要有棕榈油、橡胶、可可、木材、胡椒、热带水果等。同时，石油和天然气储量丰富，采矿业以开采石油、天然气为主，制造业是马来西亚国民经济发展的主要动力之一，主要产业部门包括电子、石油、机械、钢铁、化工、汽车制造等行业。

10. 缅甸

缅甸面积为 67.66 万平方公里，拥有 5389 万人口，劳动力丰富，但人均受教育水平较低。从经济发展来看，缅甸经济实力很薄弱。国际货币基金组织公布的数据显示，2022 年，缅甸 GDP 为 568 万美元，在全球排名第 86，人均 GDP 为 1053 美元，在全球排名第 167。从财富分配来看，缅甸人均财富极低，超过八成群体拥有极低财富，鲜有群体拥有高水平财富，财富分配不均衡现象并不突出。根据瑞士银行集团（UBS Group）与瑞士信贷集团（Credit Suisse）共同发布的《全球财富报告 2023》，2022 年，缅甸人均财富为 7670 美元，远低于全球人均财富（84718 美元）和亚太地区人均财富（61154 美元）；人均财富中位数为 3636 美元，财富基尼系数为 68.0，人均资产不足 1 万美元的人口比例为 84.8%，高于全球（52.5%）以及亚太地区（62.3%）人均资产不足 1 万美元的人口比例，人均财富超过 100 万美元的人口比例极其小，接近 0，与全球（1.1%）以及亚太地区（0.8%）人均财富超过 100 万美元的人口比例存在较大差距。从产业格局来看，2022 年，缅甸国内生产总值中，第一产业占 20.3%，第二产业占 41.1%，第三产业占 38.6%，第一、二产业比重均相对较高，农业是缅甸国民经济基础，也是缅甸优先发展的重要产业之一，以纺织制衣业为代表的劳动密集型加工制造业和交通通信业在缅甸发展较快。

11. 菲律宾

菲律宾面积为 29.97 万平方公里，拥有 11157 万人口，拥有数量众多、受过教育、懂英语的劳动力。从经济发展来看，菲律宾人均经济水平较低，国际货币基金组织公布的数据显示，2022 年菲律宾 GDP 为 4043 万美元，在全球排名第 38，人均 GDP 为 11157 美元，在全球排名第 123。从财富分配来看，菲律宾人均财富少和财富分配不均衡现象突出，超过八成群体拥有极低财富，极少数群体拥有高水平财富。国际货币基金组织公布的数据显示，

2022 年，菲律宾 GDP 为 4043 万美元，在全球排名第 38，人均 GDP 为 3623 美元，在全球排名第 123。从财富分配来看，根据瑞士银行集团（UBS Group）与瑞士信贷集团（Credit Suisse）共同发布的《全球财富报告 2023》，2022 年，菲律宾人均财富为 14486 美元，低于全球人均财富（84718 美元）和亚太地区人均财富（61154 美元）；人均财富中位数为 3155 美元，财富基尼系数为 87.3，人均资产不足 1 万美元的人口比例为 84.5%，高于全球（52.5%）以及亚太地区（62.3%）人均资产不足 1 万美元的人口比例，人均财富超过 100 万美元的人口比例为 0.1%，低于全球（1.1%）以及亚太地区（0.8%）人均财富超过 100 万美元的人口比例。从产业格局来看，2022 年，菲律宾国内生产总值中，第一产业占 9.5%，第二产业占 29.2%，第三产业占 61.3%，服务业是主要产业，其中批发零售和汽车修理行业、旅游业占比较大，制造业主要包括电子元器件生产、食品加工、化工产品制造等。

12. 新加坡

新加坡面积为 728 平方公里，拥有 564 万人口，是以华人为主、拥有多民族的城市国家。从经济发展来看，新加坡人均 GDP 位居亚洲第二和东南亚第一。国际货币基金组织公布的数据显示，2022 年，新加坡 GDP 为 4668 万美元，在全球排名第 33，人均 GDP 为 82808 美元，在全球排名第 6。从财富分配来看，人均财富水平很高，拥有较低财富的群体相对少，拥有超高水平财富的群体相对全球比重较大。根据瑞士银行集团（UBS Group）与瑞士信贷集团（Credit Suisse）共同发布的《全球财富报告 2023》，2022 年，新加坡人均财富为 382957 美元，远高于全球人均财富（84718 美元）和亚太地区人均财富（61154 美元）；人均财富中位数为 99488 美元，财富基尼系数为 78.8，人均资产不足 1 万美元的人口比例为 16.0%，低于全球（52.5%）以及亚太地区（62.3%）人均资产不足 1 万美元的人口比例，人均财富超过 100 万美元的人口比例为 6.7%，高于全球（1.1%）以及亚太地区（0.8%）人均财富超过 100 万美元的人口比例。从产业格局来看，2022 年，新加坡国内生产总值中，第一产业占 0，第二产业占 24.2%，第三产业占 75.8%，新加坡目前是全球第二大财富管理中心、亚洲美元市场中心，也是全球第三大离岸人民币中心，同时是世界第三大炼油中心和石油贸易枢纽之一，新加坡服务业发达，金融保险业、石化工业世界领先，电子工业是新加坡传统产业之一，生物医药业、精密工程业近年来也得到长足发展。

13. 泰国

泰国面积为 51.31 万平方公里，拥有 7008 万人口，在东南亚地区举足轻重。从经济发展来看，是仅次于印度尼西亚的东南亚第二大经济体。国际货币基金组织公布的数据显示，2022 年，泰国 GDP 为 5362 万美元，在全球排名第 26，人均 GDP 为 7651 美元，在全球排名第 83。从财富分配来看，泰国人均财富少，财富不平等现象相对严重，拥有超高财富的群体比重较小，但同时拥有超低财富的群体比重亦相对低于全球和亚太地区水平。根据瑞士银行集团（UBS Group）与瑞士信贷集团（Credit Suisse）共同发布的《全球财富报告 2023》，2022 年，泰国人均财富为 25956 美元，低于全球人均财富（84718美元）和亚太地区人均财富（61154 美元）；人均财富中位数为 9602 美元，财富基尼系数为 76.0，人均资产不足 1 万美元的人口比例为 50.9%，低于全球（52.5%）以及亚太地区（62.3%）人均资产不足 1 万美元的人口比例，人均财富超过 100 万美元的人口比例为 0.2%，低于全球（1.1%）以及亚太地区（0.8%）人均财富超过 100 万美元的人口比例。从产业格局来看，2022 年，泰国国内生产总值中，第一产业占 8.8%，第二产业占 35.0%，第三产业占 56.2%，泰国第三产业比重较大，旅游业是泰国服务业的支柱产业，农业是泰国的传统产业，在国民经济中占有重要地位，工业属出口导向型工业，重要门类有采矿、纺织、电子、塑料、食品加工、玩具、汽车装配、建材、石油化工、轮胎等。

14. 越南

越南面积为 32.96 万平方公里，拥有 9946 万人口。全国人口平均年龄较小，劳动力成本较低。从经济发展来看，越南是小国开放经济。国际货币基金组织公布的数据显示，2022 年，越南 GDP 为 4065 万美元，在全球排名第 36，人均 GDP 为 4087 美元，在全球排名第 117。从财富分配来看，越南人均财富不足，且财富分配不平等问题较为突出，极少数群体拥有较高财富水平。根据瑞士银行集团（UBS Group）与瑞士信贷集团（Credit Suisse）共同发布的《全球财富报告 2023》，2022 年，越南人均财富为 14569 美元，低于全球人均财富（84718 美元）和亚太地区人均财富（61154 美元）；人均财富中位数为 5309 美元，财富基尼系数为 78.8，人均资产不足 1 万美元的人口比例为 75.6%，高于全球（52.5%）以及亚太地区（62.3%）人均资产不足 1 万美元的人口比例，人均财富超过 100 万美元的人口比例为 0.1%，低于全球（1.1%）以及亚太地区（0.8%）人均财富超过 100 万美元的人口比例。从产业格局来看，2022 年，越南国内生产总值中，第一产业占11.9%，第二产业占 38.3%，第三产业占 49.3%，越南从农业向第二、第三产业转移，成为亚洲地区新的劳动密集型产业承接地，纺织业、电气及光学设备以及皮革和制鞋业等获得一定发展，第三产业则以批发零售为主。

二　RCEP 成员国的对外贸易

RCEP 成员国与中国贸易往来密切，贸易基础良好。中国是各个 RCEP成员国的主要货物贸易出口地和货物贸易进口来源地，[①] 且中国是多个RCEP 成员国排名第一的出口地和进口来源地。非食用原料（燃料除外）、矿物燃料、润滑油及有关原料、机械及运输设备等产品品类是 RCEP 成员国与中国之间贸易频繁的产品类别。[②]

1. 澳大利亚

根据联合国贸易和发展会议数据库（UNCTAD 数据库），按照美元现价计算，2022 年，澳大利亚货物贸易总出口额为 4125.62 亿美元，货物贸易总进口额为 3091.89 亿美元，货物贸易顺差为 1033.73 亿美元。[③] 澳大利亚

---

①　肖琬君、冼国明：《RCEP 发展历程：各方利益博弈与中国的战略选择》，《国际经济合作》2020 年第 2 期。

②　本部分中国数据不含港澳台。

③　数据更新时间为 2023 年 9 月。本专题使用的数据更新时间均为 2023 年 9 月，下文不再注释。

服务贸易总出口额为 506.10 亿美元，服务贸易总进口额为 636.87 亿美元，服务贸易逆差为 130.77 亿美元。① 从贸易合作伙伴来看，中国是澳大利亚排名第一的货物贸易出口地和货物贸易进口来源地，澳大利亚对中国的货物贸易出口额和货物贸易进口额分别为 1314.02 亿美元和 837.31 亿美元，澳大利亚对中国的货物贸易顺差为 476.71 亿美元。② 2022 年货物贸易出口前五大目的地为中国、日本、韩国、印度、美国，占比分别为 32.03%、19.48%、8.88%、4.96%、3.73%，货物贸易进口前五大来源地分别为中国、美国、韩国、日本、新加坡，占比分别为 27.07%、10.05%、6.16%、5.75%、4.48%。③ 从贸易结构来看，澳大利亚与中国之间的货物贸易产品结构与面向全世界的货物贸易结构相差较大，向世界主要出口产品为非食用原料（燃料除外）和矿物燃料、润滑油及有关原料，主要进口产品为机械及运输设备和矿物燃料、润滑油及有关原料，主要向中国出口非食用原料（燃料除外），占比高达 76.17%，主要从中国进口机械及运输设备和杂项制品（见表 1）。

表 1　澳大利亚货物贸易结构（2022 年）

单位：%

货物类别	世界		中国	
	出口	进口	出口	进口
食品及活动物	10.71	4.88	6.72	1.43
饮料及烟类	0.55	0.95	0.04	0.07
非食用原料(燃料除外)	35.79	1.18	76.17	0.46
矿物燃料、润滑油及有关原料	35.06	15.27	7.57	2.41
动、植物油、脂及蜡	0.37	0.30	0.10	0.05

---

① 2022 年澳大利亚服务贸易数据为 UNCTAD 数据库估算值。

② 2022 年澳大利亚对中国的出口贸易额为 UNCTAD 数据库估算值，进口贸易额为 UNCTAD 数据库实际统计值。

③ 澳大利亚货物贸易出口地占比数据为 UNCTAD 数据库估算值，货物贸易进口来源地占比数据为 UNCTAD 数据库实际统计值。下文未特别说明的数据均为 UNCTAD 数据库实际统计值。

续表

货物类别	世界		中国	
	出口	进口	出口	进口
化学品及有关产品	2.36	12.37	0.88	8.98
按原料分类的制成品	4.46	11.14	2.43	17.08
机械及运输设备	2.85	37.23	0.31	44.81
杂项制品	1.83	13.88	0.23	24.72
未分类的商品及交易品	6.03	2.81	5.55	0.00

注：货物出口数据为 UNCTAD 数据库估算值。

资料来源：UNCTAD 数据库。

2. 日本

根据联合国贸易和发展会议数据库，按照美元现价计算，2022 年，日本货物贸易总出口额为 7469.20 亿美元，货物贸易总进口额为 8972.42 亿美元，货物贸易逆差为 1503.23 亿美元。日本服务贸易总出口额为 1666.95 亿美元，服务贸易总进口额为 2095.55 亿美元，服务贸易逆差为 428.61 亿美元。[①] 从贸易合作伙伴来看，中国是日本排名第一的货物贸易出口地和货物贸易进口来源地，日本对中国的货物贸易出口额和货物贸易进口额分别为 1445.39 亿美元和 1888.58 亿美元，日本对中国的货物贸易逆差为 443.19 美元。日本 2022 年货物贸易出口前五大目的地为中国内地、美国、韩国、中国台湾、中国香港，占比分别为 19.36%、18.72%、7.24%、6.98%、4.44%，货物贸易进口前五大来源地分别为中国、美国、澳大利亚、阿联酋、沙特阿拉伯，占比分别为 21.02%、10.09%、9.84%、5.10%、4.71%。从贸易结构来看，日本与中国之间的货物贸易结构和日本面向全世界的贸易结构有所出入，机械及运输设备是日本面向世界和面向中国出口最多的货物，矿物燃料、润滑油及有关原料和机械及运输设备是日本从世界范围内进口最多的货物，但日本从中国进口的矿物燃料、润滑油及有关原料非常少，机械及运输设备是日本从中国进口占比最大的货物（见表 2）。

---

① 2022 年日本服务贸易数据为 UNCTAD 数据库估算值。

表 2　日本货物贸易结构（2022 年）

单位：%

货物类别	世界		中国	
	出口	进口	出口	进口
食品及活动物	0.95	7.18	0.96	4.56
饮料及烟类	0.20	0.87	0.28	0.02
非食用原料（燃料除外）	1.59	6.94	2.54	0.96
矿物燃料、润滑油及有关原料	2.44	28.34	1.18	0.77
动、植物油、脂及蜡	0.05	0.28	0.01	0.04
化学品及有关产品	11.78	11.17	17.15	9.02
按原料分类的制成品	11.97	8.47	12.16	12.31
机械及运输设备	54.02	24.35	48.84	48.78
杂项制品	7.92	10.88	9.96	22.53
未分类的商品及交易品	9.07	1.52	6.90	1.00

资料来源：UNCTAD 数据库。

3. 韩国

根据联合国贸易和发展会议数据库，按照美元现价计算，2022 年，韩国货物贸易总出口额为 6835.85 亿美元，货物贸易总进口额为 7313.70 亿美元，货物贸易逆差为 477.85 亿美元。韩国服务贸易总出口额为 1330.23 亿美元，服务贸易总进口额为 1360.25 亿美元，服务贸易逆差为 30.02 亿美元。① 从贸易合作伙伴来看，2022 年中国是韩国排名第一的货物贸易出口地和货物贸易进口来源地，韩国对中国的货物贸易出口额和进口额分别为 1556.96 亿美元和 1558.39 亿美元，韩国对中国的货物贸易逆差为 1.43 亿美元。② 韩国 2022 年货物贸易出口前五大目的地为中国内地、美国、越南、日本、中国香港，占比分别为 22.78%、16.11%、8.91%、4.47%、4.04%；货物贸易进口前五大来源地分别为中国、美国、日本、澳大利亚、沙特阿拉

---

① 2022 年韩国服务贸易数据为 UNCTAD 数据库估算值。
② 2022 年韩国对中国的出口贸易额和进口贸易额均为 UNCTAD 数据库估算值。

伯，占比分别为 21.31%、11.32%、7.54%、6.19%、5.74%。① 从贸易结构来看，韩国货物贸易结构与日本有类似之处。机械及运输设备是韩国面向世界和面向中国出口最多的货物，矿物燃料、润滑油及有关原料和机械及运输设备是韩国从世界范围内进口最多的货物，但韩国从中国进口的矿物燃料、润滑油及有关原料非常少，机械及运输设备是韩国从中国进口占比最大的货物，其次为按原料分类的制成品（见表 3）。

表 3　韩国货物贸易结构（2022 年）

单位：%

货物类别	世界		中国	
	出口	进口	出口	进口
食品及活动物	1.21	5.02	0.88	3.16
饮料及烟类	0.26	0.22	0.12	0.09
非食用原料（燃料除外）	1.25	5.35	1.2	1.36
矿物燃料、润滑油及有关原料	10.86	33.05	8.26	0.84
动、植物油、脂及蜡	0.02	0.37	0.01	0.06
化学品及有关产品	16.51	9.85	26.26	13.66
按原料分类的制成品	13.04	9.49	8.24	17.99
机械及运输设备	51.61	28.5	47.28	50.44
杂项制品	5.06	7.95	7.68	12.34
未分类的商品及交易品	0.18	0.22	0.07	0.06

注：数据均为 UNCTAD 数据库估算值。
资料来源：UNCTAD 数据库。

4. 新西兰

根据联合国贸易和发展会议数据库，按照美元现价计算，2022 年，新西兰货物贸易总出口额为 451.02 亿美元，货物贸易总进口额为 542.19 亿美元，货物贸易逆差为 91.17 亿美元。新西兰服务贸易总出口额为 114.54 亿美元，服务贸易总进口额为 168.45 亿美元，服务贸易逆差为 53.92 亿美元。

---

①　2022 年韩国货物贸易出口地占比和进口来源地占比相关数据为 UNCTAD 数据库估算值。

从贸易合作伙伴来看，2022年中国是新西兰排名第一的货物贸易出口地和货物贸易进口来源地，新西兰对中国的货物贸易出口额和货物贸易进口额分别为132.78亿美元和126.02亿美元，新西兰对中国的货物贸易顺差为6.76亿美元。新西兰2022年货物贸易出口前五大目的地为中国、澳大利亚、美国、日本、韩国，占比分别为28.15%、12.04%、10.86%、5.77%、3.69%，货物贸易进口前五大来源地分别为中国、澳大利亚、美国、日本、韩国，占比分别为23.21%、11.11%、9.05%、6.24%、6.15%。从贸易结构来看，新西兰面向世界和面向中国的主要出口货物相同，食品及活动物均为新西兰面向世界和面向中国的主要出口品，机械及运输设备为新西兰从中国进口最多的货物品类（见表4）。

表4 新西兰货物贸易结构（2022年）

单位：%

货物类别	世界		中国	
	出口	进口	出口	进口
食品及活动物	60.09	9.26	70.42	2.19
饮料及烟类	3.66	1.24	0.25	0.06
非食用原料（燃料除外）	11.09	2.18	20.66	0.76
矿物燃料、润滑油及有关原料	1.54	11.09	0.44	0.41
动、植物油、脂及蜡	0.47	0.64	0.03	0.1
化学品及有关产品	5.31	12.57	3.78	9.55
按原料分类的制成品	5.29	11.44	0.92	18.03
机械及运输设备	6.03	36.91	0.36	42.56
杂项制品	3.2	13.09	0.47	25.45
未分类的商品及交易品	3.31	1.58	2.68	0.89

资料来源：UNCTAD数据库。

5. 文莱

根据联合国贸易和发展会议数据库，按照美元现价计算，2022年，文莱货物贸易总出口额为142.30亿美元，货物贸易总进口额为91.84亿美元，货物贸易顺差为 50.46 亿美元。文莱服务贸易总出口额为 2.82 亿美元，服务贸易总进口额为 11.30 亿美元，服务贸易逆差为 8.48 亿美元。从贸易合作伙伴来看，2022 年中国是文莱排名第三的货物贸易出口地和货物贸易进口来源地，文莱对中国的货物贸易出口额和货物贸易进口额分别为 22.14 亿美元和 8.10 亿美元，文莱对中国的货物贸易顺差为 14.04 亿美元。文莱 2022 年货物贸易出口前五大目的地为澳大利亚、日本、中国、新加坡、马来西亚，占比分别为 20.61%、17.37%、15.56%、13.55%、10.12%，货物贸易进口前五大来源地分别为马来西亚、阿联酋、中国、卡塔尔、新加坡，占比分别为 24.02%、12.19%、8.83%、6.09%、5.35%。从贸易结构来看，文莱从世界范围和从中国进口最多的货物品类相同，均为矿物燃料、润滑油及有关原料，但出口最多货物品类不同，面向世界出口比重最大的货物品类为矿物燃料、润滑油及有关原料，向中国出口最多的货物品类则为化学品及有关产品（见表 5）。

表 5 文莱货物贸易结构（2022 年）

单位：%

货物类别	世界		中国	
	出口	进口	出口	进口
食品及活动物	0.31	6.26	0.22	3.89
饮料及烟类	0.00	0.51	—	0.01
非食用原料（燃料除外）	0.20	0.84	0.00	0.35
矿物燃料、润滑油及有关原料	80.28	67.78	12.72	41.21
动、植物油、脂及蜡	0.00	0.27	0.00	0.00
化学品及有关产品	17.48	5.45	86.77	14.39
按原料分类的制成品	0.51	4.54	0.26	16.71
机械及运输设备	0.93	10.93	0.03	15.63
杂项制品	0.23	3.31	0.00	7.81
未分类的商品及交易品	0.07	0.11	0.00	0.00

注：—表示数据缺失。
资料来源：UNCTAD 数据库。

6. 柬埔寨

根据联合国贸易和发展会议数据库，按照美元现价计算，2022 年，柬埔寨货物贸易总出口额为 224.72 亿美元，货物贸易总进口额为 298.05 亿美元，货物贸易逆差为 73.34 亿美元。柬埔寨服务贸易总出口额为 23.18 亿美元，服务贸易总进口额为 27.54 亿美元，服务贸易逆差为 4.36 亿美元。从贸易合作伙伴来看，2022 年中国是柬埔寨排名第三的货物贸易出口地和排名第一的货物贸易进口来源地，柬埔寨对中国的货物贸易出口额和货物贸易进口额分别为 10.77 亿美元和 108.11 亿美元，柬埔寨对中国的货物贸易逆差为 97.35 亿美元。① 柬埔寨 2022 年货物贸易出口前五大目的地为美国、越南、中国、德国、日本，占比分别为 38.41%、9.15%、5.27%、5.27%、5.26%，货物贸易进口前五大来源地分别为中国大陆、泰国、新加坡、越南、中国台湾，占比分别为 36.13%、17.51%、14.95%、12.95%、2.90%。② 从贸易结构来看，按原料分类的制成品是柬埔寨从世界范围和从中国进口最多的货物品类，杂项制品是柬埔寨面向世界范围出口最多的货物品类，其次为食品及活动物，杂项制品和食品及活动物也是柬埔寨向中国出口最多的货物品类（见表 6）。

表 6　柬埔寨货物贸易结构（2022 年）

单位：%

货物类别	世界		中国	
	出口	进口	出口	进口
食品及活动物	9.2	5.19	25.82	1.09
饮料及烟类	0.1	2.52	0.15	0.14
非食用原料（燃料除外）	4.3	1.35	7.59	0.62
矿物燃料、润滑油及有关原料	0	16.54	0.00	0.96
动、植物油、脂及蜡	0.17	0.29	0.15	0.01
化学品及有关产品	0.59	7.2	3.48	8.77

---

① 2022 年柬埔寨对中国的出口贸易额和进口贸易额均为 UNCTAD 数据库估算值。

② 2022 年柬埔寨货物贸易出口地占比和进口来源地占比相关数据为 UNCTAD 数据库估算值。

续表

货物类别	世界		中国	
	出口	进口	出口	进口
按原料分类的制成品	4.58	31.68	18.53	53.45
机械及运输设备	7.93	16.57	10.63	21.15
杂项制品	69.37	7.23	33.36	13.46
未分类的商品及交易品	3.76	11.43	0.28	0.36

注：数据均为 UNCTAD 数据库估算值。

资料来源：UNCTAD 数据库。

7. 印度尼西亚

根据联合国贸易和发展会议数据库，按照美元现价计算，2022 年，印度尼西亚货物贸易总出口额为 2919.79 亿美元，货物贸易总进口额为 2374.47 亿美元，货物贸易顺差为 545.32 亿美元。印度尼西亚服务贸易总出口额为 230.86 亿美元，服务贸易总进口额为 433.92 亿美元，服务贸易逆差为 203.07 亿美元。从贸易合作伙伴来看，2022 年中国是印度尼西亚排名第一的货物贸易出口地和货物贸易进口来源地，印度尼西亚对中国的货物贸易出口额和货物贸易进口额分别为 603.71 亿美元和 599.94 亿美元，印度尼西亚对中国的货物贸易顺差为 3.77 亿美元。[①] 印度尼西亚 2022 年货物贸易出口前五大目的地为中国、美国、日本、印度、马来西亚，占比分别为 20.68%、10.92%、8.00%、7.55%、5.33%，货物贸易进口前五大来源地分别为中国、新加坡、日本、泰国、印度，占比分别为 25.27%、8.59%、7.72%、5.52%、5.31%。[②] 从贸易结构来看，矿物燃料、润滑油及有关原料均为印度尼西亚面向世界范围和面向中国出口最多的货物类别，而进口货物中，机械及运输设备在印度尼西亚从世界范围和从中国的进口比重均排名第一（见表 7）。

---

① 2022 年印度尼西亚对中国的出口贸易额和进口贸易额均为 UNCTAD 数据库估算值。

② 2022 年印度尼西亚货物贸易出口地占比和进口来源地占比相关数据为 UNCTAD 数据库估算值。

表 7 印度尼西亚货物贸易结构（2022 年）

单位：%

货物类别	世界		中国	
	出口	进口	出口	进口
食品及活动物	6.65	9.59	4.00	4.49
饮料及烟类	0.43	0.42	0.03	0.39
非食用原料（燃料除外）	6.65	5.37	10.32	1.13
矿物燃料、润滑油及有关原料	34.37	17.72	49.95	3.32
动、植物油、脂及蜡	13.39	0.23	9.91	0.04
化学品及有关产品	4.66	15.37	3.91	14.37
按原料分类的制成品	13.45	18.14	19.11	24.79
机械及运输设备	8.48	26.65	1.02	40.68
杂项制品	9.91	5.49	1.75	10.76
未分类的商品及交易品	2.01	1.03	0.00	0.04

注：数据均为 UNCTAD 数据库估算值。

资料来源：UNCTAD 数据库。

8.老挝

根据联合国贸易和发展会议数据库，按照美元现价计算，2022 年，老挝货物贸易总出口额为 81.98 亿美元，货物贸易总进口额为 72.44 亿美元，货物贸易顺差为 9.54 亿美元。老挝服务贸易总出口额为 4.06 亿美元，服务贸易总进口额为 5.28 亿美元，服务贸易逆差为 1.22 亿美元。[①] 从贸易合作伙伴来看，2022 年老挝对中国的货物贸易出口额和货物贸易进口额分别为 24.46 亿美元和 19.01 亿美元，老挝对中国的货物贸易顺差为 5.45 亿美元，[②] 中国是老挝排名第二的货物贸易出口地，且老挝对中国的出口份额与货物贸易出口地排名第一的泰国相比差距很小，同时中国也是老挝排名第二的货物贸易进口来源地。2022 年老挝货物贸易出口前五大目的地为泰国、中国、越南、澳大利亚、美国，占比分别为 33.30%、33.22%、10.21%、3.64%、2.73%，货物贸易进口前五大来源地分别为泰国、中国、越南、马来西亚、日

① 2022 年老挝服务贸易数据为 UNCTAD 数据库估算值。

② 2022 年老挝对中国的出口贸易额和进口贸易额均为 UNCTAD 数据库估算值。

本，占比分别为 54.09%、27.57%、7.58%、2.1%、1.43%。[①] 从贸易结构来看，老挝对全世界的货物贸易结构与面向中国的货物贸易结构相差较大，矿物燃料、润滑油及有关原料是老挝面向全世界出口最多和进口排名第二的货物类别，但这些货物与中国相关的进出口非常少，非食用原料（燃料除外）和机械及运输设备分别是老挝向中国出口和从中国进口最多的货物（见表 8）。

表 8 老挝货物贸易结构（2022 年）

单位：%

货物类别	世界		中国	
	出口	进口	出口	进口
食品及活动物	7.87	12.19	10.96	2.31
饮料及烟类	0.72	2.30	0.23	0.56
非食用原料(燃料除外)	21.28	2.27	52.92	0.67
矿物燃料、润滑油及有关原料	34.60	21.56	0.74	0.96
动、植物油、脂及蜡	0.01	0.28	—	0.00
化学品及有关产品	6.19	9.09	9.81	10.42
按原料分类的制成品	8.06	17.74	15.74	26.47
机械及运输设备	3.77	26.70	0.73	44.95
杂项制品	7.90	4.73	0.86	7.79
未分类的商品及交易品	9.61	3.13	8.01	5.87

注：数据均为 UNCTAD 数据库估算值；—表示数据缺失。

资料来源：UNCTAD 数据库。

9. 马来西亚

根据联合国贸易和发展会议数据库，按照美元现价计算，2022 年，马来西亚货物贸易总出口额为 3524.75 亿美元，货物贸易总进口额为 2943.17 亿美元，货物贸易顺差为 581.58 亿美元。马来西亚服务贸易总出口额为 316.83 亿美元，服务贸易总进口额为 445.90 亿美元，服务贸易逆差为 129.07 亿美元。从贸易合作伙伴来看，2022 年中国是马来西亚排名第二的货物贸易出口地和排名第一的货物贸易进口来源地，马来西亚对中国的货物

---

① 2022 年老挝货物贸易出口地占比和进口来源地占比相关数据为 UNCTAD 数据库估算值。

贸易出口额和货物贸易进口额分别为 478.09 亿美元和 628.08 亿美元，马来西亚对中国的货物贸易逆差为 149.99 亿美元。① 马来西亚 2022 年货物贸易出口前五大目的地为新加坡、中国内地、美国、日本、中国香港，占比分别为 14.96%、13.57%、10.77%、6.33%、6.15%，货物贸易进口前五大来源地分别为中国大陆、新加坡、中国台湾、美国、日本，占比分别为 21.33%、10.46%、8.21%、7.76%、6.43%。② 从贸易结构来看，机械及运输设备和矿物燃料、润滑油及有关原料为马来西亚向世界出口最多的货物类别，上述货物亦是马来西亚向中国出口最多的货物品类，但出口比重略有不同，向中国出口的机械及运输设备的比重小于矿物燃料、润滑油及有关原料的比重，机械及运输设备均为马来西亚从世界范围和从中国进口比重最大的货物（见表9）。

表 9　马来西亚货物贸易结构（2022 年）

单位：%

货物类别	世界		中国	
	出口	进口	出口	进口
食品及活动物	3.12	5.94	2.15	3.91
饮料及烟类	0.23	0.26	0.04	0.05
非食用原料（燃料除外）	1.99	4.95	5.64	1.02
矿物燃料、润滑油及有关原料	24.53	20.97	31.26	10.35
动、植物油、脂及蜡	7.18	1.43	5.17	0.40
化学品及有关产品	6.82	10.75	10.94	10.60
按原料分类的制成品	8.60	10.85	11.84	15.69
机械及运输设备	37.34	38.10	28.86	49.00
杂项制品	10.03	5.50	4.08	8.96
未分类的商品及交易品	0.15	1.25	0.01	0.01

注：数据均为 UNCTAD 数据库估算值。

资料来源：UNCTAD 数据库。

---

① 2022 年马来西亚对中国的出口贸易额和进口贸易额均为 UNCTAD 数据库估算值。

② 2022 年马来西亚货物贸易出口地占比和进口来源地占比相关数据为 UNCTAD 数据库估算值。

10. 缅甸

根据联合国贸易和发展会议数据库，按照美元现价计算，2022年，缅甸货物贸易总出口额为170.85亿美元，货物贸易总进口额为174.03亿美元，货物贸易逆差为3.19亿美元。缅甸服务贸易总出口额为15.63亿美元，服务贸易总进口额为17.05亿美元，服务贸易逆差为1.43亿美元。[①] 从贸易合作伙伴来看，2022年中国是缅甸排名第二的货物贸易出口地和排名第一的货物贸易进口来源地，缅甸对中国的货物贸易出口额和货物贸易进口额分别为36.87亿美元和55.87亿美元，对中国的货物贸易逆差为18.99亿美元。2022年货物贸易出口前五大目的地为泰国、中国、日本、印度、美国，占比分别为22.52%、21.58%、7.09%、5.27%、4.46%，货物贸易进口前五大来源地分别为中国、新加坡、泰国、马来西亚、印度尼西亚，占比分别为32.1%、24.83%、12.38%、6.55%、5.96%。从贸易结构来看，缅甸与中国之间的货物贸易产品结构与面向全世界的货物贸易结构相差较大，杂项制品和食品及活动物是缅甸向世界范围出口最多的货物，而向中国出口最多的则是矿物燃料、润滑油及有关原料和食品及活动物，矿物燃料、润滑油及有关原料是缅甸从世界进口最多的货物类别，从中国进口比重非常小，按原料分类的制成品是缅甸从中国进口最多的货物类别（见表10）。

表10 缅甸货物贸易结构（2022年）

单位：%

货物类别	世界		中国	
	出口	进口	出口	进口
食品及活动物	25.46	7.52	33.02	2.98
饮料及烟类	0.13	0.59	0.01	0.02
非食用原料(燃料除外)	4.98	0.97	13.68	0.65
矿物燃料、润滑油及有关原料	23.49	29.86	41.08	1.01

① 2022年缅甸对中国的出口贸易额和进口贸易额均为UNCTAD数据库估算值。

续表

货物类别	世界		中国	
	出口	进口	出口	进口
动、植物油、脂及蜡	0.01	4.08	0.03	0.00
化学品及有关产品	0.12	14.14	0.30	12.03
按原料分类的制成品	3.11	24.30	6.65	49.03
机械及运输设备	2.53	13.42	1.17	24.84
杂项制品	39.83	4.36	4.06	7.90
未分类的商品及交易品	0.04	0.75	0.00	1.49

资料来源：UNCTAD 数据库。

11. 菲律宾

根据联合国贸易和发展会议数据库，按照美元现价计算，2022 年，菲律宾货物贸易总出口额为 789.30 亿美元，货物贸易总进口额为 1458.67 亿美元，货物贸易逆差为 669.37 亿美元。菲律宾服务贸易总出口额为 410.70 亿美元，服务贸易总进口额为 254.39 亿美元，服务贸易顺差为 156.31 亿美元。从贸易合作伙伴来看，2022 年中国是菲律宾排名第三的货物贸易出口地和排名第一的货物贸易进口来源地，菲律宾对中国的货物贸易出口额和货物贸易进口额分别为 109.66 亿美元和 297.96 亿美元，菲律宾对中国的货物贸易逆差为 188.31 亿美元。菲律宾 2022 年货物贸易出口前五大目的地为美国、日本、中国内地、中国香港、新加坡，占比分别为 15.81%、14.06%、13.89%、13.28%、6.22%，货物贸易进口前五大来源地分别为中国、印度尼西亚、日本、韩国、美国，占比分别为 20.43%、9.55%、8.97%、8.73%、6.64%。从贸易结构来看，机械及运输设备是菲律宾面向世界范围和对中国出口最多的货物类别，分别达到 66.65% 和 55.9%，亦是菲律宾从世界范围和从中国进口比重最大的货物类别，分别为 38.11% 和 40.33%（见表 11）。

表11　菲律宾货物贸易结构（2022年）

单位：%

货物类别	世界		中国	
	出口	进口	出口	进口
食品及活动物	5.57	11.8	6.75	5.34
饮料及烟类	0.71	0.53	0.01	0.14
非食用原料（燃料除外）	5.34	2.44	14.9	0.57
矿物燃料、润滑油及有关原料	1.57	17.6	4.41	8
动、植物油、脂及蜡	2.9	1.44	2.11	0.05
化学品及有关产品	2.3	10.46	3.03	10.46
按原料分类的制成品	5.81	11.8	9.51	24.89
机械及运输设备	66.65	38.11	55.9	40.33
杂项制品	7.56	5.76	3.25	10.21
未分类的商品及交易品	1.58	0.07	0.12	0.02

注：数据均为UNCTAD数据库估算值。

资料来源：UNCTAD数据库。

12.新加坡

根据联合国贸易和发展会议数据库，按照美元现价计算，2022年，新加坡货物贸易总出口额为5158.02亿美元，货物贸易总进口额为4755.78亿美元，货物贸易顺差为402.24亿美元。新加坡服务贸易总出口额为2912.56亿美元，服务贸易总进口额为2586.15亿美元，服务贸易顺差为326.41亿美元。从贸易合作伙伴来看，2022年中国是新加坡排名第二的货物贸易出口地和排名第一的货物贸易进口来源地，新加坡对中国的货物贸易出口额和货物贸易进口额分别为705.77亿美元和720.21亿美元，新加坡对中国的货物贸易逆差为14.43亿美元。[①] 新加坡2022年货物贸易出口前五大目的地为中国香港、中国内地、美国、马来西亚、印度尼西亚，占比分别为14.45%、13.69%、9.68%、8.49%、5.73%，货物贸易进口前五大来源地分别为中国大陆、马来西亚、中国台湾、美国、日本，占比分别为

---

① 2022年新加坡对中国的出口贸易额和进口贸易额均为UNCTAD数据库估算值。

15.14%、12.24%、10.42%、10.07%、5.58。[①] 从贸易结构来看，机械及运输设备是新加坡面向世界范围和对中国出口最多的货物类别，亦是新加坡从世界范围和从中国进口比重最大的货物类别，且中国从新加坡进口该货物比重高达 52.87%（见表 12）。

表 12　新加坡货物贸易结构（2022 年）

单位：%

货物类别	世界		中国	
	出口	进口	出口	进口
食品及活动物	2.98	2.44	0.61	1.50
饮料及烟类	0.61	0.83	0.72	0.31
非食用原料（燃料除外）	0.88	0.74	1.03	0.24
矿物燃料、润滑油及有关原料	18.45	25.53	13.8	19.17
动、植物油、脂及蜡	0.17	0.59	0.05	0.27
化学品及有关产品	16.63	8.6	26.24	5.12
按原料分类的制成品	2.98	5.92	1.8	8.81
机械及运输设备	45.5	43.75	41.67	52.87
杂项制品	7.92	7.78	7.63	11.43
未分类的商品及交易品	3.88	3.82	6.45	0.27

注：数据均为 UNCTAD 数据库估算值。

资料来源：UNCTAD 数据库。

13. 泰国

根据联合国贸易和发展会议数据库，按照美元现价计算，2022 年，泰国货物贸易总出口额为 2870.68 亿美元，货物贸易总进口额为 3031.91 亿美元，货物贸易逆差为 161.23 亿美元。泰国服务贸易总出口额为 405.78 亿美元，服务贸易总进口额为 627.10 亿美元，服务贸易逆差为 221.32 亿美元。从贸易合作伙伴来看，2022 年中国是泰国排名第二的货物贸易出口地和排名第一的货物贸易进口来源地，泰国对中国的货物贸易出口额和货物贸易进口额分别为 338.34 亿美元和 724.61 亿美元，泰国对中国的货物贸易逆差为

[①]　2022 年新加坡货物贸易出口地占比和进口来源地占比相关数据为 UNCTAD 数据库估算值。

386.28 亿美元。① 2022 年货物贸易出口前五大目的地为美国、中国、日本、越南、马来西亚，占比分别为 16.62%、12.02%、8.63%、4.63%、4.44%，货物贸易进口前五大来源地分别为中国、日本、美国、阿联酋、马来西亚，占比分别为 23.78%、11.57%、6.03%、5.82%、4.86%。② 从贸易结构来看，机械及运输设备是泰国从世界范围和从中国进口最多的货物类别，其在中国进口货物中占比高达 46.9%，同时也是泰国向世界范围出口最多的货物类别，达到 40.09%，机械及运输设备在向中国出口货物的比重中也相对较高，排在第二位，低于化学品及有关产品的比重（见表 13）。

表 13　泰国货物贸易结构（2022 年）

单位：%

货物类别	世界		中国	
	出口	进口	出口	进口
食品及活动物	13.07	5.21	18.59	3.83
饮料及烟类	0.76	0.20	0.51	0.05
非食用原料（燃料除外）	4.59	3.06	17.18	0.86
矿物燃料、润滑油及有关原料	5.25	23.07	3.81	1.47
动、植物油、脂及蜡	0.46	0.16	0.20	0.04
化学品及有关产品	11.34	11.03	24.67	12.66
按原料分类的制成品	13.03	17.02	6.72	23.2
机械及运输设备	40.09	29.96	22.72	46.9
杂项制品	8.76	7.18	5.49	10.9
未分类的商品及交易品	2.66	3.11	0.10	0.09

注：数据均为 UNCTAD 数据库估算值。
资料来源：UNCTAD 数据库。

14. 越南

根据联合国贸易和发展会议数据库，按照美元现价计算，2022 年，越南货物贸易总出口额为 3712.88 亿美元，货物贸易总进口额为 3591.48 亿美

---

① 2022 年泰国对中国的出口贸易额和进口贸易额均为 UNCTAD 数据库估算值。

② 2022 年泰国货物贸易出口地占比和进口来源地占比相关数据为 UNCTAD 数据库估算值。

元，货物贸易顺差为 121. 40 亿美元。越南服务贸易总出口额为 129. 05 亿美元，服务贸易总进口额为 255. 67 亿美元，服务贸易逆差为 126. 61 亿美元。① 从贸易合作伙伴来看，2022 年中国是越南排名第二的货物贸易出口地和排名第一的货物贸易进口来源地，越南对中国的货物贸易出口额和货物贸易进口额分别为 598. 97 亿美元和 1209. 93 亿美元，越南对中国的货物贸易逆差为 610. 96 亿美元。② 2022 年货物贸易出口前五大目的地为美国、中国内地、日本、韩国、中国香港，占比分别为 29. 82%、16. 14%、6. 6%、6. 59%、2. 95%，货物贸易进口前五大来源地分别为中国大陆、韩国、日本、中国台湾、美国，占比分别为 33. 76%、17. 66%、6. 6%、6. 46%、4. 13%。③ 从贸易结构来看，机械及运输设备是越南面向世界范围和对中国出口最多的货物类别，亦是越南从世界范围和从中国进口比重最大的货物类别，且向中国出口和从中国进口该货物的比重均达到 50% 左右（见表 14）。

表 14　越南货物贸易结构（2022 年）

单位：%

货物类别	世界		中国	
	出口	进口	出口	进口
食品及活动物	9. 27	6. 97	10. 69	1. 37
饮料及烟类	0. 16	0. 17	0. 13	0. 08
非食用原料(燃料除外)	2. 37	4. 86	7. 56	0. 97
矿物燃料、润滑油及有关原料	2. 15	9. 08	2. 49	2. 81
动、植物油、脂及蜡	0. 11	0. 44	0. 07	0. 02
化学品及有关产品	2. 89	11. 90	5. 63	10. 46
按原料分类的制成品	12. 62	19. 00	12. 53	27. 79
机械及运输设备	43. 94	41. 88	51. 99	49. 37
杂项制品	26. 49	5. 63	8. 92	7. 14
未分类的商品及交易品	0. 01	0. 08	—	0. 01

注：数据均为 UNCTAD 数据库估算值；—表示数据缺失。
资料来源：UNCTAD 数据库。

---

① 2022 年越南服务贸易数据为 UNCTAD 数据库估算值。
② 2022 年越南对中国的出口贸易额和进口贸易额均为 UNCTAD 数据库估算值。
③ 2022 年越南货物贸易出口地占比和进口来源地占比相关数据为 UNCTAD 数据库估算值。

三 RCEP 成员国的吸收外资和对外投资

2022 年后疫情过后，多数 RCEP 成员国的外资吸收和对外投资情况有所恢复。较多 RCEP 成员国与中国保持着紧密的联系，多个 RCEP 成员国在中国对外直接投资流量、对外直接投资存量、设立境外企业数量的国家（地区）排名中名列前茅，且在中国设立较多企业并进行了大额投资。

1. 澳大利亚

从外资吸收和对外投资的整体情况来看，根据联合国贸易和发展会议数据库，按照美元现价计算，2022 年，澳大利亚外商直接投资额（流量）为 616.29 亿美元，对外直接投资额（流量）为 1165.62 亿美元，截至 2022 年，外商直接投资累计额（存量）为 7580.32 亿美元，对外直接投资累计额（存量）为 6609.26 亿美元。从外资吸收和对外投资占经济总量的份额来看，近几年，澳大利亚外商直接投资额和对外直接投资额占 GDP 比重均呈现先下降后上升趋势，2022 年外商直接投资额占 GDP 比重达 3.43%，已接近 2010~2019 年平均水平，2022 年对外直接投资额占 GDP 比重为 6.49%，其比重为近年来首次超过外商直接投资额占 GDP 比重（见图 1）。从与中国的合作来看，澳大利亚与中国在资本市场的交流与合作非常频繁。根据商务部发布的《中国外资统计公报 2022》，澳大利亚 2021 年在中国新设企业 510 家，实际投资金额 3.0 亿美元。截至 2021 年，澳大利亚在中国累计设立企业 13723 家，实际累计投资 99.6 亿美元。根据《2022 年度中国对外直接投资统计公报》，2022 年中国对外直接投资流量前 20 位的国家（地区）中，澳大利亚排名第 9，吸收中国的外商直接投资额（流量）为 27.9 亿美元，2022 年末中国对外直接投资存量前 20 位的国家（地区）中，排名第 9，截至 2022 年，澳大利亚吸收中国的外商直接投资累计额（存量）为 357.9 亿美元，截至 2022 年，中国设立境外企业数量前 20 位的国家（地区）中，澳大利亚排名第 10，中国共在澳大利亚设立近 900 家境外企业，雇用外方员工超 2.5 万人。

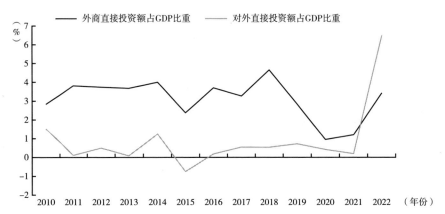

图 1　2010~2022 年澳大利亚外商直接投资额与对外直接投资额占 GDP 比重

资料来源：UNCTAD 数据库。

2. 日本

从外资吸收和对外投资的整体情况来看，根据联合国贸易和发展会议数据库，按照美元现价计算，2022 年，日本外商直接投资额（流量）为325.09 亿美元，对外直接投资额（流量）为 1614.7 亿美元，截至 2022 年，外商直接投资累计额（存量）为 2253.67 亿美元，对外直接投资累计额（存量）为 19485.55 亿美元。从外资吸收和对外投资占经济总量的份额来看，近年来，日本外商直接投资额和对外直接投资额占 GDP 比重总体呈现上升趋势，2022 年外商直接投资额占 GDP 比重达 0.77%，为 2010~2022 年最高水平，2022 年对外直接投资额占 GDP 比重为 3.84%，在 2010~2022 年为第二高水平，仅次于 2019 年（4.54%）（见图 2）。从与中国的合作来看，日本与中国之间的投资往来密切。根据商务部发布的《中国外资统计公报2022》，日本 2021 年在中国新设企业 998 家，实际投资金额 39.1 亿美元。截至 2021 年，日本在中国累计设立企业 54631 家，实际累计投资 1229.9 亿美元。根据《2022 年度中国对外直接投资统计公报》，截至 2022 年，中国设立境外企业数量前 20 位的国家（地区）中，日本排名第 7，日本吸收中国的外商直接投资累计额（存量）为 50.8 亿美元。

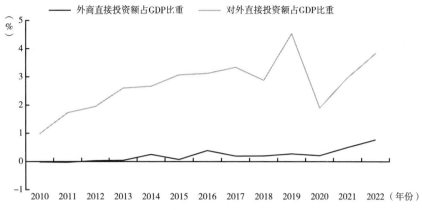

图 2 2010～2022 年日本外商直接投资额与对外直接投资额占 GDP 比重

资料来源：UNCTAD 数据库。

3. 韩国

从外资吸收和对外投资的整体情况来看，根据联合国贸易和发展会议数据库，按照美元现价计算，2022 年，韩国外商直接投资额（流量）为 179.96 亿美元，对外直接投资额（流量）为 664.08 亿美元，截至 2022 年，外商直接投资累计额（存量）为 2723.28 亿美元，对外直接投资累计额（存量）为 6475.68 亿美元。从外资吸收和对外投资占经济总量的份额来看，近年来，韩国外商直接投资额和对外直接投资额占 GDP 比重呈现稳中有升局面，2021 年与 2022 年外商直接投资额占 GDP 比重分别达 1.22% 和 1.08%，为 2010～2022 年最高水平，对外直接投资额占 GDP 比重分别达 3.64% 和 3.99%，为 2010～2022 年最高水平（见图 3）。从与中国的合作来看，韩国与中国具有较多投资。根据商务部发布的《中国外资统计公报 2022》，韩国 2021 年在中国新设企业 2478 家，实际投资金额 40.4 亿美元。截至 2021 年，韩国在中国累计设立企业 71867 家，实际累计投资 902.3 亿美元。根据《2022 年度中国对外直接投资统计公报》，截至 2022 年，中国设立境外企业数量前 20 位的国家（地区）中，韩国排名第 13，韩国吸收中国的外商直接投资累计额（存量）为 66.7 亿美元。

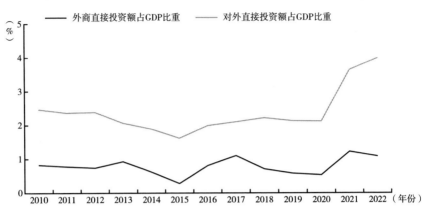

图 3　2010～2022 年韩国外商直接投资额与对外直接投资额占 GDP 比重

资料来源：UNCTAD 数据库。

4. 新西兰

从外资吸收和对外投资的整体情况来看，根据联合国贸易和发展会议数据库，按照美元现价计算，2022 年，新西兰外商直接投资额（流量）为 75.39 亿美元，对外直接投资额（流量）为 6.12 亿美元，截至 2022 年，外商直接投资累计额（存量）为 938.54 亿美元，对外直接投资累计额（存量）为 186.04 亿美元。从外资吸收和对外投资占经济总量的份额来看，近年来，新西兰外商直接投资额在波动中上升，对外直接投资额占 GDP 比重在低水平中波动，2022 年外商直接投资额占 GDP 比重达 3.1%，为 2010～2022 年最高水平，2022 年对外直接投资额占 GDP 比重为 0.25%，略高于 2010～2021 年的平均值（0.19%）（见图 4）。从与中国的合作来看，新西兰与中国具有一定规模的投资合作。根据商务部发布的《中国外资统计公报 2022》，新西兰 2021 年在中国新设企业 129 家，实际投资金额 0.2 亿美元。截至 2021 年，新西兰在中国累计设立企业 2399 家，实际累计投资 15.5 亿美元。根据《2022 年度中国对外直接投资统计公报》，截至 2022 年，新西兰吸收中国的外商直接投资累计额（存量）为 26.9 亿美元。

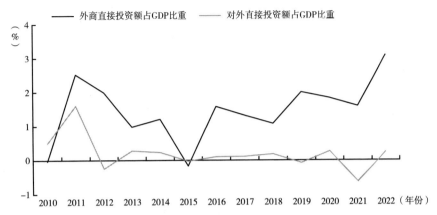

图 4　2010～2022 年新西兰外商直接投资额与对外直接投资额占 GDP 比重

资料来源：UNCTAD 数据库。

5. 文莱

从外资吸收和对外投资的整体情况来看，根据联合国贸易和发展会议数据库，按照美元现价计算，2022 年，文莱外商直接投资额（流量）为 -2.92 亿美元，截至 2022 年，外商直接投资累计额（存量）为 67.98 亿美元。① 从外资吸收和对外投资占经济总量的份额来看，近几年来，文莱外商直接投资额占 GDP 比重下降明显，2020 年直接投资额占 GDP 比重为 4.81%，为 2010 年以来最高水平，此后 2021 年和 2022 年比重持续下降，2022 年为 -1.76%，为 2010 年以来第二次出现负值，且为 2010～2022 年最低值（见图 5）。从与中国的合作来看，文莱和中国的投资合作尚未形成规模。根据商务部发布的《中国外资统计公报 2022》，文莱 2021 年在中国新设企业 4 家。截至 2021 年，文莱在中国累计设立企业 1817 家，实际累计投资 28.3 亿美元。②

6. 柬埔寨

从外资吸收和对外投资的整体情况来看，根据联合国贸易和发展会议数

---

① 联合国贸易和发展会议数据库未统计文莱对外直接投资额。

② 《2022 年度中国对外直接投资统计公报》中未涉及对文莱投资相关情况。

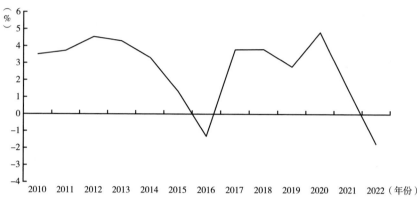

图 5 2010～2022 年文莱历年外商直接投资额占 GDP 比重

资料来源：UNCTAD 数据库。

据库，按照美元现价计算，2022 年，柬埔寨外商直接投资额（流量）为 35.79 亿美元，对外直接投资额（流量）为 1.5 亿美元，截至 2022 年，外商直接投资累计额（存量）为 445.37 亿美元，对外直接投资累计额（存量）为 14.18 亿美元。从外资吸收和对外投资占经济总量的份额来看，近年来，柬埔寨外商直接投资额和对外直接投资额占 GDP 比重较为平稳，且外资吸收份额远高于对外投资份额，2022 年外商直接投资额和对外直接投资额占 GDP 比重分别为 12.38% 和 0.52%，均与 2010～2021 年平均水平较为接近（见图 6）。从与中国的合作来看，柬埔寨和中国的投资合作规模仍有提升空间。根据商务部发布的《中国外资统计公报 2022》，柬埔寨 2021 年在中国新设企业 23 家，实际投资金额 0.3 亿美元。截至 2021 年，柬埔寨在中国累计设立企业 254 家，实际累计投资 3.3 亿美元。根据《2022 年度中国对外直接投资统计公报》，截至 2022 年，中国设立境外企业数量前 20 位的国家（地区）中，柬埔寨排名第 16，新西兰吸收中国的外商直接投资累计额（存量）为 6.3 亿美元。2022 年中国对东盟的投资中，柬埔寨是租赁和商务服务业投资流量主要流出地之一，同时也是建筑业投资存量主要流出地之一。

7. 印度尼西亚

从外资吸收和对外投资的整体情况来看，根据联合国贸易和发展会议数

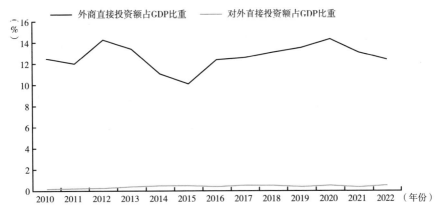

图6 2010~2022年柬埔寨外商直接投资额与对外直接投资额占GDP比重

资料来源：UNCTAD 数据库。

据库，按照美元现价计算，2022年，印度尼西亚外商直接投资额（流量）为219.68亿美元，对外直接投资额（流量）为68.48亿美元，截至2022年，外商直接投资累计额（存量）为1039.41亿美元，对外直接投资累计额（存量）为2629.2亿美元。从外资吸收和对外投资占经济总量的份额来看，近几年，印度尼西亚外商直接投资额和对外直接投资额占GDP比重相对平稳，2022年外商直接投资额占GDP比重为1.67%，为2017年以来最低水平，但与2017年以来最高水平相差较小，对外直接投资额占GDP比重为0.52%，为2017年以来第二高水平，且与2017~2021年水平差别均相对较少（见图7）。从与中国的合作来看，印度尼西亚与中国投资合作密切且增长空间较大。根据商务部发布的《中国外资统计公报2022》，印度尼西亚2021年在中国新设企业73家，实际投资金额0.2亿美元。截至2021年，印度尼西亚在中国累计设立企业2246家，实际累计投资26.7亿美元。根据《2022年度中国对外直接投资统计公报》，截至2022年，中国设立境外企业数量前20位的国家（地区）中，印度尼西亚排名第11，2022年中国对外直接投资流量前20位的国家（地区）中，印度尼西亚排名第6，吸收中国的外商直接投资额（流量）为45.5亿美元，2022年末中国对外直接投资存量前20位的国家（地区）中，印度尼西亚排名第8，截至2022年，印度尼西亚吸收中国的外商直接投资累计额（存量）为 247.2 亿美元。2022 年中国对东盟的投资中，印度尼西亚为排名第二的流量流出国，在东盟投资流量中占比 24.4%，同时也是排名第二的存量流出国，在东盟投资存量中占比 16%。印度尼西亚是制造业、采矿业、电力/热力/燃气及水的生产和供应业、租赁和商务服务业投资流量主要流出地之一，同时也是制造业、租赁和商务服务业、电力/热力/燃气及水的生产和供应业、建筑业、金融业、采矿业、农/林/牧/渔业、房地产业的投资存量主要流出地之一。

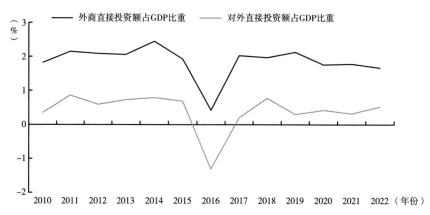

图 7 2010～2022 年印度尼西亚外商直接投资额与对外直接投资额占 GDP 比重

资料来源：UNCTAD 数据库。

8. 老挝

从外资吸收和对外投资的整体情况来看，根据联合国贸易和发展会议数据库，按照美元现价计算，2022 年，老挝外商直接投资额（流量）为 5.28 亿美元，对外直接投资额（流量）为 0.00 亿美元，截至 2022 年，外商直接投资累计额（存量）为 127.36 亿美元，对外直接投资累计额（存量）为 0.95 亿美元。从外资吸收和对外投资占经济总量的份额来看，近年来，老挝外商直接投资额占 GDP 比重在波动中呈现下降趋势，2022 年比重为 3.34%，为 2010 年以来最低值，对外直接投资额占 GDP 比重近年来维持在 0.00% 附近（见图 8）。从与中国的合作来看，老挝与中国的资本合作规模仍有提高潜力，根据商务部发布的《中国外资统计公报 2022》，老挝 2021

年在中国新设企业 6 家，实际投资金额 0.0 亿美元。截至 2021 年，老挝在中国累计设立企业 64 家，实际累计投资 0.6 亿美元。根据《2022 年度中国对外直接投资统计公报》，截至 2022 年，中国设立境外企业数量前 20 位的国家（地区）中，老挝排名第 17，2022 年中国对东盟的投资中，老挝是租赁和商务服务业、建筑业、交通运输/仓储和邮政业、采矿业、农/林/牧/渔业、房地产业的投资存量主要流出地之一。

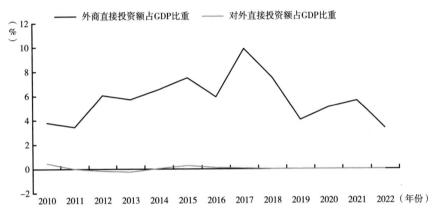

图 8 2010~2022 年老挝外商直接投资额与对外直接投资额占 GDP 比重

注：2020 年与 2021 年对外直接投资额占 GDP 比重数据缺失。
资料来源：UNCTAD 数据库。

9. 马来西亚

从外资吸收和对外投资的整体情况来看，根据联合国贸易和发展会议数据库，按照美元现价计算，2022 年，马来西亚外商直接投资额（流量）为 169.4 亿美元，对外直接投资额（流量）为 133.22 亿美元，截至 2022 年，外商直接投资累计额（存量）为 1992.06 亿美元，对外直接投资累计额（存量）为 1376.55 亿美元，从外资吸收和对外投资占经济总量的份额来看，近年来，马来西亚外商直接投资额和对外直接投资额占 GDP 比重呈现先下降后回升趋势。2020 年，马来西亚外商直接投资额和对外直接投资额占 GDP 比重分别为 0.94% 和 0.72%，均为 2010~2020 年最低水平，2021~2022 年上述比重均已相对恢复，2022 年外商直接投资额和对外直接投资额占 GDP 比重分别为 4.17% 和 3.28%，分别为 2010 年和 2016 年以来最高水平（见图 9）。从与中国的合作来看，马来西亚与中国在资本交流上较为密切。根据商务部发布的《中国外资统计公报 2022》，马来西亚 2021 年在中国新设企业 366 家，实际投资金额 0.6 亿美元。截至 2021 年，马来西亚在中国累计设立企业 8078 家，实际累计投资 79.9 亿美元。根据《2022 年度中国对外直接投资统计公报》，截至 2022 年，中国设立境外企业数量前 20 位的国家（地区）中，马来西亚排名第 12，2022 年中国对外直接投资流量前 20 位的国家（地区）中，马来西亚排名第 15，吸收中国的外商直接投资额（流量）为 16.1 亿美元，2022 年末中国对外直接投资存量前 20 位的国家（地区）中，马来西亚排名第 15，截至 2022 年，印度尼西亚吸收中国的外商直接投资累计额（存量）为 120.5 亿美元。2022 年中国对东盟的投资中，马来西亚是排名第 3 的存量流出国，在东盟投资存量中占比 7.8%，马来西亚是制造业、电力/热力/燃气及水的生产和供应业的投资流量主要流出地之一，同时也是制造业、批发零售业、电力/热力/燃气及水的生产和供应业、建筑业、金融业的投资存量主要流出地之一。

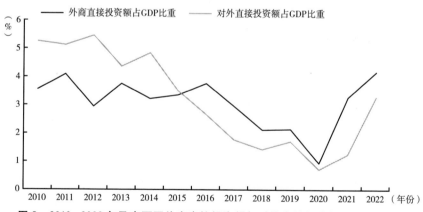

图 9　2010～2022 年马来西亚外商直接投资额与对外直接投资额占 GDP 比重

资料来源：UNCTAD 数据库。

10. 缅甸

从外资吸收和对外投资的整体情况来看，根据联合国贸易和发展会议数据库，按照美元现价计算，2022 年，缅甸外商直接投资额（流量）为 12.39 亿美元，截至 2022 年，外商直接投资累计额（存量）为 384.27 亿美元。① 从外资吸收和对外投资占经济总量的份额来看，近年来，缅甸外商直接投资额占 GDP 比重呈现下降趋势，2022 年比重为 2.2%，仅约为 2017 年水平（6.46%）的 1/3（见图 10）。从与中国的合作来看，缅甸与中国有一定规模的资本合作。根据商务部发布的《中国外资统计公报 2022》，缅甸 2021 年在中国新设企业 24 家，实际投资金额 0.0 亿美元。截至 2021 年，缅甸在中国累计设立企业 400 家，实际累计投资 1.3 亿美元。根据《2022 年度中国对外直接投资统计公报》，截至 2022 年，中国设立境外企业数量前 20 位的国家（地区）中，缅甸排名第 20。2022 年中国对东盟的投资中，缅甸是电力/热力/燃气及水的生产和供应业、交通运输/仓储和邮政业的投资存量主要流出地之一。

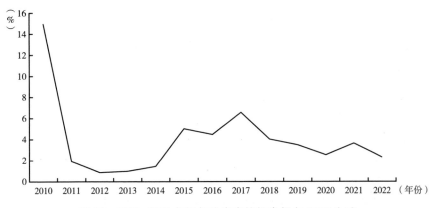

图 10　2010~2022 年缅甸外商直接投资额占 GDP 比重

资料来源：UNCTAD 数据库。

11. 菲律宾

从外资吸收和对外投资的整体情况来看，根据联合国贸易和发展会议数据库，按照美元现价计算，2022 年，菲律宾外商直接投资额（流量）为 92

---

①　联合国贸易和发展会议数据库未统计缅甸对外直接投资额。

亿美元，对外直接投资额（流量）为 39 亿美元，截至 2022 年，外商直接投资累计额（存量）为 1129.65 亿美元，对外直接投资累计额（存量）为 672.8 亿美元。从外资吸收和对外投资占经济总量的份额来看，近年来，菲律宾外商直接投资额和对外直接投资额占 GDP 比重变动趋势呈现"剪刀型"，外资吸收呈现上升趋势，对外投资呈现波动中下降趋势。2022 年外商直接投资额和对外直接投资额占 GDP 比重分别为 2.27% 和 0.96%，两者从 2015 年的相对接近转变为相差较大（见图 11）。从与中国的合作来看，菲律宾与中国资本交流仍有提升空间。根据商务部发布的《中国外资统计公报 2022》，菲律宾 2021 年在中国新设企业 65 家，实际投资金额 0.1 亿美元。截至 2021 年，菲律宾在中国累计设立企业 3212 家，实际累计投资 34.1 亿美元。根据《2022 年度中国对外直接投资统计公报》，菲律宾是交通运输/仓储和邮政业的投资存量主要流出地之一。

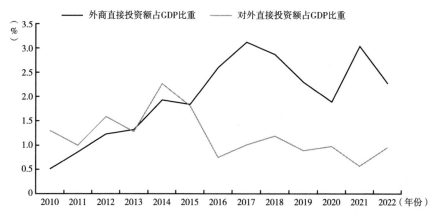

图 11　2010~2022 年菲律宾外商直接投资额与对外直接投资额占 GDP 比重

资料来源：UNCTAD 数据库。

12. 新加坡

从外资吸收和对外投资的整体情况来看，根据联合国贸易和发展会议数据库，按照美元现价计算，2022 年，新加坡外商直接投资额（流量）为 1412.11 亿美元，对外直接投资额（流量）为 507.88 亿美元，截至 2022

年，外商直接投资累计额（存量）为 23683.96 亿美元，对外直接投资累计额（存量）为 15953.81 亿美元。从外资吸收和对外投资占经济总量的份额来看，近年来，外商直接投资额占 GDP 比重在波动中上升，对外直接投资额占 GDP 比重在波动中略有下降，2022 年外商直接投资额和对外直接投资额占 GDP 比重分别为 32.30% 和 11.62%，比重在绝对值上均达到较高水平（见图 12）。从与中国的合作来看，新加坡和中国资本合作规模很大，且合作领域较广。根据商务部发布的《中国外资统计公报 2022》，新加坡 2021 年在中国新设企业 1416 家，实际投资金额 103.3 亿美元。截至 2021 年，新加坡在中国累计设立企业 28673 家，实际累计投资 1208.4 亿美元。根据《2022 年度中国对外直接投资统计公报》，截至 2022 年，中国设立境外企业数量前 20 位的国家（地区）中，新加坡排名第 3，2022 年中国企业对外投资并购分布在全球 56 个国家（地区）中，新加坡排名第 6，2022 年中国对外直接投资流量前 20 位的国家（地区）中，新加坡排名第 3，吸收中国的外商直接投资额（流量）为 83.0 亿美元，2022 年末中国对外直接投资存量前 20 位的国家（地区）中，新加坡排名第 5，截至 2022 年，新加坡吸收中国的外商直接投资累计额（存量）为 734.5 亿美元。2022 年中国对东盟的投资中，新加坡为排名第一的流量流出国，在东盟投资流量中占比 44.5%，

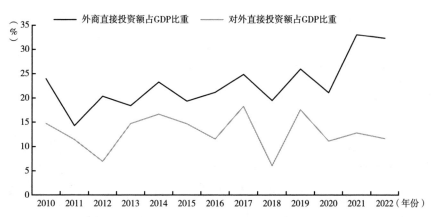

图 12　2010~2022 年新加坡外商直接投资额与对外直接投资额占 GDP 比重
资料来源：UNCTAD 数据库。

同时也是排名第一的存量流出国，在东盟投资存量中占比 47.5%。新加坡是批发和零售业、信息传输/软件和信息技术服务业、教育业、居民服务/修理和其他服务业的投资流量主要流出地，是制造业、采矿业、电力/热力/燃气及水的生产和供应业、金融业、租赁和商务服务业、建筑业、交通运输/仓储和邮政业的投资流量主要流出地之一，同时也是信息传输/软件和信息技术服务业的投资存量主要流出地，以及制造业、批发和零售业、租赁和商务服务业、电力/热力/燃气及水的生产和供应业、建筑业、金融业、交通运输/仓储和邮政业、采矿业、农/林/牧/渔业、房地产业的投资存量主要流出地之一。

13. 泰国

从外资吸收和对外投资的整体情况来看，根据联合国贸易和发展会议数据库，按照美元现价计算，2022 年，泰国外商直接投资额（流量）为 100.34 亿美元，对外直接投资额（流量）为 82.18 亿美元，截至 2022 年，外商直接投资累计额（存量）为 3061.63 亿美元，对外直接投资累计额（存量）为 1798.28 亿美元。从外资吸收和对外投资占经济总量的份额来看，近年来，泰国外商直接投资额和对外直接投资额占 GDP 比重在较低水平波动，2022 年外商直接投资额和对外直接投资额占 GDP 比重分别为 2.01% 和 1.65%，占经济总量份额均相对较低（见图 13）。从与中国的合作来看，泰国与中国具有一定规模的资本合作。根据商务部发布的《中国外资统计公报 2022》，泰国 2021 年在中国新设企业 110 家，实际投资金额 1.1 亿美元。截至 2021 年，泰国在中国累计设立企业 4854 家，实际累计投资 45.9 亿美元。根据《2022 年度中国对外直接投资统计公报》，截至 2022 年，中国设立境外企业数量前 20 位的国家（地区）中，泰国排名第 14，2022 年末中国对外直接投资存量前 20 位的国家（地区）中，泰国排名第 19，截至 2022 年，泰国吸收中国的外商直接投资累计额（存量）为 105.7 亿美元。2022 年中国对东盟的投资中，泰国是制造业、批发和零售业、金融业的投资存量主要流出地之一。

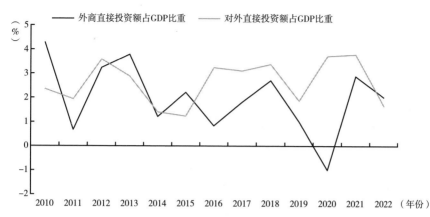

图 13 2010～2022 年泰国历年外商直接投资额与对外直接投资额占 GDP 比重

资料来源：UNCTAD 数据库。

14. 越南

从外资吸收和对外投资的整体情况来看，根据联合国贸易和发展会议数据库，按照美元现价计算，2022 年，越南外商直接投资额（流量）为 179 亿美元，对外直接投资额（流量）为 26.74 亿美元，截至 2022 年，外商直接投资累计额（存量）为 2104.71 亿美元，对外直接投资累计额（存量）为 145.45 亿美元。从外资吸收和对外投资占经济总量的份额来看，近年来，越南外商直接投资额和对外直接投资额占 GDP 比重均相对稳定，且外商直接投资额占 GDP 比重持续高于对外直接投资额占 GDP 比重，2022 年外商直接投资额和对外直接投资额占 GDP 比重分别为 4.42% 和 0.66%（见图 14）。从与中国的合作来看，越南与中国的资本合作规模较高。根据商务部发布的《中国外资统计公报 2022》，越南 2021 年在中国新设企业 57 家，实际投资金额 0.1 亿美元。截至 2021 年，在中国累计设立企业 716 家，实际累计投资 2.9 亿美元。根据《2022 年度中国对外直接投资统计公报》，截至 2022 年，中国设立境外企业数量前 20 位的国家（地区）中，越南排名第 8，2022 年末中国对外直接投资存量前 20 位的国家（地区）中，越南排名第 17，截至 2022 年，越南吸收中国的外商直接投资累计额（存量）为 116.6 亿美元。2022 年中国对东盟的投资中，越南为排名第三的流出国，在东盟中占比 9.1%。越南是制造

业、建筑业的投资流量主要流出地之一，同时也是制造业、电力/热力/燃气
及水的生产和供应业的投资存量主要流出地之一。

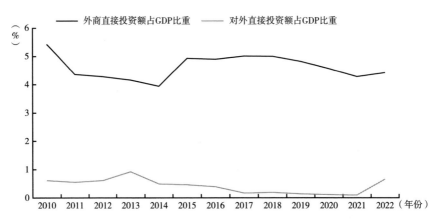

图 14　2010~2022 年越南历年外商直接投资额与对外直接投资额占 GDP 比重

资料来源：UNCTAD 数据库。

四　RCEP 成员国经济发展潜力的基本评估

RCEP 成员国的经济发展潜力不尽相同，部分发展中国家经济势头强
劲，但亦有部分国家经济疲软，动力不足，在创新潜力上各国的差距也相对
较大，发达国家相对表现更佳。鉴于发展阶段、文化背景、营商环境等因
素，中国与 RCEP 成员国的合作风险与机遇并存。[1]

1. 澳大利亚

从整体经济增长潜力来看，澳大利亚未来几年经济增速较慢，根据国际
货币基金组织 2023 年 10 月发布的《世界经济展望》，如图 15 所示，澳大利
亚 2023 年 GDP 预测增速为 1.8%，低于 2022 年（3.7%），2024 年预测值进
一步下降为 1.2%，此后缓慢上升，2028 年达到 2.3%。从创新潜力来看，
澳大利亚创新投入基础良好，但创新产出仍有待提升。根据世界知识产权组

---

①　张晓君、曹云松：《RCEP 区域投资机遇下的风险与应对》，《国际商务研究》2021 年第 5 期。

织（WIPO）发布的 2023 年全球创新指数（GII），澳大利亚创新指数总体排名第 24，创新投入指标总体排名第 24，制度（第 17）、人力资本与研究（第 7）、基础设施（第 19）、市场成熟度（第 17）、业务成熟度（第 24）等创新投入指标排名相对靠前，高于或等于总体排名，其中制度、市场成熟度等指标与贸易营商环境高度相关，表明澳大利亚制度环境、监管环境、投资、信用、贸易多元化等方面搭建了良好的生态。创新产出指标排名第 30，知识和技术产出（第 24）以及创意产出（第 30）等创新产出指标排名相对靠后，等于或低于总体排名，创新产出指标与数字经济等经济新形态密切相关，对未来产业可持续增长或产生一定负面影响。从未来合作的机遇与风险来看，根据澳大利亚贸易投资委员会（Austrade）网站公布，农业食品、基础设施、资源能源、国防先进制造和航天、循环经济、数字技术、健康七个产业被规定为澳大利亚优先投资的产业领域，多数为前沿尖端产业。此外，由于澳大利亚于 2021 年 1 月和 12 月分别修订了《外国投资法》《关键基础设施安全法》加强了对国家安全和网络安全等相关项目的审查，为在澳投资增加了政策风险。

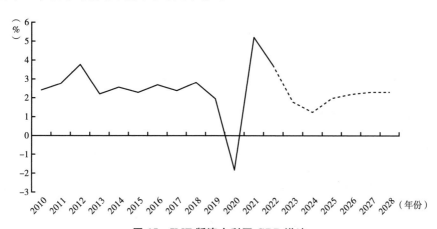

图 15 IMF 版澳大利亚 GDP 增速

注：2022 年以后年份的值为 IMF 预测值（以虚线表示），2022 年及以前年份的值为实际值（以实线表示）。

资料来源：国际货币基金组织《世界经济展望》，2023 年 10 月。

2.日本

从整体经济增长潜力来看，日本未来几年经济增长动力不足，根据国际货币基金组织 2023 年 10 月发布的《世界经济展望》，如图 16 所示，日本 2023 年 GDP 预测增速为 2.0%，高于 2022 年（1.0%），2024 年预测值下降为 1.0%，此后持续下降，2028 年降至 0.4%。从创新潜力来看，日本创新潜力相对较强。根据世界知识产权组织发布的 2023 年全球创新指数，日本创新指数总体排名第 13，其中创新投入指标总体排名第 11，创新产出指标排名第 14，创新产出指标排名略低于创新投入指标排名，二级指标中制度、人力资本与研究、基础设施、市场成熟度、业务成熟度等创新投入指标分别排名第 21、第 18、第 13、第 8、第 11，除制度和人力资本与研究指标外，其余指标排名均领先于总体排名，日本在 ICT 基础设施、信用、贸易多元化、知识吸纳度等方面表现良好，知识和技术产出以及创意产出等创新产出指标分别排名第 13 和第 25，知识影响力、创意产品和服务、在线创意等方面的表现相对欠佳，特别是与新业态涌现相关的在线创意三级指标排名第 40，严重落后于日本整体排名。从未来合作的机遇与风险来看，日本建立起较完备的法律制度，政局也较稳定。节能

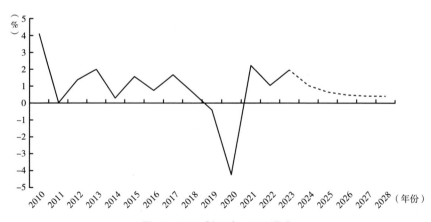

图 16　IMF 版日本 GDP 增速

注：2022 年以后年份的值为 IMF 预测值（以虚线表示），2022 年及以前年份的值为实际值（以实线表示）。

资料来源：国际货币基金组织《世界经济展望》，2023 年 10 月。

环保、新能源、汽车零部件、中小企业合作、生物医疗、ICT 产业、现代
农业、老龄服务产业等领域是日本与外国企业合作较多的领域，这些领域
多为日本技术领先的领域。此外，2022 年日本发布《经济安全保障推进
法案》，这在一定程度上增加了日企与中国合作经营成本，会打击合作积
极性。

3. 韩国

从整体经济增长潜力来看，韩国未来几年经济增速较慢，根据国际货币
基金组织 2023 年 10 月发布的《世界经济展望》，如图 17 所示，韩国 2023
年 GDP 预测增速为 1.4%，低于 2022 年（2.6%），2024 年回升至 2.2%，
此后维持在 2.2%附近，2028 年略微下降至 2.1%。从创新潜力来看，韩国
创新势头强劲。根据世界知识产权组织发布的 2023 年全球创新指数，韩国
创新指数总体排名第 10，其中创新投入指标总体排名第 12，创新产出指标
排名第 7，创新产出指标排名高于创新投入指标排名，创新投入产出比表现
相对较好，二级指标中人力资本与研究排名世界第 1 位，三级指标研发排名
第一，制度、基础设施、市场成熟度、业务成熟度等创新投入指标分别排名
第 32、第 11、第 23、第 9，韩国在监管环境、商业环境、生态可持续、投

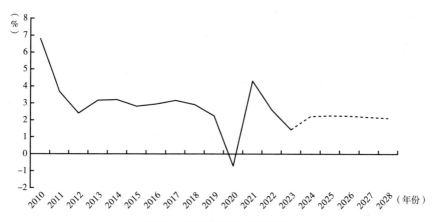

图 17　IMF 版韩国 GDP 增速

注：2022 年以后年份的值为 IMF 预测值（以虚线表示），2022 年及以前年份的值为
实际值（以实线表示）。

资料来源：国际货币基金组织《世界经济展望》，2023 年 10 月。

资等生态建设上仍有较大提升空间，知识和技术产出以及创意产出等创新产出指标分别排名第 11 和第 5，三级指标无形资产排名世界第二，在新业态培育和数字经济发展上，韩国均有较大突破，新经济和产业融合发展的潜力相对较大。从未来合作的机遇与风险来看，韩国重视发展数字经济和绿色经济，中国和韩国在跨境电商领域、太阳能、生物质能等清洁能源领域均有深度合作。此外，韩方以民间组织规定形式对本国中小企业存在一定保护行为，外资企业或进入符合"中小企业适合业种"规定的领域，存在一定投资风险。

4.新西兰

从整体经济增长潜力来看，新西兰未来几年经济增速放缓，根据国际货币基金组织 2023 年 10 月发布的《世界经济展望》，如图 18 所示，2023 年GDP 预测增速为 1.2%，低于 2022 年（2.6%），2024 年进一步跌至 1.0%，此后有所回升，2028 年升至 2.4%。从创新潜力来看，新西兰创新水平相对较高，但在发达国家中表现并不突出。根据世界知识产权组织发布的 2023年全球创新指数，新西兰创新指数总体排名第 27，其中创新投入指标总体排名第 24，创新产出指标排名第 31，创新产出指标排名略低于创新投入指

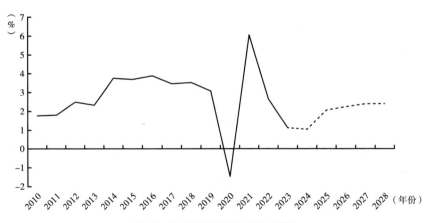

图 18 IMF 版新西兰 GDP 增速

注：2022 年以后年份的值为 IMF 预测值（以虚线表示），2022 年及以前年份的值为实际值（以实线表示）。

资料来源：国际货币基金组织《世界经济展望》，2023 年 10 月。

标排名，广义层面的创新投入产出比仍有待提升。二级指标中制度、人力资本与研究、基础设施、市场成熟度、业务成熟度等创新投入指标分别排名第 12、第 21、第 29、第 31、第 29，除制度和人力资本与研究指标外，指标均落后于总体排名，新西兰在生态可持续、贸易多元化、知识工作者聚集、创新联结度等领域仍有待加强，知识和技术产出以及创意产出等创新产出指标分别排名第 39 和第 29，知识影响力、知识扩散、无形资产、创意产品和服务等方面的表现相对欠佳，特别是知识影响力和知识扩散的三级指标排名仅为第 78 和第 52，表现相对较差，这在一定程度上会阻碍向知识型社会转型。从未来合作的机遇与风险来看，新西兰经济的市场化、法治化程度较高，政府管理较为透明、高效，营商环境相对较好。2021 年，新政府提出了《新西兰数字化战略》初步政策框架，加快推进工农业减排和可再生能源替代措施，如实施排放交易机制（ETS）改革、推动农场减少生物甲烷排放、通过立法引入清洁汽车进口标准等，致力于推进农业、制造业的数字化与绿色化转型，是未来合作的潜在方向。此外，新西兰社会不稳定因素日益显露，存在一定治安风险。

5. 文莱

从整体经济增长潜力来看，文莱在未来几年经济增长幅度较佳，根据国际货币基金组织 2023 年 10 月发布的《世界经济展望》，如图 19 所示，与 2021~2022 年经济负增长相同，2023 年文莱 GDP 预测增速为 -0.8%，经济衰退幅度低于 2022 年（-1.6%），2024 年经济实现正增长，GDP 预测增速为 3.5%，此后经济增长持续为正，GDP 预测增速为 2.8%~3.2%。从创新潜力来看，文莱创新潜力仍未能凸显。根据世界知识产权组织发布的 2023 年全球创新指数，文莱创新指数总体排名第 87，其中创新投入指标总体排名第 53，创新产出指标排名第 125，创新产出指标排名严重落后于创新投入指标排名，广义上的创新投入产出比表现欠佳。二级指标中制度、人力资本与研究、基础设施、市场成熟度、业务成熟度等创新投入指标分别排名第 20、第 57、第 54、第 105、第 80，在与信用、投资、贸易多元化相关的市场成熟度和与知识工作者聚集、创新联结度、知识吸纳度相关的业务成熟度上均表现不佳，知识和技术产出以及创意产出等创新产出指标分别排名第126和第127，知识影响力、知识扩散、无形资产、创意产品和服务、在线创意等三级指标排名均在百名以外，文莱创新能力不足或与其严重依赖油气产业的单一产业结构相关。从未来合作的机遇与风险来看，文莱近年来发布了《国家发展规划 2018-2023》《数字经济总体规划 2025》《应对气候变化十大策略》《国家经济发展蓝图》等配套规划，确定了油气下游产业、食品、旅游、信息通信技术、服务五大重点发展领域，为合作共建提供机遇。此外，由于自然、文化和社会环境同中国存在较大反差，在投资合作中存在一定风险。

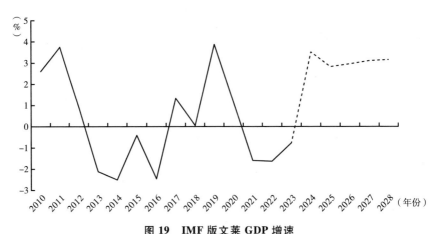

图 19　IMF 版文莱 GDP 增速

注：2022 年以后年份的值为 IMF 预测值（以虚线表示），2022 年及以前年份的值为实线值（以实线表示）。

资料来源：国际货币基金组织《世界经济展望》，2023 年 10 月。

6. 柬埔寨

从整体经济增长潜力来看，柬埔寨经济势头良好，未来几年持续高水平增长，根据国际货币基金组织 2023 年 10 月发布的《世界经济展望》，如图20 所示，柬埔寨 2023 年 GDP 预测增速为 5.6%，高于 2022 年（5.2%），2024 年进一步上升至 6.1%，此后四年里在 6.2%~6.5% 波动，2028 年达到6.3%。从创新潜力来看，柬埔寨创新潜力表现欠佳。根据世界知识产权组织发布的 2023 年全球创新指数，柬埔寨创新指数总体排名第 101，其中创新投入指标总体排名第 97，创新产出指标排名第 100，创新产出指标排名略微落后于创新投入指标排名。二级指标中制度、人力资本与研究、基础设施、市场成熟度、业务成熟度等创新投入指标分别排名第 87、第 101、第 108、第 59、第 125，在市场成熟度上表现相对较好，其三级指标信用排名在全球为第三，但投资、贸易多元化等市场成熟度相关三级指标依然欠佳，在与知识工作者聚集、创新联结度、知识吸纳度相关的业务成熟度上表现相对最差，知识和技术产出以及创意产出等创新产出指标分别排名第 93 和第 103，知识创造力、无形资产等三级指标排在百名以外，对于新业态、新产业涌现不利。从未来合作的机遇与风险来看，柬埔寨于 2021 年颁布新《投资法》，改善投资环境，并希望加强与中方在路桥、水利、电站、电网、港口、码头、机场、通信等基础设施建设领域的合作；加强在农产品出口、深加工、仓储、物流等方面的合作；发展绿色经济、数字经济、高新技术产业。

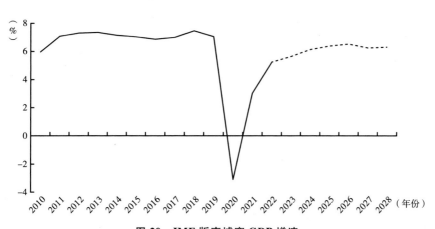

图 20　IMF 版柬埔寨 GDP 增速

注：2022 年以后年份的值为 IMF 预测值（以虚线表示），2022 年及以前年份的值为实际值（以实线表示）。

资料来源：国际货币基金组织《世界经济展望》，2023 年 10 月。

7. 印度尼西亚

从整体经济增长潜力来看，印度尼西亚未来几年经济呈现高速增长。根据国际货币基金组织 2023 年 10 月发布的《世界经济展望》，如图 21 所示，印度尼西亚 2020 年经济呈现负增长，此后 2021~2022 年快速恢复，特别是 2022 年，GDP 增速较高，达到 5.3%，2023 年 GDP 预测增速为 5.0%，略低于 2022 年，此后 2024~2028 年 GDP 增速均为 5.0%左右。从创新潜力来看，印度尼西亚创新表现较为一般。根据世界知识产权组织发布的 2023 年全球创新指数，印度尼西亚创新指数总体排名第 61，其中创新投入指标总体排名第 64，创新产出指标排名第 63，在全球属于中上游水平。二级指标中制度、人力资本与研究、基础设施、市场成熟度、业务成熟度等创新投入指标分别排名第 70、第 85、第 69、第 37、第 77，在市场成熟度上表现相对较好，市场成熟度相关三级指标贸易多元化居全球第 5，有利于外资企业在印度尼西亚展开新产业和新业态投资。知识和技术产出以及创意产出等创新产出指标分别排名第 61 和第 68，知识和技术产出三级指标知识影响力排名相对靠前，排名第 28，超过较多发达国家，有利于向知识型社会转型，从未来合作的机遇与风险来看，印度尼西亚重

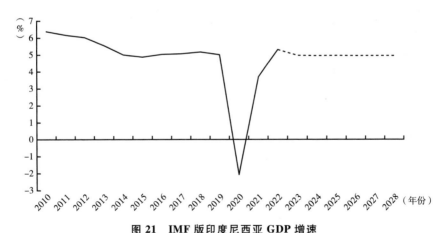

图 21　IMF 版印度尼西亚 GDP 增速

注：2022 年以后年份的值为 IMF 预测值（以虚线表示），2022 年及以前年份的值为实际值（以实线表示）。

资料来源：国际货币基金组织《世界经济展望》，2023 年 10 月。

视扩大投资并陆续放宽外商投资的准入门槛，简化审批流程。凭借其自然资源、消费潜力、劳动力等优势，加大了对可再生能源、电动汽车、矿业下游高附加值产业、电子通信、医疗卫生等新兴领域的投资和支持。此外，印度尼西亚对本国劳工有严格保护措施，对外国劳工使用限制较多，注册公司手续较多，这在一定程度上增加了运营成本。

8. 老挝

从整体经济增长潜力来看，老挝经济增长呈现"V字"反弹，根据国际货币基金组织 2023 年 10 月发布的《世界经济展望》，如图 22 所示，老挝 2020 年经济增长为负增长，此后经济增长逐步恢复，2023 年 GDP 预测增速为 4.0%，高于 2022 年（2.3%），2024 年预测增速维持在 4.0%，此后持续上升，2028 年上升至 4.5%。从创新潜力来看，老挝创新力表现较差。根据世界知识产权组织发布的 2023 年全球创新指数，老挝创新指数总体排名第 110，其中创新投入指标总体排名第 100，创新产出指标排名第 120，在全球属于下游水平。二级指标中制度、人力资本与研究、基础设施、市场成熟度、业务成熟度等创新投入指标分别排名第 95、第 115、第 109、第 65、第 102，市场成熟度的三级指标贸易多元化和业务成熟度的三级指标创新联结度表现相对较好，排名第 55 和第 57，达到中上游水平，对于外商进入有一定利好。知识和技术产出以及创意产出等创新产出指标分别排名第 97 和第 124，创新产出相对较低。从未来合作的机遇与风险来看，中国与老挝经济互补性强，中国的主要投资领域包括基建、矿产、水电、农林、房地产、园区开发和酒店业等。此外，老挝基础设施建设较差，进入经济特区、工业园区的投资企业要自行解决三通一平等基础设施的建设，由于老挝语是小语种，在投资贸易的交流合作中存在语言不通或不准确等问题。

9. 马来西亚

从整体经济增长潜力来看，未来几年马来西亚经济维持在较高水平。根据国际货币基金组织 2023 年 10 月发布的《世界经济展望》，如图 23 所示，马来西亚 2023 年 GDP 预测增速为 4.0%，低于 2022 年（8.7%），

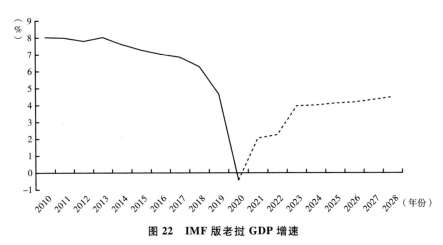

图 22　IMF 版老挝 GDP 增速

注：2020 年以后年份的值为 IMF 估计值（以虚线表示），2020 年及以前年份的值为实际值（以实线表示）。

资料来源：国际货币基金组织《世界经济展望》，2023 年 10 月。

2024~2028 年 GDP 预测增速在 3.9%~4.4% 波动。从创新潜力来看，马来西亚创新潜力相对较高，在发展中国家中创新水平表现较佳。根据世界知识产权组织发布的 2023 年全球创新指数，马来西亚创新指数总体排名第36，其中创新投入指标总体排名第 30，创新产出指标排名第 46，创新产出指标排名略低于创新投入指标排名，广义层面的创新投入产出比仍有待提升。二级指标中制度、人力资本与研究、基础设施、市场成熟度、业务成熟度等创新投入指标分别排名第 29、第 32、第 51、第 18、第 36，市场成熟度的三级指标信用在全球排名第 4，表现出色。知识和技术产出以及创意产出等创新产出指标分别排名第 37 和第 47，知识和技术产出以及创意产出对应的三级指标知识扩散和创意产品和服务的排名相对靠前，分别为第 24 和第 31，对于知识经济长远发展具有一定助力。从未来合作的机遇与风险来看，数字经济和绿色经济是中马两国之间具有广阔发展空间的合作领域。马来西亚拥有丰富的太阳能、水力资源，是绿色经济合作的理想目的地，且马来西亚已推出了数字经济发展蓝图和新的能源发展规划，试图加快数字化进程和降低碳排放，为合作创造新机遇。此外，马来西亚政府财政拨款的一般工程项目的招投标限制在 A 级资格的本地公司，外国公司须从中分包或合作，私人发展项目对招标对象限制较少，但面临支付保障问题风险。

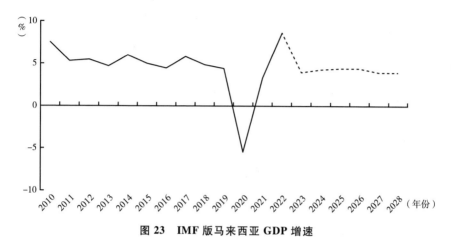

图 23　IMF 版马来西亚 GDP 增速

注：2022 年以后年份的值为 IMF 预测值（以虚线表示），2022 年及以前年份的值为实际值（以实线表示）。

资料来源：国际货币基金组织《世界经济展望》，2023 年 10 月。

10.缅甸

从整体经济增长潜力来看，缅甸经济持续低中速增长，根据国际货币基金组织 2023 年 10 月发布的《世界经济展望》，如图 24 所示，缅甸 2023 年 GDP 预测增速为 2.6%，继 2022 年（2.0%）经济恢复正增长后增速进一步增加，2024~2028 年 GDP 预测增速维持在 2.5%~3.4%，为低中速增长。从创新潜力来看，缅甸所拥有的创新条件极少。世界知识产权组织发布的 2023 年全球创新指数，对 132 个经济体的创新表现进行排名，但因缅甸相关指标数据不足，WIPO 无法对缅甸进行排名。从未来合作的机遇与风险来看，随着西方国家逐步解除对缅甸经济制裁，来自世界各国的企业纷纷进入缅甸市场，中资企业利用自身优势，开发多种合作模式，缅甸政局变化后，西方企业部分退出缅甸市场，中资企业同时面临机遇和挑战。此外，前缅甸局势仍在复杂演变，政局尚不稳定，经济社会运行秩序、外部发展环境发生变化，投资风险较高。

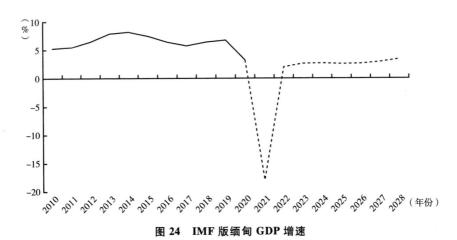

图 24 IMF 版缅甸 GDP 增速

注：2020 年以后年份的值为 IMF 估计值（以虚线表示），2020 年及以前年份的值为实际值（以实线表示）。

资料来源：国际货币基金组织《世界经济展望》，2023 年 10 月。

11. 菲律宾

从整体经济增长潜力来看，菲律宾未来几年经济增长势头良好，根据国际货币基金组织 2023 年 10 月发布的《世界经济展望》，如图 25 所示，菲律宾 2023 年 GDP 预测增速为 5.3%，低于 2022 年（7.6%），2024 年 GDP 预测增速进一步上升至 5.9%，此后持续上升，2028 年达 6.4%。从创新潜力来看，根据世界知识产权组织发布的 2023 年全球创新指数，菲律宾创新指数总体排名第 56，处于中上游水平，其中创新投入指标总体排名第 69，创新产出指标排名第 52，创新产出指标排名领先于创新投入指标排名，广义层面的创新投入产出比表现较佳。二级指标中制度、人力资本与研究、基础设施、市场成熟度、业务成熟度等创新投入指标分别排名第 79、第 88、第 86、第 55、第 38，市场成熟度的三级指标贸易多元化排名第 23，表现相对较好，业务成熟度的三级指标知识吸纳度排名全球第 8，表现出色。知识和技术产出以及创意产出等创新产出指标分别排名第 46 和第 60，知识和技术产出对应的三级指标知识扩散排名第 25，对于知识经济长远发展具有一定助力。从未来合作的机遇与风险来看，菲律宾修正了《零售贸易自由化法》《公共服务法》《外国投资法》，总体放宽了外资准入门槛，并与中国确定了农业、基础设施、能源、人文四大重点合作领域。此外，菲律宾存在政府行政效率不高、税负较重、电价高昂、水泥等原材料垄断等问题，且基础设施建设整体落后、交通状况不佳、物流成本高耗时长等。

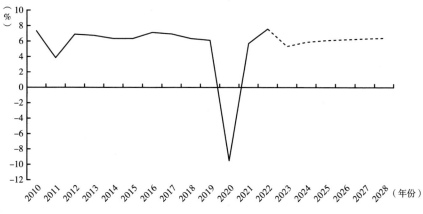

图 25　IMF 版菲律宾 GDP 增速

注：2022 年以后年份的值为 IMF 预测值（以虚线表示），2022 年及以前年份的值为实际值（以实线表示）。

资料来源：国际货币基金组织《世界经济展望》，2023 年 10 月。

12. 新加坡

从整体经济增长潜力来看，新加坡未来几年经济维持在低速增长，根据国际货币基金组织 2023 年 10 月发布的《世界经济展望》，如图 26 所示，新加坡 2023 年 GDP 预测增速为 1.0%，低于 2022 年（3.6%），2024 年 GDP 预测增速有所提升，达到 2.2%，此后 2025～2028 年 GDP 预测增速均为 2.5% 左右。从创新潜力来看，新加坡的创新表现良好，排名世界前列。根据世界知识产权组织发布的 2023 年全球创新指数，新加坡创新指数总体排名第 5，其中创新投入指标总体排名第 1，创新产出指标排名第 12，创新产出指标排名落后于创新投入指标排名，创新投入产出比表现仍有上升空间。二级指标中制度、人力资本与研究、基础设施、市场成熟度、业务成熟度等创新投入指标分别排名第 1、第 2、第 8、第 6、第 3，均处于世界领先水平。新加坡在制度环境、监管环境、商业环境、投资等三级指标上也取得了全球第一的成绩，知识和技术产出以及创意产出等创新产出指标分别排名第 10 和第 18，创意产出表现相对新加坡整体表现欠佳，三级指标无形资产排名第 41，在无形资产密度、商标、外观设计等方面新加坡还有上升空间。从未来合作的机遇与风险来看，新加坡政府实施有利于工商企业发展的各项政策，新法律法规完备，政策公开透明，营商环境在世界名列前茅，在基础设施、金融科技、法律服务、第三方市场合作等领域，新加坡均与中国具有较深入合作。此外，新加坡是法治社会，在商业领域则表现为高度重视并严格依照合同行事，海外投资须充分认识合同的重要性，重合同、守信用。

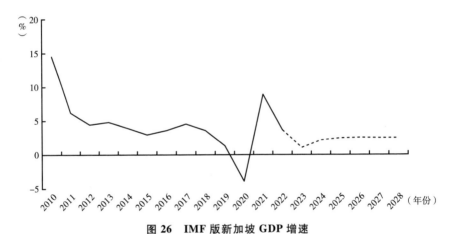

图 26　IMF 版新加坡 GDP 增速

注：2022 年以后年份的值为 IMF 预测值（以虚线表示），2022 年及以前年份的值为实际值（以实线表示）。

资料来源：国际货币基金组织《世界经济展望》，2023 年 10 月。

13. 泰国

从整体经济增长潜力来看，泰国未来几年经济呈现低中速平稳增长。根据国际货币基金组织 2023 年 10 月发布的《世界经济展望》，如图 27 所示，2023 年 GDP 预测增速为 2.7%，略高于 2022 年（2.6%），2024～2028 年进一步增长，在 3.0%～3.2% 波动，达到中速水平。从创新潜力来看，泰国创新发展具有一定潜力。根据世界知识产权组织发布的 2023 年全球创新指数，泰国创新指数总体排名第 43，其中创新投入指标总体排名第 44，创新产出指标排名第 43，创新产出指标排名与创新投入指标排名基本相同，广义层面的创新投入产出比相对良性。二级指标中制度、人力资本与研究、基础设施、市场成熟度、业务成熟度等创新投入指标分别排名第 85、第 74、第 49、第 22、第 43，市场成熟度的三级指标信用、投资、贸易多元化分别在全球排名第 9、第 29、第 21，表现相对出色。但部分三级指标如监管环境、教育水平等已经排在百名以外，对制度和人力资本与研究产生负面影响。知识和技术产出以及创意产出等创新产出指标分别排名第 42 和第 44，知识和技术产出以及创意产出对应的三级指标中在线创意（第 69）排名较靠后，创意产品与服务（第 33）排名相对靠前，其余指标均与泰国整体排名相差较小，创新产出在各项指标中表现相对均衡。从未来合作的机遇与风险来看，泰国重点发展现代化汽车、智能电子、生物技术、未来食品、高端医疗旅游、自动化机器人、航空物流、全方位医疗、生物燃油和数字技术十大重点领域，与中国战略性新兴产业相近。此外，泰国政局动荡、劳动效率不高等问题突出，增加了合作风险。

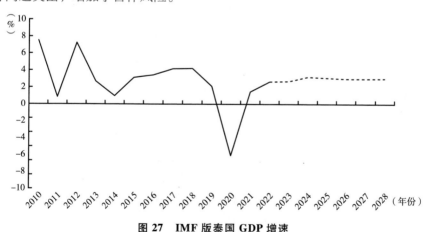

图 27　IMF 版泰国 GDP 增速

注：2022 年以后年份的值为 IMF 预测值（以虚线表示），2022 年及以前年份的值为实际值（以实线表示）。

资料来源：国际货币基金组织《世界经济展望》，2023 年 10 月。

14. 越南

从整体经济增长潜力来看，越南未来几年经济增速达到较高水平，成为全球经济增长最快的国家之一，根据国际货币基金组织 2023 年 10 月发布的《世界经济展望》，如图 28 所示，2023 年 GDP 预测增速为 4.7%，低于 2022 年（8.0%），2024 年进一步上升为 5.8%，2025～2028 年达到 6.8%～6.9%。从创新潜力来看，越南创新表现具有一定优势。根据世界知识产权组织发布的 2023 年全球创新指数，越南创新指数总体排名第 46，其中创新投入指标总体排名第 57，创新产出指标排名第 40，创新产出指标排名领先于创新投入指标排名，广义层面的创新投入产出比表现较佳。二级指标中制度、人力资本与研究、基础设施、市场成熟度、业务成熟度等创新投入指标分别排名第 54、第 71、第 70、第 49、第 49，越南的人力资本与研究、基础设施是其创新投入的短板，市场成熟度的三级指标贸易多元化在全球排名第 19，表现可圈可点。知识和技术产出以及创意产出等创新产出指标分别排名第 48 和第 36，知识和技术产出对应的三级指标中知识创造排名第 80，相对落后，影响了知识和技术产出总体表现，对于高新技术产业发展有一定负面影响。

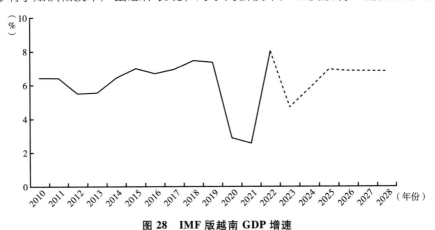

图 28 IMF 版越南 GDP 增速

注：2022 年以后年份的值为 IMF 预测值（以虚线表示），2022 年及以前年份的值为实际值（以实线表示）。

资料来源：国际货币基金组织《世界经济展望》，2023 年 10 月。

从未来合作的机遇与风险来看，越南调整和完善法律法规，于 2020 年通过新《投资法》，于 2021 年颁布《限制外商投资行业目录》，积极改善营商环境。中国与越南合作较多，投资主要集中在加工制造业，特别是电子、计算机、建材、纺织服装、制鞋、箱包、木制品、机械设备等行业。此外，越南严重依赖出口，宏观经济稳定性不足，并存在政府部门行政效率较低、外汇管制较为严格、配套工业较落后、劳动力效率相对较低等问题，影响外资进入。

专题二 RCEP 协定下国际贸易投资新规则的特点与中国安排

RCEP 是由东盟发起并与中国、日本、韩国、澳大利亚、新西兰等自由贸易伙伴国共同推动达成的区域贸易协定，同时也是亚洲国家主导制定规则的区域贸易协定，是 WTO 等传统多边国际贸易制度的现代化发展。RCEP 于 2020 年 11 月 15 日签署，2022 年 1 月 1 日正式生效，2023 年 6 月 2 日全面生效。RCEP 的生效实施标志着全球人口最多、经贸规模最大、最具发展潜力的自由贸易区正式落地，充分体现了各方共同维护多边主义和自由贸易、促进区域经济一体化的信心和决心，将为区域乃至全球贸易投资增长、经济复苏和繁荣发展做出重要贡献。本专题报告从 RCEP 新规则的总体特点、货物贸易新规则特点、服务贸易新规则特点、国际投资合作以及其他经贸新规则特点的角度对 RCEP 进行系统梳理。

一 RCEP 协定涉及领域与新规则的特点

RCEP 共包括 20 章和 4 个承诺表附件，既涉及货物贸易、原产地规则、服务贸易、投资等传统自贸协定领域，又新增了知识产权、竞争、电子商务等议题领域，体现了新型自由贸易协定的发展方向，是全面、现代化、高质量和互惠的自贸协定。RCEP 框架主要特点如下。

其一，RCEP 建立了全球最大自由贸易区和开放的区域大市场。东亚已经成为全球经贸往来最重要的地区板块，联合国贸易和发展会议报告显示，RCEP 成员国制造业总产出约占世界 50%，其中全球约 50% 的汽车生产和多达 70% 的电子产品生产均在此区域内完成。然而，与全球另外两大传统的经济板块相比，欧盟和北美均建立了以自贸协定为依托的区域统一大市场，东亚区域的经济一体化进程存在明显滞后。RCEP 的签署顺应了东亚国家间产业合作网络日益紧密繁荣的发展趋势，使区域内既包含中国、东盟等新兴市场和人口大国也包含日、澳、韩等成熟和发达市场，建立起约占全球 1/3 经济体量、人口和贸易额的自贸区和庞大市场。特别是通过 RCEP，中日、日韩之间首次建立了自贸伙伴关系，这为中日韩自贸区谈判奠定了良好的基础，对于东北亚的区域一体化进程起到了极大的促进作用。在 RCEP 生效后，相关经贸规则将进一步促进开放的区域大市场建设。例如，RCEP 中区域累积的原产地规则允许产品原产地价值成分可在 15 个成员国之间进行累积。此规则很好地适应了区域内制造业发达、各类中间品贸易往来密切的特点，可有效降低原产货物的免税门槛，提高企业对优惠税率的利用率，减少生产成本。同时，也能吸引更多要素资源在区域内自由流动和高效配置，促进区域产业链供应链重组布局，为企业和消费者创造更多福利。

其二，RCEP 由亚洲国家主导制定，彰显全球经贸规则变革新趋势。以往对于广大亚洲国家而言，只能成为西方发达国家"高水平自贸协定"的接受者。RCEP 的签署代表了亚洲国家从以往国际经贸规则被动的接受者和追逐者，演变成为规则的主导制定者，这有利于使经贸规则的发展方向更加满足亚洲国家自身发展的利益诉求，符合亚洲国家发展差距较大的实际，也有利于为国际经贸规则改革提供亚洲智慧和亚洲方案。RCEP 还彰显了现行全球经贸规则融合发展的新趋势。亚太地区尤其是东亚是全球人口分布最稠密、经贸往来最频繁的地区，包含多个发展中经济体和发达经济体。同时，亚洲各经济体是区域、双边自由贸易协定的重要实践者，本区域各国间多个双边与区域自贸协定为多边自贸区建设奠定了基础。然而，各类自贸协定的纵横交错容易引发国际制度的"面条碗"效应，纷繁复杂的规则影响自贸协定在贸易往来进程中的实际应用。有学者提出复杂的原产地规则是导致亚洲区域自贸协定利用率不高的重要原因之一。① 在这一背景下，RCEP 整合了东盟与中国、日本、韩国、澳大利亚、新西兰多个"10+1"自贸协定以及中、日、韩、澳、新五国之间已有的多对自贸伙伴关系，为区域内打造了统一的经贸规则，这将有利于区域内企业降低由规则差异带来的隐性成本，减少由规则产生的不确定性，提高自贸协定的利用率。

其三，RCEP 作为高质量自由贸易协定，提升中国制度型开放水平，推动构建新发展格局。根据 RCEP 规则，各成员国间将实现约 90% 的货物贸易零关税、比世贸组织更高的服务市场开放，服务贸易和投资开放水平也高于以往签署的中国-东盟"10+1"协议，这将为中国和外国企业提供巨大合作空间。货物贸易方面，RCEP 中零关税产品数量整体上将超过 90%，大幅降低区域内贸易成本和商品价格。RCEP 还要求成员国采取预裁定、抵达前处理等措施，实现货物 48 小时内通关，鼓励对生鲜易腐商品 6 小时通关，鼓励各国利用新技术推动跨境物流和通关便利化。服务贸易方面，RCEP 扩大了自然人临时移动的承诺类别，就金融和电信监管透明度做出高水平承诺，相关承诺开放的服务部门显著高于目前各方与东盟现有自贸协定水平。中国在 RCEP 中也达到了已有对外签署自贸协定中的最高水平，在研发、管理咨询、制造业相关服务、养老服务、专业设计、建筑等部门都做出了新的开放承诺。投资方面，15 方均采用负面清单的方式，对制造业、农林渔业、采矿业等领域投资做出较高水平开放承诺。对于中国来说，RCEP 是中国对外签署的首个超大型自贸协定，大幅提升中国自贸试验区建设水平，是通过制度型开放构建新发展格局的有效实践。一方面，随着 RCEP 的签署，中国对外签署的自贸协定将达到 19 个，中国自贸伙伴数将达到 26 个。根据商务部 2022 年数据，在 RCEP 生效后，中国与自贸伙伴的贸易额占比由 27% 上升到 35%，中国超过 1/3 的对外贸易将实现零关税。另一方面，在 RCEP 中，中国首次同日本建立了自贸伙伴关系，这是中国首次与世界前十的经济体签署自贸协定，是中国实施自由

---

① 韩剑、岳文、刘硕：《异质性企业、使用成本与自贸协定利用率》，《经济研究》2018 年第 11 期。

贸易区提升战略、构建面向全球的高标准自由贸易区网络的重要举措。

其四，RCEP 是 WTO 等传统多边国际贸易制度的现代化发展。同已有的诸多区域贸易协定相似，RCEP 是在 WTO 等相关多边贸易规则的基础上发展的新型自贸协定。RCEP 既包含传统的货物、服务和投资等市场准入内容，还首次在地区范围内达成了较高水平的知识产权、电子商务合作条款，增加了竞争、中小企业、贸易救济等 WTO 框架下关注的新兴和热点议题，制定了如临时保障措施、过渡保障措施、反倾销中禁止归零等超出 WTO 规定的义务。为适应数字经济时代的发展要求，RCEP 还加强了数字环境下著作权或相关权利以及商标的保护，要求维持对电子传输内容免征关税的做法。同时，由于 RCEP 涵盖的电子商务、政府采购等领域涉及众多"边境后"条款，对成员国提出改革与调整要求。以中国为例，在电子商务领域，中国首次提出在符合国家法律法规的前提下，在自贸协定中纳入数据流动和信息存储等规定。在 RCEP 内，中国首在对外签署的自贸协定中设立"政府采购"专章，表达了中国促进国内政府采购领域改革、实现政府采购开放和参与国际合作的积极意愿。

其五，RCEP 彰显普惠包容的合作理念和渐进务实的开放原则。RCEP 成员国发展差距很大，新加坡人均 GDP 是缅甸的 46 倍。为最大限度兼顾各方国情和发展需求，RCEP 在坚持高标准的同时，兼顾适度性与包容度，倡导"开放地区主义"①的同时，坚持渐进务实的开放原则。RCEP 谈判指导原则强调，应承认各国的差异和所处的不同环境，要采取适当灵活的形式，为最不发达成员国提供特殊和差别待遇。在实际承诺中，RCEP 体现了在 WTO 基础上渐进务实的开放原则，实现了市场准入和各领域规则方面的利益平衡。如老挝、柬埔寨、缅甸等欠发达成员国可通过更长的过渡期来实现服务贸易"负面清单"开放，而且要求各成员国对最不发达国家原产货物不可实施过渡性保障措施，也不可向其实施的过渡性保障措施要求补偿。

此外，在知识产权、竞争政策、透明度、经济技术合作等诸多规则领域，RCEP 也给予欠发达国家特殊安排，以促进包容均衡发展，使各方都能充分共

---

① 韩爱勇：《开放的地区主义：中国地区合作的新路径》，《教学与研究》2017 年第 6 期。

享 RCEP 成果。① 如 RCEP "政府采购"章规定，不得要求最不发达国家承担政府采购领域透明度与合作相关的任何义务，但最不发达国家可以受益于其他成员国之间政府采购领域的相关合作。此条款尊重和落实了 WTO 框架下政府采购协议中强调的发展中国家应享有的特殊和差别待遇，同时也体现了 RCEP 对各成员国自主开放权利的尊重及对不同发展水平国家的包容。

二　RCEP 协定下货物贸易新规则的特点与中国安排

在货物贸易领域，RCEP 框架旨在取消或降低自贸区内关税和非关税壁垒，促进原产地规则、海关程序、检验检疫、技术标准等统一规则的实施，提高货物贸易自由化和便利化水平，降低区域内贸易成本，提升产品国际竞争力。RCEP 规则第二至七章为货物贸易相关内容，共 6 章 4 个附件。同时，RCEP 框架还公开了各方具体关税承诺表，与现有双边自由贸易协定（FTA）互为补充、互相促进。以下从市场准入，原产地规则，程序便利化，卫生与植物检疫措施，标准、技术法规和合格评定程序，贸易救济六个方面阐述 RCEP 货物贸易新规则特点及中国相关政策制度安排。

其一，在市场准入方面，新规则显著提高区域贸易自由化水平。新规则涉及关税减免安排、特定货物临时免税入境、取消农业出口补贴等内容。根据 RCEP 规定，协定生效后区域内 90%以上的货物贸易最终会实现零关税，且主要是立刻零关税和 10 年内零关税，自贸区有望在较短时间内兑现所有货物贸易自由化承诺，大幅降低区域内贸易成本和商品价格（见表 1）。此外，RCEP 的签署生效首次在中日、日韩间建立自贸关系，是中国首次与世界前十的发达经济体签署自贸协定，提升了中国自贸试验区网络建设水平，推进了中日韩自贸协定谈判以及东亚一体化进程，将促进世界第二、第三、第十四大经济体之间的经贸往来。②

---

① 全毅：《CPTPP 与 RCEP 协定框架及其规则比较》，《福建论坛（人文社会科学版）》2022 年第 5 期。

② https：//data. worldbank. org. cn/indicator/NY. GDP. MKTP. CD. 中、日、韩三国经济体量数据时间截至 2023 年 10 月。

表 1　RCEP 成员间自由化率承诺（2023 年 10 月）

单位：%

成员国	东盟	中国	日本	韩国	澳大利亚	新西兰
中国承诺	90.5	—	86	86	90.5	90
日本承诺	88	88	—	81	88	88
韩国承诺	90.7	86	83	—	90.5	90.6
澳大利亚承诺	98.3	98.3	98.3	98.3	—	98.3
新西兰承诺	91.8	91.8	91.8	91.8	91.8	—

资料来源：RCEP。

　　RCEP 的 15 个成员国间采用双边出价方式对货物贸易自由化做出安排，承诺给予其他成员国货物国民待遇，并承诺将按照协定附件一中的关税承诺表来削减或者免除对其他成员国原产货物的关税。如表 2 所示，共计 37 份降税承诺表根据各国不同情况采取三组分类：第一组采取对所有成员国适用同一张承诺表的方式，主要是新加坡、澳大利亚、新西兰、文莱、马来西亚等高度开放的经济体，以及柬埔寨、老挝、缅甸等经济体量较小的国家；第二组对区域成员国适用一张关税承诺表，但其中对不同国家有特殊安排，包括日本、泰国和菲律宾；第三组对区域不同成员国适用不同的关税承诺表，包括中国、韩国、印度尼西亚和越南。

表 2　RCEP 降税承诺方式（2023 年 10 月）

分组	承诺方式	国家	降税时间
第一组	对区域成员国适用统一的关税承诺表	新加坡、澳大利亚、新西兰、文莱、马来西亚、柬埔寨、老挝、缅甸共 8 国	新加坡：协定生效立即取消全部商品关税；大多数国家 20 年完成降税；印度尼西亚、越南的降税期分别为 23 年和 25 年；韩国与中国之间的降税期为 35 年
第二组	对区域成员国适用一张关税承诺表，但其中对不同国家有特殊安排	日本（部分产品免税待遇分别适用于中、韩、澳、新以及东盟）；泰国（部分产品对中、日、韩不承诺）；菲律宾（1 张共同承诺表+4 张部分产品承诺表，分别是对澳、新、中、日、韩的单独承诺）	
第三组	对区域不同成员国适用不同的关税承诺表	中国、韩国各 5 张表；印度尼西亚、越南有 6 张表（东盟和澳、中、日、韩、新西兰）	

资料来源：RCEP。

对于中国而言，尽管 RCEP 框架旨在提高区域内自由化水平，但各国承诺仍有差异，除新加坡承诺降税立即生效以外，其他各方承诺在 20 年内完成降税目标，且 RCEP 自由化率水平与 CPTPP 等高标准协定存在差距，甚至低于各方间已有的双边 FTA，尤其是中日韩三方贸易自由化水平仍有提升空间（见表 3）。①

表 3　RCEP 与双边 FTA 关税承诺对比 （2023 年 10 月）

单位：%

自贸协定	中国-澳大利亚		中国-新西兰		中国-韩国		中国-东盟	
	中国承诺	澳大利亚承诺	中国承诺	新西兰承诺	中国承诺	韩国承诺	中国承诺	东盟承诺
双边 FTA	96.8	100	97.2	99.6	91	92	94.3	94.5
RCEP	90	100	90	100	86	86	90.5	90

资料来源：RCEP。

同时，RCEP 首次建立起中日自贸协定伙伴关系，如表 4 所示，RCEP 生效后中国对自日本进口 25% 的产品立即实施零关税，占中国自日本进口额的 35%，日本对自中国进口 57% 的产品立即实施零关税，占日本自中国进口额的 65%。在 RCEP 生效 11 年内，中国将对自日本进口 72% 的产品实施零关税，约占自日本进口额的一半，而日本将对自中国进口 75% 的产品实施零关税，占自中国进口额的 72%。在 RCEP 生效 16 年内，中国将对自日本进口 83% 的产品实施零关税，约占自日本进口额的 70%，而日本将对自中国进口 87% 的产品实施零关税，占自中国进口额的 90%。在 RCEP 生效 21 年内，中国最终将对自日本进口 86% 的产品实施零关税，约占自日本进口额的 79%；而日本将对自中国进口 88% 的产品实施零关税，占自中国进口额的 93%。届时，中日双方非农产品将实现 95% 以上开放水平，但在农产品领域，日方农产品承诺开放水平低于中国约 30%。

① 于鹏、廖向临、杜国臣：《RCEP 和 CPTPP 的比较研究与政策建议》，《国际贸易》2021 年第 8 期，第 27-36 页。

表 4　RCEP 中日关税承诺安排及降税计划（2023 年 10 月）

单位：%

降税期	中国		日本	
	占税目比重	占进口额比重	占税目比重	占进口额比重
立即零关税	25	35	57	65
11 年内零关税	72	49	75	72
16 年内零关税	83	70	87	90
21 年内零关税	86	79	88	93
部分降税	0.4	6	—	—
例外	13.6	15	12	7

注：①RCEP 关税承诺中，日本自中国进口产品不包含部分降税项目，以一表示省略。②例外是指协定生效后，免除任何削减或取消关税承诺的产品，主要包括日本自中国进口货物中 670 个税号的产品，包括部分农产品、食品和木制品等；中国自日本进口货物中 1129 个税号的产品，包括部分农产品、新能源整车及核心零部件等交通运输类设备。③—表示数据缺失。

资料来源：RCEP。

其二，在原产地规则方面，新规则将为各方产业链、供应链布局提供灵活性，推进区域价值链重塑。[1] 原产地被称为货物的"经济国籍"，决定货物是否有资格享受优惠关税待遇。RCEP 采用统一的原产地规则，主要包括原产货物的认定规则和签证操作程序两部分。其中，原产货物的认定规则包括原产货物、完全获得或者生产的货物、累积、区域价值成分计算、微小加工和处理、微小含量、直接运输等条款；签证操作程序包括原产地证明、原产地证书、原产地声明、背对背原产地证明、经核准出口商、核查、原产地电子信息交换系统、联络点等条款。具体而言，涉及如下几点。

RCEP 框架采用更灵活、严谨的原产货物认定标准。RCEP 原产货物认定标准有三条，一是在一缔约方完全获得或生产的货物；二是在一缔约方仅使用一个或一个以上缔约方原产材料生产的货物；三是在一缔约方使用非原产材料生产，且符合产品特定原产地规则的货物。上述标准与中国和 RCEP 伙伴

---

① 袁波、潘怡辰、王清晨：《RCEP 生效一周年：贸易投资进展、原因与启示》，《国际经济合作》2023 年第 5 期。

的双边 FTA 以及 CPTPP 的原产地规则大体一致，但在生产地点要求上略有差别。RCEP 更加严格，要求货物在一方境内生产，与中国-东盟 FTA、中国-韩国 FTA 的规定一致；中国-澳大利亚 FTA、中国-新西兰 FTA 和中国-新加坡 FTA 则允许在一方或双方境内生产，CPTPP 也允许在一方或多方境内生产。总体来看，RCEP 以产品特定原产地规则清单方式列明全部产品适用的具体规则，主要包括完全获得、区域价值成分 40、章改变、品目改变、子目改变和化学反应规则，便于企业理解和操作，具有技术可行性、贸易便利性和商业友好性。

RCEP 框架采用更加宽松的区域累积规则，累积范围扩大。2023 年 6 月 2 日，随着 RCEP 对菲律宾正式生效，标志着 RCEP 对 15 个签署国全面生效，协定进入全面实施新阶段。各方允许所有生产和货物增值均适用累积规则，这一审议将在开始之日起五年内完成。RCEP 适用更宽泛的区域完全累积规则，不仅允许区域内各方具有原产资格的中间品累加到最终产品的原产成分之中，而且将区域内所有生产活动及产品增值均纳入最终产品的原产成分计算之中，以进一步扩大原产货物的范围。其中，即使使用非原产材料的中间品未获得原产资格，也可将非原产材料在区域内的加工活动及增值部分全部累加到最终产品的原产成分之中。这不仅有利于企业更加灵活地开展产业链、供应链布局，降低生产成本，还有助于促进区域供应链、价值链的深度融合。这一阶段 RCEP 的累积规则明显比中国和 RCEP 伙伴双边自贸协定的要求更加宽松，与 CPTPP 的规定较为接近。

RCEP 框架将微小加工和处理规则作为原产货物认定标准的补充，适用直接运输规则但不限制时间。RCEP 对于使用非原产材料生产的货物，即使根据协定其他规定可能获得原产资格，但如果非原产材料仅仅进行了微小加工或处理，则该货物不能获得原产资格。RCEP 要求货物直接出口运输至进口方以保持原产资格，但并不限制在非缔约方的储存时间，与 CPTPP 要求基本一致，较中国与缔约方之间的 FTA 宽松。

RCEP 框架下原产地证明类型更加丰富与灵活。RCEP 原产地证明类型更加灵活多样，由官方授权机构签发模式逐步向企业信用担保的自主声明模式转变，有利于节省政府的行政管理成本和企业的经营成本，提高货物的通关时效和协定优惠关税利用率，与国际高标准自贸协定的要求也逐步接近。具体来看，RCEP 目前允许三种形式的原产地证明，有效期均为一年。第一种是由出口方签证机构签发的原产地证书；第二种是经核准出口商出具的原产地声明；第三种是出口商或生产商出具的原产地声明。同时，RCEP 还允许中间缔约方的签证机构、经核准出口商签发背对背原产地证明。对于出口商或生产商出具的原产地声明，RCEP 给予缔约方一定的过渡期。

RCEP 框架下免于提交原产地证明的限额较低。RCEP 规定，进口货物的完税价格不超过 200 美元或等额的进口方货币，或进口方规定的其他更高金额时，可不要求提交原产地证明。

RCEP 采用由进口缔约方主导的较为详细的原产地核查程序。RCEP 允许进口缔约方主管部门开展核查程序，一是书面要求进口商提供补充信息；二是书面要求出口商或生产商提供补充信息；三是书面要求出口缔约方签证机构或主管部门提供补充信息；四是对出口商或生产商在出口方的经营场所开展核查访问，查看厂房设施和生产加工，并审查与原产地相关的会计档案等记录；五是有关缔约方共同商定的其他程序。RCEP 的核查方式主要是补充信息和核查访问两类，与 CPTPP 的规定较为接近。中国-韩国 FTA 和中国-澳大利亚 FTA 还包括出口方海关核查，即由出口方海关对货物的原产资格进行核查，降低了进口方对核查程序的主导作用，而 RCEP 仅要求出口方海关提供补充信息。

从中国原产地相关制度政策安排看，《进出口货物原产地条例》第三条将货物原产地认定分为两类，一类是"完全在一个国家（地区）获得的货物，以该国（地区）为原产地"；另一类是"两个以上国家（地区）参与生产的货物，以最后完成实质性改变的国家（地区）为原产地"。在实际流程中，为配合 RCEP 生效和进出口各部门正确实施相关规则，《海关〈区域全面经济伙伴关系协定〉项下进出口货物原产地管理办法》（海关总署令第255 号）已于 2021 年 11 月 12 日经海关总署署务会议审议通过，自 2022 年1 月 1 日起施行。海关总署令第 255 号明确规定《区域全面经济伙伴关系协定》项下原产货物包括三类：在一成员方完全获得或者生产；在一成员方完全使用原产材料生产；在一成员方使用非原产材料生产，但符合产品特定原产地规则规定的税则归类改变、区域价值成分、制造加工工序或者其他要求。这与 RCEP 协定相关规则基本一致。

其三，在程序便利化方面，RCEP 旨在推动缔约方海关程序更加简化、透明、可预期，提升贸易便利化水平。RCEP "海关程序和贸易便利化" 章的目标是确保各缔约方海关法律法规的可预见性、一致性和透明度，促进海关程序的有效管理和货物的快速通关，简化海关程序，加强海关合作，通过创造良好的区域供应链环境，便利各方贸易。主要内容包括一致性、透明度、咨询点、海关程序、预裁定、货物放行、信息技术的应用、对经认证的经营者的贸易便利化措施、风险管理、快运货物、审查和上诉、海关合作等，整体水平高于 WTO《贸易便利化协定》。具体如下。

RCEP 要求缔约方更高的信息公开与透明度水平。RCEP 透明度条款更为详细，要求各缔约方以非歧视和易获得的方式在互联网上迅速公布信息，具体包括进出口和过境程序及相关文件、进出口相关关税和国内税税率、进出口或过境相关费用、产品归类或估价规定、原产地规则相关法律法规及行政裁定、进出口或过境的限制或禁止、违反进出口或过境手续行为的惩罚规定、上诉或审查程序、进出口或过境相关协定、与关税配额管理相关的程序，还要求及时更新进出口及过境程序和文件、咨询点等信息。这有利于各缔约方明确信息公开的具体内容，减少政策的不确定性，提高透明度水平。中国和 RCEP 伙伴的双边自贸协定和 CPTPP 均要求公布海关法律法规及一般行政程序，但并未如此详细地列出需要公布和更新的具体信息。此外，RCEP 还鼓励缔约方使用世界海关组织发布的《货物放行时间测算指南》等工具，定期测算并公布海关放行货物所需时间，以评估贸易便利化措施并考虑进一步改善货物放行时间。这是中国双边 FTA 和 CPTPP 并未涵盖的内容。

RCEP 要求实施更加细致的海关预裁定制度。与中国和 RCEP 伙伴的双边自贸协定相比，RCEP 要求缔约方在货物进口至其领土前，向提交书面申请的出口商、进口商或其代表以书面形式做出预裁定，具体内容包括四类，一是规则归类，二是货物是否属于原产货物，三是确定完税价格的方法或标准及适用情况，四是缔约方可能同意的其他事项。RCEP 预裁定内容与 CPTPP 基本一致，比中国其他自贸协定覆盖范围更广，中国-韩国 FTA、中国-澳大利亚 FTA 和中国-新西兰 FTA 均未包含对海关估价的预裁定。从预裁定申请人资格来看，RCEP 允许缔约方要求预裁定申请人在境内拥有法人代表或进行注册，但不得限制申请人类别，还要求考虑中小企业的特定需求，且不得构成任意或不合理的歧视。

RCEP 要求采取更加便捷的海关程序，规定货物放行时限，促进新型跨境快速物流通关服务业发展。各缔约方需要保证海关程序的可预见性、一致性和透明度，尽量采取世界海关组织的标准和建议，进一步简化海关程序，实施快速通关。尤其是 RCEP 首次在自贸协定中规定执法的统一性，要求制定行政机制确保海关法律法规的实施在各口岸保持一致，RCEP 专门设置装运前检验条款，禁止使用与税则归类和海关估价相关的装运前检验，但不排除以卫生和植物检疫等为目的的其他类型的装运前检验，同时鼓励各方不再采用新的装运前检验要求，而中国和 RCEP 伙伴的双边自贸协定以及 CPTPP 均未涵盖上述内容。如表 5 所示，从信息预申报来看，RCEP 允许在货物抵达前以电子格式预先提交货物进口所需的文件和其他信息，从而在货物抵达时加快放行，与中国和 RCEP 伙伴的大部分双边自贸协定以及 CPTPP 的要求基本一致。从货物放行时间来看，RCEP 要求尽可能在货物抵达并提交所有海关通关所需信息后 48 小时内放行，与中国-新加坡 FTA、中国-韩国 FTA、中国-新西兰 FTA 以及 CPTPP 的要求基本一致。从凭保放行来看，RCEP 规定，如无法尽快确定货物关税、国内税、规费及费用，允许货物在提供担保的情况下，在上述税费确定前放行，且担保不得高于货物最终应支付的税费金额，中国-新加坡 FTA、中国-韩国 FTA 及 CPTPP 均含有类似规定。此外，CPTPP 允许货物在抵达地点放行，无须临时转移至仓库或其他设施；中国-韩国 FTA 也有类似规定，允许除禁止、限制或管制以外的货物在海关监管地点放行自由流转；而 RCEP 在文本中并无此规定。针对易腐货物，RCEP 规定了较为详细的程序。一是要求在尽可能短的时间内放行，尽量在货物抵达后和提交放行所要求的信息后 6 小时内放行；二是在特殊情况下要求在海关工作时间外放行；三是在安排检查时适当优先考虑易腐货物；四是对易腐货物等待放行时的储存做出安排。这体现了较高的便利化水平，有利于促进新型跨境物流发展。

表 5　RCEP 与其他自贸协定货物放行要求比较（2023 年 10 月）

协定	预申报	放行时间	凭保放行	货物抵达地放行	易腐货物放行时间	快运货物放行时间
RCEP	√	48 小时	√	—	6 小时	6 小时
中国-东盟 FTA	√	快速	√	—	—	—
中国-新加坡 FTA	√	48 小时	√	—	—	6 小时
中国-韩国 FTA	√	48 小时	√	√	—	快速
中国-澳大利亚 FTA	√	尽快	—	—	最短时间	—
中国-新西兰 FTA	—	48 小时	—	—	—	快速
CPTPP	√	48 小时	√	√	—	6 小时

注：—表示协定文本中未出现相关规定内容。
资料来源：RCEP。

　　RCEP 还对经认证经营者提供额外的贸易便利化措施。RCEP 专门设置条款，对满足规定标准的经营者，即"经认证的经营者"（AEO），提供与进口、出口或过境手续和程序相关的额外的贸易便利化措施，也允许以适用于所有经营者的海关程序提供此类措施，而无须制订单独计划。这些便利化措施包括：在适当情况下降低单证和数据要求；在适当情况下降低实地检验和检查比例；在适当情况下加快放行时间；延迟支付关税、国内税、规费及费用；使用综合担保或减少担保；对指定期间内所有进口或出口进行一次性海关申报；在经认证经营者的场所或经海关批准的另一地点办理货物通关。RCEP 要求缔约方为 AEO 提供上述至少三条便利化措施。

　　在中国相关制度政策安排中，2022 年 1 月 1 日正式生效的海关总署令第 255 号第三十条规定："为确定原产地证明的真实性和准确性，核实进口货物的原产资格和原产国（地区），海关可以通过以下方式开展原产地核查：（一）要求进口货物收货人或者其代理人、境外出口商或者生产商提供补充信息；（二）要求出口成员方签证机构或者主管部门提供补充信息。必要时，海关可以经出口成员方同意后对境外出口商或者生产商进行实地核查，也可以通过与出口成员方商定的其他方式开展核查。"这与 RCEP 要求相符。在货物放行时间方面，海关法允许凭保放行，但对货物放行时间并无硬性约束，仍须在相关法规中明确 RCEP 相关要求。在认证经营者方面，2022 年 10 月 28 日中国海关总署发布 106 号公告，公布了新修订的《海关高级认证企业标准》（以下简称新《标准》）。新《标准》由原来的 269 项优化整合至 94 项，缩减约 65%，指标设置更科学、内容更精准、表述更简洁，更加适应企业多元化经营需求，更加方便企业理解运用 RCEP 规则。

其四，在卫生与植物检疫措施（SPS）方面，RCEP 促进区域制度、标准对接，减少非关税壁垒。RCEP 适用等效性原则，要求各方遵守 WTO 相关规则，并在 WTO 规则的基础上，加强对 SPS 措施的执行，提高 SPS 措施的透明度。在等效性评估方面，出口缔约方应提供必要信息，进口缔约方应解释其做出等效性决定的程序和计划。如出口方能够客观地证明其 SPS 措施与进口方措施达到相同的保护水平，或在实现目标上具有相同效果，则进口方应认可该措施的等效性；而且进口方应考虑出口方可获得的知识、信息和经验以及管理能力。如进口方承认出口方措施的等效性，应将决定以书面形式告知出口方，并在合理期限内实施；如无法承认等效性，应以书面形式提供理由。在等效性互认方面，RCEP 要求通过磋商达成具体的 SPS 措施等效性双边互认安排。为此，进口方应解释并提供其措施的理由和目标，以及其措施意在解决的特定风险；出口方应给予进口方进行检验、检查以及其他相关程序的合理机会。RCEP 在 SPS 措施执行方面主要包括适应地区条件、风险分析、审核、认证、进口检查、紧急措施等条款，与中国和 RCEP 伙伴的双边自贸协定相比，内容更加全面和细致。对于适用 SPS 措施过程中存在的问题，RCEP 允许一缔约方通过指定联络点或其他沟通渠道向另一方请求获得详细解释或进行技术磋商，而另一方应做出迅速答复，双方应尽最大努力达成共同满意的解决方案。RCEP 要求技术磋商在收到请求后 30 天内进行，并在提出请求之日起 180 天内或磋商各方同意的时间框架内完成，可通过电话会议、视频会议或磋商各方同意的任何其他方式进行。中国和 RCEP 伙伴的双边自贸协定大多未包含技术磋商内容，而 RCEP 有关技术磋商的具体要求与 CPTPP 较为接近。但 CPTPP 的规定更加细致，一是要求技术磋商被请求方应在收到请求后 7 天内书面确认，确认后 30 天内召开会议；二是要求确保相关贸易和监管机构适当参与会议；三是当会议未在提出请求后 37 天内或商定的其他时限内召开时，请求方可终止技术磋商进程，转而采用协定争端解决机制。对于争端解决机制的适用，RCEP 规定，协定生效时 SPS 措施不适用协定的争端解决机制；协定生效 2 年后应进行审议，适当考虑协定争端解决机制适用于 SPS 措施的全部或部分内容，审议应在协定生效起 3 年内完成。考虑到缔约方的能力差异，RCEP 提供更多的灵活性，一方面要求做好准备的缔约方相互适用协定争端解决机制，另一方面，也允许未做好准备的缔约方在未来其他自贸协定或经济协定中承担类似义务时，再将 RCEP 争端解决机制适用于 SPS 措施。相比之下，在 CPTPP 中，SPS 措施在 1~2 年过渡期后适用协定的争端解决机制，而中韩自由贸易协定和中澳自由贸易协定则明确指出 SPS 措施不适用协定争议解决机制。

总体来看，RCEP 有关 SPS 措施等效性的规定较为详细，与 CPTPP 的要求大体一致。而中国和 RCEP 伙伴的双边自贸协定中，仅中国-新西兰 FTA 包含相对细致的等效性条款，而中国-新加坡 FTA 和中国-澳大利亚 FTA 的等效性条款仅做原则性表述。

其五，在标准、技术法规和合格评定程序方面，RCEP 采取更加细致、严谨、可行的规则来提升进出口信息透明度和效率。RCEP 要求贯彻 WTO《技术性贸易壁垒协定》（《TBT 协定》），重视国际标准在国家标准制定中的作用，并对制定和实施国家标准的标准化机构做出具体规定。一是要求确保标准化机构接受并遵守《技术性贸易壁垒协定》相关规定；二是鼓励标准化机构提供国家标准内容和结构方面与国际标准的差异及其原因，且要求除实际递送费用外，对国内外人员采取相同的服务收费标准；三是要求确保标准化机构对国际标准的修改不对国际贸易造成不必要的障碍；四是鼓励标准化机构在标准信息交换、标准制定程序信息交换以及有共同利益领域的国际标准化活动方面开展合作。RCEP 要求缔约方中央政府机构以国际标准作为合格评定程序的基础，为提高效率、避免重复以及保证合格评定的成本效益，要求各方尽可能保证接受其他缔约方的合格评定程序结果。为此，RCEP 列出一系列便利缔约方接受另一方合格评定程序结果的机制。相比之下，中国和 RCEP 伙伴的双边自贸协定及 CPTPP 大多仅包含鼓励标准化机构合作的内容。与中国和 RCEP 伙伴的双边自贸协定相比，RCEP 还提高了技术法规和合格评定程序的透明度要求。

其六，在贸易救济方面，RCEP 在重申 WTO 相关协定权利义务的基础上，对贸易救济做出更详细规定，进一步提高贸易救济调查透明度水平，限制滥用。这些措施主要包括 RCEP 过渡性保障措施、通知和协商、调查程序、RCEP 过渡性保障措施的范围和期限、微量进口和特殊待遇、补偿、RCEP 临时保障措施、全球保障措施、禁止归零等条款。

RCEP 对保障措施的实施要求较为全面细致，允许利用过渡性保障措施保护国内产业。如由于削减或取消关税，造成一缔约方进口其他缔约方的原产货物绝对或相对数量明显增加，以致对国内产业造成严重损害或严重损害威胁，进口方可实施过渡性保障措施。从具体形式来看，可中止该原产货物的关税税率削减，或提高该原产货物的关税税率，但不应超过最惠国税率，且此最惠国税率为实施保障措施时的税率与协定生效前一日税率中较低者。这一规定与中国-澳大利亚 FTA、中国-新西兰 FTA 和 CPTPP 一致，中国-韩国 FTA 对最惠国税率的要求是实施保障措施时的税率与协定基准税率中较低者。同时，RCEP 为防止过渡性保障滥用，规定过渡性保障措施不允许以关税配额或数量限制的形式实施，货物开始削减或取消关税的第 1 年内，不得实施。中国和 RCEP 伙伴的双边自贸协定及 CPTPP 未包含这一规定。对于已受过渡性保障措施约束的货物，RCEP 规定在先前的实施期限或该措施期满后一年中较长期限的时间内，不得再次实施过渡性保障措施，而 CPTPP 则直接要求不得对已实施过过渡性保障措施的产品再次实施过渡性保障措施。RCEP 适用微量进口标准，要求对于原产货物的微量进口不得实施临时或过渡性保障措施。RCEP 要求不得同时针对同一货物实施临时或过渡性保障措施和 WTO 框架下的全球保障措施，并要求对过渡性保障措施进行合理补偿。RCEP 反倾销和反补贴采用"最佳实践"清单，强化透明度要求。RCEP 首次在自贸协定中纳入"禁止归零"条款，明确要求在确定、评估或复审倾销幅度时，将所有单独幅度，不论是正的还是负的，纳入加权平均对加权平均和逐笔交易对逐笔交易的比较。

值得注意的是，RCEP 过渡性保障期较长，且两次过渡性保障措施之间的时间间隔要求较短，对成员国保护本国产业较为有利。但中国生产制造能力突出，出口产品竞争力较强，与其他 RCEP 成员国相比，被实施保障措施的可能性更大。因而 RCEP 生效后，中国出口企业被发起保障措施调查的可能性更大，也可能对中国出口造成不利影响。

总体而言，RCEP 整合并拓展了东盟十国同中、日、韩、澳、新五国间的多个自由贸易协定，统一了区域内的现行经贸规则，削减了关税和非关税壁垒，建立了全球最大的自由贸易区和开放的区域大市场，推动了亚太区域一体化的进程，彰显了普惠包容的合作理念和渐进务实的开放原则。

三 RCEP 框架下服务贸易新规则的特点与安排

随着信息网络、人工智能、大数据、物联网等技术广泛融入经济交往各个环节，金融、咨询、传媒等行业展开全球布局，国际服务贸易持续发展繁荣。在服务贸易领域，RCEP 成员国间的服务贸易规模已相当可观，各国服务业进出口结构兼具竞争性和互补性，不断扩大市场准入将促进区域内服务贸易的进一步快速增长。RCEP 旨在全面、高质量并实质性地消除成员国之间的限制和歧视性措施。RCEP 服务贸易自由化框架由一般规则和具体承诺构成，规制 RCEP 缔约方的义务和权利。RCEP 的第八章"服务贸易"共包括 25 个条款和金融服务、电信服务、专业服务 3 个附件；第九章"自然人临时移动"共包括 9 个条款。同时，RCEP 各缔约方还提交两部分服务贸易领域具体承诺表。以下主要从服务贸易开放承诺、金融服务、电信服务和自然人临时移动条款等方面分析 RCEP 框架下服务贸易领域的新规则特点与中国相关制度安排。

其一，RCEP 开放承诺显著提升了区域服务贸易开放水平，已高于《服务贸易总协定》（GATS）和"10+1"自贸协定开放水平。① 当前，RCEP 成员国对服务贸易领域的开放采取了正面清单和负面清单两种承诺模式，其中，新西兰、中国、菲律宾、泰国、越南、老挝、柬埔寨、缅甸 8 个成员国暂时采用正面清单方式承诺，而日本、韩国、澳大利亚、新加坡、文莱、马来西亚、印度尼西亚 7 个成员国采用负面清单方式承诺。不论是以正面清单方式还是负面清单方式，RCEP 都要求缔约方做出市场准入承诺，并遵守相应的纪律。对于做出市场准入承诺的部门，各缔约方将不得采取以下 6 项措施，即限制服务提供者的数量，限制服务交易或资产总值，限制服务业务总数或以指定数量单位表示的服务产出总量，限制特定服务部门或服务提供者可雇用的、提供具体服务所必需的且直接相关的自然人总数，限制或要求通过特定类型法律实体或合营企业提供服务，以限制外国股权最高百分比或者限制单个或总体外国投资总额的方式限制外国资本的参与，这些要求与世贸组织《服务贸易总协定》以及中国-东盟 FTA、中国-澳大利亚 FTA、中国-韩国 FTA 等协定一致。总体来看，15 个缔约方在服务贸易领域的开放承诺不仅在各自 GATS 承诺出价基础上有了大幅改进，而且也做出了高于各自原有"10+1"自贸协定水平的开放承诺。在过渡期后，当前 15 个缔约方将全部采用负面清单方式承诺，并且服务贸易开放和便利化水平将显著提升，区域服务贸易将面临新的发展潜力。

中国在服务贸易领域采取了正面清单的承诺方式，在 WTO 基础上新增了管理咨询、制造业研发等相关服务、空运等 22 个部门，并提高了金融、法律、建筑、海运等 37 个部门的承诺水平，以"FL"（进一步自由化）列表方式，对进一步自由化的部门或分部门加以确定，以锁定开放成果。列入"FL"清单的部门，市场准入和国民待遇的限制措施将被限定在现有的范围

---

① 袁波、潘怡辰、王清晨：《RCEP 生效一周年：贸易投资进展、原因与启示》，《国际经济合作》2023 年第 5 期。

内，未来的负面清单也不得降低与现有清单的一致性。但同时，中国也提出了一些例外：保留对通过自然人存在提供的服务采取或维持任何措施的权利；不适用于水平承诺；除中国加入 WTO 时已做出承诺外，对国内服务提供者的所有补贴不做承诺。这些例外主要针对自然人临时移动、适用于所有服务部门的水平承诺和补贴等敏感议题。中国在 RCEP 中列入 FL 的部门主要涵盖了商业服务、通信服务、分销服务、旅游及与旅游相关的服务和运输服务 5 大领域的 9 个部门中的约 20 个分部门。这些部门包括：专业服务（法律、税收、建筑、工程、城市规划）、计算机及其相关服务（计算机硬件安装有关的咨询、办公机械和设备的维修服务）、其他商业服务（管理咨询、技术测试与分析服务、与林业有关的服务、建筑物清洁、包装、会议、笔译和口译服务）、速递服务、视听服务（电影院服务）、特许经营、旅馆和餐馆、铁路货物运输和公路运输服务。中国在服务贸易的承诺附件中以正面清单方式列出了给予最惠国待遇的部门和水平限制。中国在 RCEP 中承诺给予成员国最惠国待遇的部门涵盖了商业服务、通信服务、建筑及相关工程服务、分销服务、环境服务（不包括环境质量监测和污染源检查）、旅游及与旅游相关的服务、运输服务 7 个领域的 38 个分部门。

其二，RCEP 服务贸易规则提供比 WTO 更加自由便利、透明和公平公正的制度保障，促进区域服务贸易发展。[①] RCEP "服务贸易" 章主要涉及适用范围、原产地规则、国民待遇、最惠国待遇、透明度清单、本地存在、国内法规、承认等方面的规则，以消减服务贸易领域的限制性、歧视性措施。

RCEP 明确了 "服务贸易" 章的适用范围、不适用情形和原产地规则。其中，RCEP 在 "服务贸易" 章的适用范围与中国-韩国 FTA、中国-澳大利亚 FTA、CPTPP 等相同，即为一方采取的影响服务贸易的措施，包括中央、地区或地方政府和主管机关所采取的措施，也包括非政府机构在行使上述部门授权的权力时所采取的措施。RCEP "服务贸易" 章的不适用情形与

---

① 杨国华：《新冠疫情下的多边贸易体制》，《国际法学刊》2021 年第 1 期。

各协定规则基本一致，不仅排除了影响寻求进入另一缔约方就业市场的自然人的措施及与国籍、公民身份、永久居留或永久雇佣有关的措施，而且明确了政府采购、一方提供的补贴或赠款、行使政府职权时提供的服务、海运服务中的沿海贸易、航权及大部分空运服务等不适用"服务贸易"章的相关规则。RCEP 在此基础上增加到 6 个，还包括了专业航空服务、地面服务以及机场运营服务，达到了中国-澳大利亚 FTA 和 CPTPP 的高承诺水平。为确保只有缔约方才能享受优惠待遇，RCEP 从正面和负面同时约束，更加明确服务的原产地规则。一是与中国-东盟 FTA 和中国-韩国 FTA 一致，正面明确界定了另一缔约方的服务的定义，包括：另一缔约方在其他 RCEP 成员国领土内提供的服务；由另一缔约方的服务提供者通过商业存在或是自然人临时移动方式提供的服务。二是在 GATS 的基础上，通过负面的拒绝给予利益条款列出了不能从 RCEP "服务贸易"章受惠的情况，包括：来自非 RCEP 成员领土内提供的服务；不符合另一缔约方服务提供者定义的法人；对于海运服务，如其由根据非 RCEP 成员的法律和法规进行注册的船只提供，或由非 RCEP 成员的人通过经营或使用全部或部分船只提供的服务；如另一缔约方的服务提供者是由非 RCEP 成员拥有或控制的法人，而给予其利益可能违反或规避一 RCEP 成员国对该非 RCEP 成员的禁止交易措施。中国-东盟 FTA、中国-新西兰 FTA 和中国-澳大利亚 FTA 在此条款上的要求基本与 GATS 一致，而 RCEP 新增的第 4 条要求与中国-韩国 FTA、CPTPP 等基本一致，考虑了利用 FTA 规避贸易制裁的情形，体现了对于服务原产地规则的严格约束。

RCEP 要求给予服务和服务提供者以国民待遇和最惠国待遇。不论是以负面清单还是正面清单承诺的成员，RCEP 都提出要求给予缔约方服务和服务提供者国民待遇，对于负面清单要求除不符措施外，对于正面清单则要求对于列入附件 2 的部门给予不低于其给予本国同类服务和服务提供者的待遇，这一规则也是目前所有自贸协定中均承诺给予的。同时，RCEP 与中国-韩国 FTA、中国-澳大利亚 FTA、中国-新西兰 FTA 以及中国-东盟 FTA 等一致，都给予各方一定灵活性，在不低于国内待遇的前提下，可提供形式上相同或不同的待遇，但如果因此改变竞争条件而使其更有利于该缔约方的服务或服务提供者，则可被认定为较为不利的待遇，而 CPTPP 则没有给予此灵活安排。

RCEP 要求负面清单承诺成员承诺禁止本地存在条款，负面清单修正时不降低与现有清单的一致性。对于服务贸易领域以负面清单进行承诺的成员，除了不符措施清单所列的内容之外，原则上需要履行国民待遇、最惠国待遇、市场准入和本地存在条款所规定的相关义务。这些要求仅针对中央政府和地区级政府的现行不符措施，而地方级政府的现行不符措施被整体排除。这与 CPTPP 等协定基本一致。

RCEP 要求正面清单承诺成员确定 FL 部门，并公布透明度清单，允许修改或撤销非 FL 部门承诺。对于在服务贸易领域以正面清单方式进行承诺的成员，RCEP 要求各国列出服务具体承诺表，对市场准入的条款、限制和条件、国民待遇的条件和资质等进行规定，并以"FL"对进一步自由化的部门或分部门加以确定，在这些标为"FL"的部门和分部门中，前述承诺表中所提及的适用条款、限制、条件、资质应当限定于该缔约方的现行措施，这实际是锁定了这些部门的开放成果。对"FL"部门的措施，缔约方只可以减少或消除该措施与"市场准入"或"国民待遇"原则不一致的方向修正，而不可增加该措施的不一致性。对于"FL"部门，RCEP 还要求准备、发送给其他缔约方并且在网络上公布一份列有中央政府级别现行措施的无约束力的透明度清单，涵盖具体承诺部门、不一致的类型（国民待遇或市场准入）、措施的合法来源或主管部门以及对该措施的简明描述，并且在必要时进行更新，但同时也指出透明度清单相关的争端不适用 RCEP 的争端解决机制。

RCEP 提出高水平的透明度要求，要求保证国内规制合理、客观和公正。尤其在服务贸易领域提出比 WTO 更高水平的透明度要求。RCEP 要求迅速公布影响服务贸易的普遍适用的所有相关措施，以及签订的所有有关或影响服务贸易的国际协定，并就上述具体信息回应其他成员的任何请求。RCEP 还要求各方尽可能通过互联网公开上述措施和国际协定，并在其法律框架所规定的范围内以英文提供，这对于各方政府提出了更高要求，有利于提高服务贸易管理的透明度，这些规则不仅超出了 WTO 的承诺水平，也超出了中国－韩国 FTA、CPTPP 的标准。

在中国相关法律制度层面，《对外贸易法》对服务贸易也列出了可以限制或禁止国际服务贸易的例外情形，除依据 WTO 提出安全例外，还将"依照法律、行政法规的规定需要限制或者禁止的"列入其中，为中国对国际服务贸易的监管保留了充分的政策空间。《数据安全法》自 2021 年 9 月 1 日起施行，其中第三十六条规定："中华人民共和国主管机关根据有关法律和中华人民共和国缔结或者参加的国际条约、协定，或者按照平等互惠原则，处理外国司法或者执法机构关于提供数据的请求"。对于服务贸易的原产地规则，中国并没有像货物贸易一样制定了明确的法律规范，仅是依照 WTO 惯例处理，对于 RCEP 比 WTO 更为严格的要求，中国在中国－韩国 FTA 中也做出了相应的承诺。2022 年 12 月 20 日，中国、美国、欧盟等世贸组织主要谈判参加方正式启动《服务贸易国内规制参考文件》在世贸组织的生效程序。随着 RCEP 的生效，还需要进一步完善服务贸易的管理制度，探索形成既有利于扩大服务贸易又有利于防控开放风险的原产地规则。在服务贸易正面清单列出"FL"部门并公布透明度清单、纳入棘轮义务是中国首次在自贸协定中进行承诺，对中国服务贸易的监管提出了更高要求。RCEP 在服务贸易领域的透明度要求高于中国在 WTO 所进行的承诺水平，目前，《对外贸易法》《政府信息公开条例》《外商投资法》《外商投资法实施条例》等法律法规虽然对服务贸易信息透明度、外资企业权利义务等有相关约束规定，但仍须进一步完善，提高服务贸易制度水平。

其三，RCEP 金融附件是自中国加入 WTO 后内容涵盖最广、开放水平最高的金融附件，代表本地区各成员在金融领域的最高承诺水平。[①] RCEP 金融附件旨在加强亚太区域范围内的金融合作、规范金融服务合作标准与机

---

① 李蕊：《RCEP 金融数据流动例外条款的滥用之虞与破解策略》，《国际经济法学刊》2024 年第 4 期。

制、提高金融服务透明度、完善金融监管与金融审慎，包括定义、范围、新金融服务、审慎措施、特定信息处理、认可、透明度、金融服务例外、信息转移与信息处理、自律组织、支付和清算系统、磋商、联络点、争端解决共14 条内容。具体而言，RCEP 延续 WTO 规制模式，将金融规则设为金融附件，规则内容上有了较大突破，是中国首次在金融附件中纳入以 WTO 乌拉圭回合期间以 OECD 成员为主的成员制定的《关于金融服务承诺的谅解》（以下简称《谅解》）为蓝本的美国-韩国 FTA、CPTPP 等自贸协定金融相关章中所涵盖的新金融服务条款、信息转移与信息处理、自律组织的协定，基本上代表了中国在自贸协定金融服务规则的最高规制。RCEP 进一步提升了金融监管的透明度，一是规定每一缔约方应确保该缔约方采取或维持的普遍适用的措施应立即公布，或以其他方式使公众周知。二是增加了对自律组织所采取或维持的普遍适用的规则的透明度要求，扩大了应公开的金融监管措施的范围。RCEP 的金融监管透明度条款是中国现有自贸协定中的金融透明度最高规则范本，在条款设置的内容、范围、要求等方面与 CPTPP 基本一致，提升了中国金融监管领域的透明度。

中国依据《国家安全法》《商业银行法》《证券法》《保险法》《数据安全法》等法律及《金融信息服务管理规定》等行政规章对金融行业机构、个人及其数据信息进行监管。RCEP 金融服务附件纳入了代表更高标准的新金融服务、信息转移与信息处理、自律组织三项条款，在中国以往自贸协定中基本未涉及，而中国现行金融法规对以上三项条款的法律界定与规定尚不健全。对于金融审慎原因事前磋商机制、金融监管与服务争端透明度等议题的法规也有待完善。RCEP 的部门开放承诺中，中国首次在自贸协定中承诺大幅放宽保险及其相关服务、银行服务、证券服务中的诸多市场准入规则，对于缔约国在中国提供金融服务给予了更多保障，将会促使更多缔约国的金融机构进驻中国金融市场提供服务。RCEP 生效进一步促使中国在这些领域加快完善法律法规，以提高金融监管能力、促进中国金融高质量开放。同时，其他缔约国在金融服务领域的开放承诺也有助于中国金融机构在这些国家拓展金融服务，为中国在缔约国的投资提供更多金融支持。

其四，RCEP 为区域内电信服务营造了更加开放、公平的营商环境，区域电信服务市场化竞争加速。作为中国各类 FTA 中涵盖内容最为全面的电信附件，RCEP 电信附件旨在保障公共电信服务的接入和使用，规范电信服务主要提供者的义务和纪律，保障电信服务的市场化竞争，确定电信独立监管制度，保障电信争端解决。RCEP 纳入了转售条款，要求允许转售并保证了转售服务的非歧视性，同时还提高国际移动漫游费率的透明度和竞争性。这些规则将促进电信资源的使用、资费等方面的公平竞争，改善电信市场的营商环境，提高外国电信服务商的积极性，区域电信服务市场化竞争将进一步加速，市场活力有望增强，特别是 RCEP 有关转售服务、共址服务以及网络元素的非捆绑的规定，将有助于打破区域电信主要服务提供者的非公平竞争行为，为新一代电信服务业新技术提供更好的发展空间与营商环境保障。而技术选择的灵活性条款也将有助于电信服务提供者灵活选择提供服务的技术，从而确保技术选择的公平性。

目前，中国在通信技术领域具有较大优势，RCEP 不仅将加速中国电信市场竞争，也将有利于中国企业进入缔约国电信服务市场，拓展新业务、新模式的发展空间。[①] 但同时也需要注意，这些新的规则和要求亦需要中国进一步完善相关的法律法规，提高电信监管能力。目前，《宪法》《刑法》《民法典》《民事诉讼法》《数据安全法》《外商投资法》等国家法律以及《电信条例》《外商投资电信企业管理规定》《无线电管理条例》等行政法规均包含处理通信与数据领域事务的规则，基本可以满足于 RCEP 电信附件相对接的大部分制度需求。但是，现行电信领域法律法规对电信共址服务、转售业务、电信服务争端解决等方面的内容有待加强。

其五，RCEP "自然人临时移动" 章将推动区域内商务人员往来便利化。RCEP 第九章 "自然人临时移动" 章规则部分共分 9 项条款，分别规定了自然人临时移动的定义、范围、配偶及家属、准予临时入境、自然人临时

---

① 刘玉、黄舒雯：《中国出口 RCEP 国家 ICT 产品的贸易效率及潜力研究》，《工业技术经济》2022 年第 12 期。

移动具体承诺表、处理申请、透明度、合作和争端解决。总体上 RCEP 扩大了自然人临时移动的范围，将承诺适用范围扩大至投资者、随行配偶及家属，降低了对临时停留时间的限制，开放承诺高于"10+1"自贸协定，这将提高区域内商务人员往来的便利化水平。特别是中国对外投资企业的高级管理人员、投资者等高级人才及其配偶进入缔约国将享受更优惠的临时入境与停留待遇，有利于促进中国企业在区域内进行投资和商业考察活动。同时，RCEP 提高了临时入境的申请效率与透明度，这会促进缔约国进一步改进国内管理制度，提高手续办理效率与透明度，节省商务人员时间与成本。

在法律法规层面，《出境入境管理法》《护照法》《护照、签证条例》等有关法律和制度对跨境人员做出相关规定。在 RCEP 的部门具体承诺中，中国降低了外国医师的市场准入限制，列出了计算机及其相关服务中专业人才的国民待遇限制，这将促进具有一定专业技术的外国医生、工程师等专业人员来华进行专业技术合作。

四　RCEP 下国际投资合作新规则的特点和安排

RCEP 国际投资规则旨在打造自由、便利、竞争性的区域投资环境，其"投资"章共包括 18 个条款和 2 个附件（习惯国际法和征收），以及 15 个投资领域不符措施承诺表，涉及投资促进、保护、便利化和自由化四大支柱，为投资者在本区域进行投资活动提供了较为全面的制度保障。[1] 新规则主要特点如下。

其一，RCEP 是中国首次在自贸协定中引入准入前国民待遇加负面清单的开放模式，给予投资者最惠国待遇和最低待遇。[2] RCEP 要求在投资的准入前和准入后均给予其他成员投资及涵盖投资最惠国待遇，即给予另一缔约方投资者或涵盖投资的待遇不低于其在类似情形下给予任何其他缔约方或非

---

[1]　王彦志：《RCEP 投资章节：亚洲特色与全球意蕴》，《当代法学》2021 年第 2 期。

[2]　裴长洪、倪江飞：《我国制度型开放与自由贸易试验区（港）实践创新》，《国际贸易问题》2024 年第 3 期。

缔约方投资者的待遇，但此待遇将不包含其他现存或未来国际协定项下的任何国际争端解决程序或机制，这也是各类 FTA 中惯常的例外安排。同时，RCEP 要求在投资的准入前和准入后均给予其他成员投资及涵盖投资最惠国待遇。RCEP 特别对"类似情形"以脚注的形式进行了说明，指出须视整体情况而定，给予了缔约方更多政策空间。

其二，RCEP 明确了投资纪律，提升市场确定性。RCEP 详细列出了不得在投资准入前或准入后强制施加或执行的要求，主要包括：出口规模（比例）限制、当地含量限制、购买国货限制、外汇平衡要求、限制本土销售、转移技术要求、仅允许从境内向境外市场提供货物、干预许可合同等。同时，RCEP 也提出不允许将当地含量、购买国货、将贸易数量或金额与投资外汇金额挂钩、本土销售等作为投资者获得或继续获得优惠的条件。

其三，RCEP 制定了详细的投资促进和投资便利化条款，强调了安全例外条款。RCEP 列出了投资促进具体的方式，包括鼓励相互间投资、组织联合投资促进活动、促进商业配对活动、组织和支持举办与投资机会以及投资法律法规和政策相关的各种介绍会和研讨会以及就与投资促进有关的其他共同关心的问题进行信息交流。同时，也列出了投资便利化的具体措施，包括：为各种形式的投资创造必要的环境；简化其投资申请及批准程序；促进投资规则、法律法规、政策和程序等投资信息的传播；设立或维持联络点、"一站式"投资中心、联络中心或其他实体，向投资者提供帮助和咨询服务，包括提供经营执照和许可方面的便利。

从中国自身看，中国对制造业、农业、林业、渔业、采矿业 5 个领域做出高水平开放承诺，其他缔约国也用负面清单方式做出较高水平开放承诺，这为本区域内投资者带来更多发展机遇。特别是制造业投资方面，中国基本全面开放，这将利于价值链上下游产业在区域内进行投资布局，并充分利用各国比较优势进行生产，从而增强区域整体的制造业竞争力。部分东盟缔约国家在投资负面清单中对农业种植、畜牧饲养及产品加工做出了高水平的开放承诺，也有助于中国企业结合国情进行第一产业投资。在 RCEP "投资"章中给予投资者最惠国待遇和最低待遇，列举了不允许使用的业绩要求，取消对企业高管的国籍限制，制定了详尽的转移、征收与补偿、投资便利化规则。如表 6 所示，中国在 RCEP 中对非服务部门的负面清单共有 2 个，其中清单 A 列出了中国现行的、不受"投资"章的限制国民待遇、最惠国待遇、禁止业绩要求，高级管理人员与董事会条款所施加的义务约束的措施。清单 B 则列出了中国可以维持现有措施、采取新的或更具限制性措施的特定部门、分部门或活动，这些措施不符合"投资"章的国民待遇、最惠国待遇、禁止业绩要求、高级管理人员与董事会等条款所施加的义务。在法律制度方面，《国家安全法》包含"国家依法采取必要措施，保护海外中国公民、组织和机构的安全和正当权益，保护国家的海外利益不受威胁和侵害"的规定，但目前我国尚未有一部关于对外直接投资的单独法律来规范和引导对外投资，而主要通过相关部委行政法规及其他规范性文件的形式引导对外投资。[①] 如商务部 2014 年 9 月发布《境外投资管理办法》；国家发改委 2014 年以来制定的《境外投资项目核准和备案管理办法》《企业境外投资管理办法》《境外投资敏感行业目录》《企业境外经营合规管理指引》；外汇监管方面主要有《外汇管理条例》《境内机构境外直接投资外汇管理规定》；国务院国资委则于 2018 年 11 月发布《中央企业合规管理指引（试行）》。中国目前已在 2020 年颁布实施《外商投资企业投诉工作办法》，尽可能帮助外国投资方处理不满，提升外资利用的良好环境。总体而言，中国在外商投资领域的相关制度位阶偏低，权威性不够；内容较少，针对性不强；较为零散，系统性不足；不够配套，协调性欠缺。中国在 RCEP 投资领域的承诺和立法，既体现了为外商投资塑造良好环境和扩大制度型开放的决心，也为投资领域相关法律法规的讨论制定奠定基础。

---

① 高鹏飞、胡瑞法、熊艳：《中国对外直接投资 70 年：历史逻辑、当前问题与未来展望》，《亚太经济》2019 年第 5 期。

表 6　中国投资保留及不符措施承诺（2023 年 10 月）

	区别	适用范围
清单 A	中国现行的、不受以下内容所施加的部分或全部义务约束的措施：国民待遇；最惠国待遇；禁止业绩要求；高级管理人员与董事会	不适用于外国投资者在服务贸易领域的任何投资（包括文化产业、基础设施和其他设施的建设和经营）。适用于下列部门：制造业、农业、渔业、林业和狩猎、采矿和采石，以及被做出保留的所有此类部门或其组合
清单 B	中国可以维持现有措施、采取新的或更具限制性措施的特定部门、分部门或活动，这些措施不符合以下条款所施加的义务：国民待遇；最惠国待遇；禁止业绩要求；高级管理人员与董事会	

资料来源：RCEP。

五　RCEP 下其他经济新规则的特点和安排

在传统的货物贸易、服务贸易和投资章节之外，RCEP 还涵盖了知识产权、电子商务、竞争、中小企业、经济技术合作、政府采购、争端解决等经贸规则领域的内容，这是 RCEP 作为全面、现代、高质量的自由贸易协定的重要体现。以下分析这些新规则的特点以及中国相关制度政策安排。

其一，RCEP "知识产权" 章节提高了区域内知识产权整体保护水平，为区域内创新合作和可持续发展提供平衡、包容的发展方案。"知识产权" 章节是 RCEP 内容最多、篇幅最长的章，旨在通过有效和充分地创造、运用、保护和实施知识产权来深化经济一体化和合作，在弥合不同成员国发展差异的基础上，减少对贸易和投资的扭曲和阻碍。RCEP 知识产权保护水平高于 WTO 的 TRIPS 协定，其生效后将提升成员国知识产权的整体保护水平，侵权假冒行为将被有效打击，吸引更高质量的外资投入包括中国在内的成员国市场。其中，对数字环境下的侵权行为适用民事和刑事处罚，有利于区域内高新技术和数字经济产业的发展，但也需要各国政府加强配套法律建设。对于中国而言，RCEP 是中国迄今已签署自贸协定中知识产权内容最全面的，包括著作权、商标、地理标识、专利、工业设计和传统知识等条款内容都较中国其他双边 FTA 更为详细。

在中国知识产权相关法律法规方面。《著作权法》《商标法》等法律实践基本符合 RCEP 对著作权、商标的保护要求。专利、地理标识等内容则对应《反不正当竞争法》《产品质量法》《商标法》《消费者权益保护法》《进出口货物原产地条例》等有关法律法规以及《地理标志产品保护规定》《地理标志产品专用标志管理办法》行政制度。但涉及工业设计、传统知识等内容的法律法规仍有待加强。此外，作为履行 RCEP 协定承诺之一，为保障阅读障碍者平等参与文化生活、共享文明发展成果，中国修订了《著作权法》相关规定并签署《马拉喀什条约》，2022 年 5 月 5 日，《马拉喀什条约》正式对中国生效。

其二，RCEP "电子商务" 章首次打造亚太统一数据保护与流动规则，推动区域电子商务发展。这是亚太区域内首次达成的全面、高水平多边电子商务规则，旨在营造更加便捷有序的发展环境，并提供良好制度保障，促进缔约国电子商务发展与合作。[1] RCEP 要求对电子传输免征关税，并以推动无纸化交易、承认电子签名认证等方式促进各缔约国贸易便利化。在消费者保护方面，RCEP 肯定了电子商务消费者保护措施及其他增强消费者信心的措施的重要性，要求制定法律法规，保护电子商务个人信息，限制非应邀商业电子信息，增强电子交易的法律监管。RCEP 要求在考虑《联合国国际贸易法委员会电子商务示范法》《联合国国际合同使用电子通信公约》或其他适用于电子商务的国际公约和示范法的基础上，建立监管电子交易的法律框架，同时避免施加任何不必要的监管负担。RCEP 鼓励跨境电商发展，有条件地允许跨境数据自由流动；RCEP 号召缔约国加强对话合作，促进电子商务发展，并以灵活方式解决电子商务条款适用和争端解决问题。

从中国电子商务相关制度安排看，RCEP 是中国首次在自贸协定中对电子信息跨境传输及计算设施位置做出承诺，对国内监管提出更高要求。《电

---

① 徐保昌、许晓妮、孙一菡：《RCEP 生效对中国—东盟跨境电商高质量发展带来的机遇和挑战》，《国际贸易》2022 年第 10 期。

子商务法》于 2019 年 1 月正式生效，对中国电子商务活动进行规范，为对接 RCEP 规则实施提供了重要制度保障。其中，对电子商务消费者权益保护做出明确要求，例如，第十七条规定："电子商务经营者应当全面、真实、准确、及时地披露商品或者服务信息，保障消费者的知情权和选择权。电子商务经营者不得以虚构交易、编造用户评价等方式进行虚假或者引人误解的商业宣传，欺骗、误导消费者。"符合 RCEP 要求，甚至达到 CPTPP 标准。同时，第五十九条规定：电子商务经营者应当建立便捷、有效的投诉、举报机制，公开投诉、举报方式等信息，及时受理并处理投诉、举报。这为消费者提供了救济方式。总体而言，目前中国尚未形成完整的电子信息跨境传输规制，但在相关法律法规中包含对电子信息存储本地化及跨境传输的限制条件。根据《网络安全法》第三十七条规定："关键信息基础设施的运营者在中华人民共和国境内运营中收集和产生的个人信息和重要数据应当在境内存储。因业务需要，确需向境外提供的，应当按照国家网信部门会同国务院有关部门制定的办法进行安全评估。"《数据安全法》自 2021 年 9 月 1 日起施行，其中第三十六条规定："中华人民共和国主管机关根据有关法律和中华人民共和国缔结或者参加的国际条约、协定，或者按照平等互惠原则，处理外国司法或者执法机构关于提供数据的请求。"

其三，RCEP 将促进区域内部公平有序竞争，带动产业结构转型升级，保护中小企业发展。RCEP 单独设置了"竞争"章和"中小企业"章，内容涵盖全面。RCEP"竞争"章对竞争立法、竞争执法合作以及消费者权益保护等重点内容做出了翔实规定，对执法规范化提出了一系列具体明确、有约束力的纪律要求，有利于各方合作制止损害贸易和投资的垄断行为、营造良好的贸易投资环境和促进贸易投资便利化。同时，RCEP 兼顾各成员国发展差异，在附件中对文莱、柬埔寨、老挝、缅甸等国进行国内立法和完善监管体系提供了过渡期。RCEP 还对缔约方中小企业的人员、信息的交流与合作以及贸易投资促进等方面列出了八个具体合作领域，涵盖电子商务、全球价值链、创业创新、知识产权、政府管理能力以及中小企业能力提升等诸多方面，不仅更加注重对中小企业竞争力的提升，而且也具有很强的务实性和前瞻性。

从中国相关制度安排看，RCEP 是中国首次在 FTA 中将中小企业内容单独设置章，《反垄断法》《反不正当竞争法》等法律实践基本符合 RCEP 对竞争执法公平透明的要求。如 RCEP 要求对违反竞争法律法规的实体提供独立审查和上诉的权利，《反垄断法》给予经营者依法提起行政诉讼的权利，对执法机构的职责和调查行为进行了明确规定，并对执法过程中的相关问题进行了详细规定，以此保证竞争执法的公开透明。但是要全面落实 RCEP 的制度要求，中国的制度设计仍有进步空间。如《反垄断法》中对被调查企业权利强调较少，对执法机构的约束相对较弱，应当进一步细化调查人或实体的合法权益以及执法机构的约束条款。在消费者权益保护方面，中国法律制度体系较为健全，涉及《消费者权益保护法》《合同法》《物权法》《民法典》《侵权责任法》《产品质量法》《标准化法》等法律制度。

此外，RCEP 还单独设置了"政府采购"章、"经济技术合作"章、"争端解决"章。随着生效后关税与非关税壁垒的全面消除、各国服务与投资市场准入的进一步扩大，在便利区域各缔约国企业进行贸易投资布局、使其从开放中受益的同时，也使其面临更多合作机会。缔约国之间将加强政府采购领域的信息共享，提高政府采购程序的透明度，加强相关合作交流，这将使各国的政府采购市场更加透明规范。RCEP 争端解决机制采取混合解决的准司法模式，目标是为解决协定项下产生的争端提供高效和透明的规则与程序。

专题三　厦门与 RCEP 成员国间的贸易往来

自 RCEP 生效以来，厦门市积极开展 RCEP 相关政策宣传推广，深化与 RCEP 成员国的经贸合作，从货物贸易、服务贸易、招商引资、闽商"出海"、重点国家、丝路电商、经贸平台、综合通道、贸易通关、营商环境等方面，引导支持企业抓住协定生效实施的有利契机，深化与 RCEP 成员国的经贸合作。[①] 这些措施进一步推动了更高层次对外经贸合作伙伴关系的建立，并为厦门市的对外经贸合作发展创造了更大的空间。本专题报告首先分析了近几年中国及福建与 RCEP 成员国贸易发展情况，在此基础上系统梳理了厦门与 RCEP 成员国贸易规模与结构特征，研究了在 RCEP 签订前后进出口的变化趋势，并就 RCEP 给贸易、投资和产业发展方面所带来的挑战提出了相应的政策建议。

一　中国与 RCEP 成员国的贸易

1. 中国与 RCEP 成员国的整体贸易

2022 年 1 月 1 日，《区域全面经济伙伴关系协定》正式生效，2016～2022 年，中国与 RCEP 成员国之间的进出口规模不断扩大，RCEP 成员国的进出口总额占中国贸易额比重不断增长。2016～2022 年中国与 RCEP 成员国

[①] 吴广宁：《RCEP 助力厦门外向型经济发展》，《国际商报》2022 年 4 月 11 日。

贸易发展情况如图 1 所示。2016~2022 年，无论是进口总额、出口总额以及进出口总额均处于上升趋势。进出口总额由 2016 年的 11107.35 亿美元上升至 2022 年的 19462.98 亿美元，增长 1.75 倍，进口总额以及出口总额也同样比 2016 年分别增长 1.64 倍和 1.87 倍，贸易整体发展稳步向好。

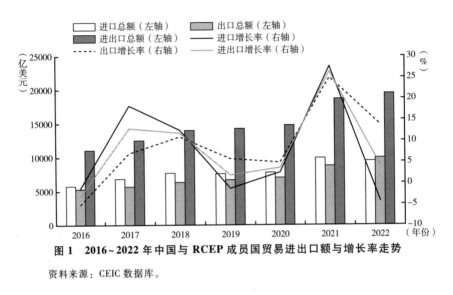

图 1　2016~2022 年中国与 RCEP 成员国贸易进出口额与增长率走势

资料来源：CEIC 数据库。

2016 年受到国际大环境影响，全球经济下滑和需求不足对于出口产生影响，中国与 RCEP 成员国作为全球价值链重要组成部分，贸易额受到一定程度影响，进口增长率、出口增长率、进出口增长率同比均为负，分别为 −1.41%、−5.17%、−3.25%。2017~2018 年，受中美贸易摩擦影响，中美双边贸易额下降，RCEP 成员国作为中国的主要贸易伙伴，在中美贸易摩擦期间，双边贸易规模有了大幅度的提升。从增速上看，2017~2018 年中国与 RCEP 成员国贸易规模分别增长 12.87%、11.78%。东盟作为 RCEP 的重要一员与中国的贸易往来尤为密切，2010 年中国-东盟自由贸易区（CAFTA）全面实施以来，中国与东盟在关税减免、进出口等方面不断深化合作，经济产业一体化趋势明显。2020 年，东盟取代欧盟成为中国第一大贸易合作伙伴，贸易进出口商品总量为 6865 亿美元，同比增长 6.94%。随着 RCEP 的生效，2021 年中国与东盟的进出口增长率进一步增加，贸易创造效应明显。2021 年，中国与 RCEP 成员国之间的进出口总额达 18673.94 亿美元，占同期我国进出口总额的 30.87%，同比增长 26.34%，其中出口额为 8751.42 亿美元，同比增长 24.94%；进口额为 9922.52 亿美元，同比增长 27.6%。2022 年，中国与 RCEP 成员国之间的进出口总额达 19462.98 亿美元，占同期我国进出口总额的 30.89%，进出口增长率为 4.23%，其中出口额为 9964.29 亿美元，同比增长 13.86%；进口额为 9498.69 亿美元，同比增长-4.27%。

2. 中国与 RCEP 成员国双边贸易

针对中国与 RCEP 双边贸易额情况，本专题报告进一步从国家层面对 2016~2022 年中国与东盟、日本、韩国、澳大利亚、新西兰的进出口规模与变化趋势进行了分析。2016~2022 年中国与东盟的进出口规模如图 2 所示。2016~2022 年，中国与东盟之间的贸易规模不断扩大。2022 年进出口贸易总量达 9792.82 亿美元，是 2016 年的 2.13 倍，占中国与 RCEP 进出口总值的 50.32%，其中出口 5710.84 亿美元，增长 116.04%，进口 4081.98 亿美元，增长 108.23%。

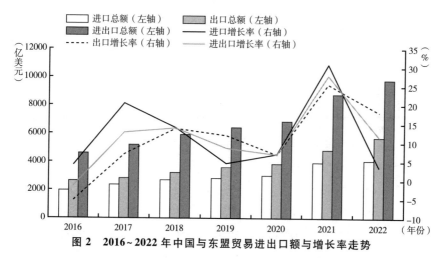

图 2　2016~2022 年中国与东盟贸易进出口额与增长率走势

资料来源：CEIC 数据库。

2016~2022 年，中国与东盟的进口总额、出口总额以及进出口总额均处于上升态势。2016~2020 年，出口增长率、进出口增长率呈现先上升后下降

的趋势，进口增长率在 2017 年出现下降趋势后 2019 年率先小幅回升，2020
年进出口规模达 6865.01 亿美元，其中进口总额 3013.68 亿美元，较 2016
年增长 53.73%。2021 年中国与东盟进口、出口、贸易总额增长率均达 25%
以上，分别为 30.81%、25.58%、27.87%。2022 年出口同比增长 18.08%，
进口总额增长有限，进口同比增长 3.55%，进出口同比增长 11.55%。

2016~2022 年，中国与日本的进出口规模如图 3 所示。2016~2022 年，
中国与日本之间的贸易规模呈现波动中上升的趋势，2022 年进出口贸易总
量达 3579.27 亿美元，是 2016 年的 1.3 倍，占中国与 RCEP 进出口总值的
18.39%，其中出口 1730.96 亿美元，增长 33.54%，进口 1848.31 亿美元，
增长 27.01%。

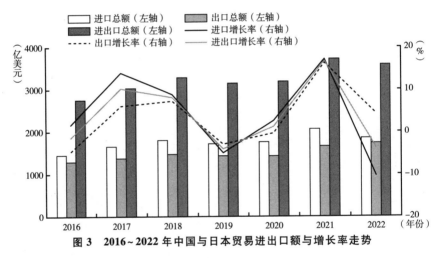

图 3　2016~2022 年中国与日本贸易进出口额与增长率走势

资料来源：CEIC 数据库。

2016~2019 年，贸易增长率先上升后下降，双边贸易规模小幅度增长
22.56%，其中出口增长 10.11%。2020~2021 年贸易回升，2021 年进出口
规模达 3720.55 亿美元，较 2016 年增长 35.22%。2022 年出口同比增长
4.34%，进口总额同比下降 10.34%，贸易总量为 3579.27 亿美元。

2016~2022 年中国与韩国的进出口规模如图 4 所示。2016~2022 年，中
国与韩国之间的贸易规模整体呈上升趋势。2022 年进出口贸易总量达

3642.41 亿美元,是 2016 年的 1.43 倍,占中国与 RCEP 进出口总值的 18.71%,其中出口 1640.78 亿美元,增长 71.24%,进口 2001.63 亿美元,增长 25.74%。

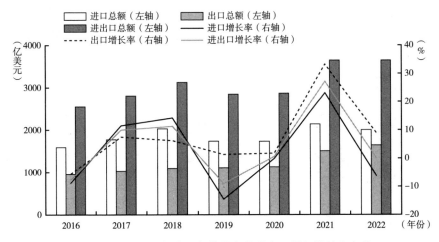

图 4　2016～2022 年中国与韩国贸易进出口额与增长率走势

资料来源:CEIC 数据库。

2016～2018 年,贸易呈上升趋势,双边贸易规模小幅度增长 15.83%,其中进口规模由 1591.87 亿美元上升至 2029.95 亿美元,增长 27.52%。2019 年贸易规模下降,仅出口小幅增长 1.33%,进口总额同比下降达 14.5%。2020～2021 年贸易回暖,2021 年进出口规模达 3641.09 亿美元,较 2016 年增长 42.79%,其中出口规模 1505.54 亿美元,增长 57.13%。2022 年贸易规模整体变化微弱,但出口规模呈上升趋势,同比增长 8.98%,进口总额同比下降 6.27%。

2016～2022 年中国与澳大利亚的进出口规模如图 5 所示。2016～2022 年,中国与澳大利亚之间的贸易规模呈不断上升趋势。2022 年进出口贸易总量达 2196.90 亿美元,是 2016 年的 2.03 倍,占中国与 RCEP 进出口总值的 11.29%。其中出口 789.83 亿美元,增长 107.52%,进口 1407.07 亿美元,增长 100.65%。

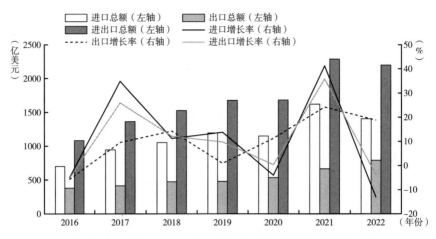

图 5　2016~2022 年中国与澳大利亚贸易进出口额与增长率走势

资料来源：CEIC 数据库。

2016~2020 年，贸易规模持续增长，2020 年进出口总额达 1683.63 亿美元，增长 55.62%，其中进口规模由 701.27 亿美元上升至 1148.48 亿美元，增长 63.77%。2021 年进出口规模大幅增加至 2286.64 亿美元，同比增长 35.82%，其中进口总额 1621.83 亿美元，同比增长 41.22%，出口总额 664.81 亿美元，同比增长 24.23%。2022 年出口持续增长 18.81%，但进口规模降低至 1407.07 亿美元，同比下降 13.24%，贸易总额同比下降 3.92%。

2016~2022 年中国与新西兰的进出口规模如图 6 所示。2016~2022 年，中国与新西兰之间的贸易规模呈不断上升趋势。2022 年进出口贸易总量达 251.59 亿美元，是 2016 年的 2.09 倍，占中国与 RCEP 进出口总值的 1.29%。其中出口 91.88 亿美元，增长 88.20%，进口 159.71 亿美元，增长 123.56%。

2016~2020 年，贸易增长率先上升后下降，双边贸易规模同比增长 50.82%，其中进口增长 68.84%。2021 年贸易规模大幅增加，进出口总额达 247.09 亿美元，同比增长 36.24%，其中出口总额从 60.75 亿美元增加至 85.69 亿美元，同比增长 41.05%。2022 年出口同比增长 7.23%，进口总额下降至 159.71 亿美元，贸易总量同比增长 1.82%。

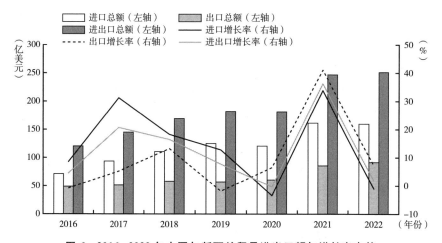

图 6　2016~2022 年中国与新西兰贸易进出口额与增长率走势

资料来源：CEIC 数据库。

总结来说，近 7 年来中国与 RCEP 成员国贸易规模主要有以下三个特点。

首先，中国与 RCEP 成员国之间的双边贸易额 2016~2022 年呈稳步上升趋势，年复合增长率达 8.34%。尤其在 RCEP 协定签订后，2021 年双边贸易额出现明显增加。

其次，中国与 RCEP 各成员国的贸易往来日渐紧密。2022 年中国对 RCEP 成员国进出口额相较于 2016 年增速超过 100% 的国家已经达到 10 个，其中，增长率超过 150% 的国家分别是文莱、柬埔寨、印度尼西亚。从国别视角看，2022 年中国对 RCEP 成员国进出口总额排前五位的国家为韩国、日本、越南、澳大利亚、马来西亚，双边贸易总额分别为 3642.41 亿美元、3579.27 亿美元、2355.70 亿美元、2196.90 亿美元、2050.11 亿美元。

最后，近几年，受到人民币升值、经济复苏缓慢造成需求不足等国际经济环境的影响，中国与 RCEP 其余国家进出口贸易增速呈现波动中下降的情况。

3. 中国与 RCEP 成员国贸易产品结构

通过中国海关统计年鉴的数据，按照海关分类标准 HS2 位编码分类，分别计算了中国和 RCEP 成员国 2016~2022 年各种商品在出口商品和进口商品中所占的百分比，分析中国与 RCEP 成员国之间产品结构的变化趋势，计算结果如表 1~表 4 所示。

从出口方面看，由表 1 中的数据可以看出，近年来中国向 RCEP 成员国出口最多的前五类产品依次是机电产品、纺织原料及纺织制品、贱金属及其制品、化工制品和杂项制品，这五类产品的出口额之和占中国向 RCEP 成员国总出口的 72.3%。其中就机电产品来说，主要出口产品包括电机、电气设备及其零件、录音机及放声机、电视图像以及声音的录制和重放设备及其零附件，总计占比在 65% 以上。

表 1　2016~2022 年中国向 RCEP 成员国出口产品比较

单位：%

产品类别	2016 年	2017 年	2018 年	2019 年	2020 年	2021 年	2022 年
农产品	1.26	1.17	1.10	0.99	0.86	0.72	0.68
植物产品	2.26	2.14	2.03	2.06	2.06	1.58	1.38
动植物油脂	0.03	0.03	0.04	0.04	0.06	0.07	0.10
食品饮料烟酒	2.35	2.23	2.18	2.08	2.05	2.03	2.08
矿产品	2.72	3.59	4.10	4.14	2.66	2.88	3.22
化工制品	6.04	6.51	6.92	6.18	5.94	7.39	8.21
塑料制品	3.75	3.91	4.02	4.29	4.87	5.16	5.22
皮革制品	1.17	1.15	1.08	1.20	1.04	1.02	1.30
木头和木制品	0.75	0.74	0.73	0.66	0.67	0.68	0.61
纸和纸制品	1.18	1.07	1.01	1.22	1.26	1.11	1.22
纺织原料及纺织制品	12.56	11.99	11.50	10.79	10.84	9.83	9.54
鞋帽制品	1.91	1.78	1.66	1.77	1.63	1.51	1.80
石料、陶瓷玻璃及类似的制品	2.62	2.40	2.36	2.57	2.78	2.43	2.58
宝石及制品	0.15	0.13	0.12	0.12	0.15	0.18	0.25
贱金属及其制品	10.37	9.70	9.93	9.40	8.52	10.02	10.50
机电产品	37.90	38.99	39.47	39.69	40.34	39.18	37.34
运输设备	4.01	3.72	3.65	3.67	3.69	4.07	4.39
光学等仪器设备	3.04	3.06	2.86	2.86	2.79	2.81	1.99
杂项制品	5.52	5.30	4.94	5.62	6.67	6.08	6.20

注：没有计算贸易份额较小的 HS19、21、22 类产品。
资料来源：CEIC 数据库。

　　进一步地，本专题报告对 2021 年主要出口产品（机电产品）的细分门类在不同国家的出口情况进行了分析，如表 2 所示。2021 年核反应堆、锅炉、机器、机械器具及零件主要向日本、韩国、越南、印度尼西亚、澳大利亚等国出口，出口额分别为 28481.57 百万美元、17267.58 百万美元、14182.51 百万美元、13968.07 百万美元、11841.54 百万美元，与 2020 年相比，增长率最大的为老挝（110.41%）。同期，电机、电气设备及其零件以及录音机及放声机、电视图像、声音的录制和重放设备及其零件、附件主要向韩国、越南、日本、马来西亚、新加坡等国出口，出口额分别为 49866.49 百万美元、48260.35 百万美元、40392.79 百万美元、25882.13 百万美元、17011.24 百万美元，与 2020 年相比增长率最大的为柬埔寨（63.20%）。

表 2　2021 年中国向 RCEP 成员国出口机电产品情况

单位：百万美元，%

国家	核反应堆、锅炉、机器、机械器具及零件		电机、电气设备及其零件；录音机及放声机、电视图像、声音的录制和重放设备及其零件、附件	
	本期出口金额	本期增长率	本期出口金额	本期增长率
文莱	58.03	−5.75	35.58	−30.31
柬埔寨	1129.67	29.02	1602.71	63.20
印度尼西亚	13968.07	32.86	12963.26	26.93
马来西亚	10413.43	15.84	25882.13	16.77
老挝	567.79	110.41	274.24	−8.92
菲律宾	5341.08	9.53	9893.58	2.85
新加坡	10955.30	20.68	17011.24	5.71
泰国	10708.96	−1.48	16301.88	15.30
缅甸	968.27	10.62	1001.14	22.75
越南	14182.51	−2.28	48260.35	4.02
日本	28481.57	−1.61	40392.79	6.08
韩国	17267.58	1.76	49866.49	5.89
澳大利亚	11841.54	11.65	12568.38	13.73
新西兰	1176.71	0.56	1041.71	6.30

资料来源：CEIC 数据库。

从进口方面看，由表 3 中的数据可以看出，近年来中国从 RCEP 成员国进口最多的前三类产品依次是机电产品、矿产品及化工制品，这三类产品的进口额之和平均占中国从 RCEP 成员国总进口的 67.1%。其中就机电产品来说，主要进口产品包括电机、电气设备及其零件、录音机及放声机、电视图像、声音的录制以及重放设备及其零附件，总计占比在 74% 左右。

表 3   2016~2022 年中国从 RCEP 成员国进口产品比较

单位：%

产品类别	2016 年	2017 年	2018 年	2019 年	2020 年	2021 年	2022 年
农产品	1.01	1.11	1.33	1.84	1.76	1.58	1.89
植物产品	1.54	1.50	1.43	1.51	1.66	1.82	2.31
动植物油脂	0.75	0.79	0.68	0.77	0.76	0.94	1.08
食品饮料烟酒	0.88	0.87	0.94	1.10	1.16	0.92	1.04
矿产品	14.13	16.38	16.82	19.35	19.06	21.47	21.19
化工制品	7.21	7.48	7.78	7.47	6.73	7.24	7.53
塑料制品	6.32	6.40	5.75	5.65	5.62	5.19	5.07
皮革制品	0.36	0.32	0.28	0.29	0.22	0.25	0.21
木头和木制品	1.20	1.13	1.07	0.98	0.83	0.83	0.90
纸和纸制品	0.70	0.84	0.91	0.81	0.91	0.95	0.94
纺织原料及纺织制品	2.00	1.93	1.92	1.88	1.51	1.39	1.27
鞋帽制品	0.32	0.34	0.39	0.49	0.54	0.46	0.47
石料、陶瓷玻璃及类似的制品	0.74	0.69	0.66	0.66	0.66	0.62	0.60
宝石及制品	2.21	2.25	1.96	1.99	0.79	1.68	1.90
贱金属及其制品	4.81	4.82	4.61	4.52	5.81	6.40	7.21
机电产品	42.95	41.81	43.12	40.88	42.94	40.74	40.35
运输设备	3.51	3.25	3.07	2.97	2.79	2.19	2.13
光学等仪器设备	6.82	5.84	5.32	5.08	4.94	4.09	3.07
杂项制品	0.52	0.49	0.43	0.40	0.34	0.30	0.27

注：没有计算贸易份额较小的 HS19、21、22 类产品。

资料来源：CEIC 数据库。

进一步地，本专题报告对 2021 年主要进口产品（机电产品）的细分门类在不同国家的进口情况进行了分析，如表 4 所示。2021 年核反应堆、锅炉、机器、机械器具及零件主要从日本、韩国、泰国等国进口，进口额分别为 44141.75 百万美元、23778.65 百万美元、14577.52 百万美元，与 2020 年相比增长率最大的为越南（97.66%）。同期，电机、电气设备及其零件以及录音机及放声机、电视图像、声音的录制和重放设备及其零件、附件主要从韩国、越南、日本、马来西亚等国进口，进口额分别为 109309.17 百万美元、55305.81 百万美元、53539.10 百万美元、43634.76 百万美元，与 2020 年相比增长率最大的为新西兰（48.34%）。

表 4　2021 年中国从 RCEP 成员国进口机电产品情况

单位：百万美元，%

国家	核反应堆、锅炉、机器、机械器具及零件		电机、电气设备及其零件；录音机及放声机、电视图像、声音的录制和重放设备及其零件、附件	
	本期进口金额	本期增长率	本期进口金额	本期增长率
文莱	0.02	-84.73	0.00	-92.09
柬埔寨	77.11	18.60	103.10	10.51
印度尼西亚	407.54	6.14	1694.76	21.43
马来西亚	5946.87	33.01	43634.76	12.39
老挝	0.18	-18.05	27.82	-13.64
菲律宾	3718.49	19.99	12953.81	20.55
新加坡	7326.79	50.31	10425.92	15.33
泰国	14577.52	24.11	11878.20	29.30
缅甸	18.60	-0.24	54.56	19.11
越南	4701.59	97.66	55305.81	13.51
日本	44141.75	20.43	53539.10	15.58
韩国	23778.65	10.92	109309.17	29.12
澳大利亚	119.34	-13.44	215.41	32.24
新西兰	40.94	45.90	46.51	48.34

资料来源：CEIC 数据库。

从变化趋势上看，在出口方面，化工制品占比呈逐渐上升趋势，纺织原料及纺织制品、农产品占比则呈现下降趋势，出口总额占比最大的机电产品近年来呈现先上升后下降的趋势，贱金属及其制品在 2019~2020 年受到新冠疫情影响出现小幅下降，之后在 2021 年逐渐恢复至疫情前水平，基本保持稳定。进口方面，农产品、矿产品占比呈逐渐上升趋势，尤其矿产品 2022 年相较于 2016 年上升了 49.96%，机电产品作为进口份额最大的产品近年来呈现小范围波动态势，而化工制品则在 2020 年出现小幅下降，并在 2021 年很快恢复原有进口水平。

总结来看，中国与 RCEP 成员国的进出口产品结构数据表明，中国与 RCEP 各成员国之间存在大量的产业内贸易，在相同的行业内同时进口和出口相同的产品，具体表现为在不同的贸易进出口量占比最大的均为机电产品，且远高于其他产品贸易份额。同时中国作为纺织品的出口大国，对外依存度较高，深受国际贸易环境的影响。2005 年 1 月 1 日起取消《多种纤维协定》（MFA）下的纺织品服装配额，这有利于中国纺织品进一步扩大出口，此后中国纺织品出口规模进一步提高。[①] 虽然当下随着中国出口结构的优化升级，机电等其他产品出口增加，纺织品在出口中的占比有一定程度的降低，但纺织品的贸易量仍呈现逐渐增大的态势。综合来看，与其他 RCEP 成员国相比，中国纺织品未来在国际市场上仍具有很强的国际竞争力。

二　福建与 RCEP 成员国的贸易

1. 福建与 RCEP 成员国整体贸易

2016~2022 年，福建与 RCEP 成员国之间的贸易规模不断扩大。2022 年进出口贸易总量达 6738.364 亿元，是 2016 年的 2.36 倍，占福建外贸进出口总值的 34.03%，其中出口 3840.958 亿元，增长 107.77%，进口 2897.406 亿元，增长 136.37%，贸易发展势头强劲。

如图 7 所示，2016~2022 年福建对 RCEP 成员国进口总额、出口总额以及进出口总额均处于上升态势。2016~2018 年，进口增长率与进出口增长率呈现先上升后下降的趋势，进口增速变动幅度较大，增长率先从 19.77% 增

---

① 杨军、张海森、黄季焜：《取消 MFA 后的贸易安排对世界和我国经济影响及政策含义》，《管理世界》2005 年第 3 期。

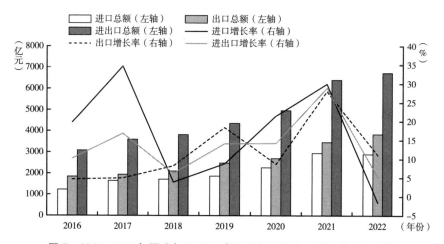

图 7 2016~2022 年福建与 RCEP 成员国贸易进出口额与增长率走势

资料来源：中华人民共和国海关总署网站统计数据。

加至 34. 64%，后又在 2018 年降至 3. 88%。2018~2021 年进口增长率与进出口增长率呈上升趋势。2018~2021 年，进口总额从 1650. 452 亿元增长到 2944. 626 亿元，增长 78. 41%，进出口总额从 3591. 081 亿元增长至 6403. 234 亿元，增长 78. 31%。出口总额在此期间大幅增加，从 1940. 630 亿元增加至 3458. 608 亿元，增长 78. 22%。2021 年福建向 RCEP 成员国进口、出口、贸易总额增长率均达 28%以上，分别为 29. 94%、28. 01%、28. 89%，2022 年出口同比增长 11. 06%，进出口同比增长 5. 23%，进口总额同比下降 1. 60%。

2. 福建与 RCEP 成员国双边贸易

针对福建与 RCEP 双边贸易额情况，本专题报告进一步从地区层面，对 2017~2022 年福建与东盟以及日本、韩国、澳大利亚、新西兰的进出口规模与变化趋势进行了分析。

2017~2022 年福建与东盟的进出口规模如图 8 所示。2017~2022 年，福建与东盟之间的贸易规模不断扩大。2022 年进出口贸易总额达 4225. 79 亿元，是 2017 年的 2. 19 倍，占福建与 RCEP 进出口总值的 62. 71%，其中出口 1601. 24 亿元，增长 123. 48%，进口 2624. 55 亿元，增长 117. 02%。

2017~2022 年福建与东盟的进口总额、出口总额以及进出口总额均处于

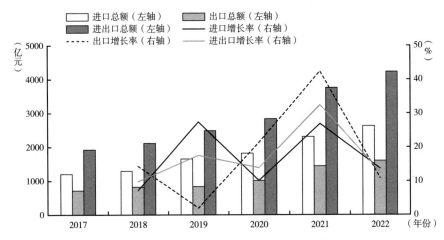

图 8 2017～2022 年福建与东盟贸易进出口额与增长率走势

资料来源：中华人民共和国海关总署网站统计数据。

上升态势。2018～2020 年，进口增长率、进出口增长率呈现先上升后下降的趋势，出口增长率在 2019 年下降后在 2020 年小幅上升，2020 年进出口规模达 2834.20 亿元，其中进口总额 1819.41 亿元，较 2017 年增长 50.44%。2021 年福建与东盟进口、出口、进出口总额增长率均达 25%以上，分别为 26.87%、42.41%、32.44%。2022 年持续保持增长，进口同比增长 13.70%，出口同比增长 10.80%，进出口同比增长 12.58%。

2017～2022 年福建与日本的进出口规模如图 9 所示。2017～2022 年，福建与日本之间的贸易规模呈现平稳后迅速上升趋势。2022 年进出口贸易总量达 825.90 亿元，是 2017 年的 1.24 倍，占福建与 RCEP 进出口总值的 12.26%，其中出口 297.81 亿元，增长 7.39%，进口 528.09 亿元，增长 36.09%。

2017～2020 年，福建与日本的双边贸易总额基本保持稳定并伴有小幅上涨。2020 年进出口贸易总额达 674.37 亿元，较 2017 年增长 1.36%，其中进口规模增长 11.39%，出口总额下降 12.69%。2021 年，双边贸易规模大幅上涨，进出口总额达 854.29 亿元，进口增长率、出口增长率、进出口增长率分别为 22.10%、34.86%、26.68%。2022 年进口总额基本保持不变，出口总额同比下降 8.80%。

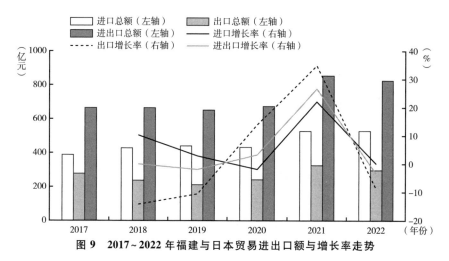

图 9　2017～2022 年福建与日本贸易进出口额与增长率走势

资料来源：中华人民共和国海关总署网站统计数据。

　　2017～2022 年福建与韩国的进出口规模如图 10 所示。2017～2021 年，福建与韩国之间的贸易规模呈现先下降后上升的趋势。2022 年进出口贸易总额达 616.39 亿元，是 2017 年的 1.44 倍，占福建与 RCEP 进出口总额的 9.15%，其中出口 419.95 亿元，增长 105.45%，进口 193.64 亿元，下降 13.93%。

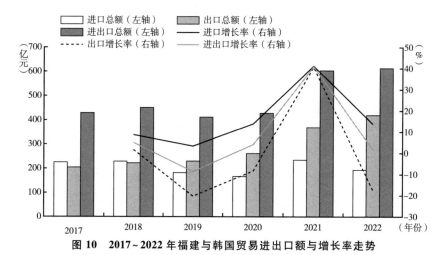

图 10　2017～2022 年福建与韩国贸易进出口额与增长率走势

资料来源：中华人民共和国海关总署网站统计数据。

2017～2020 年，福建与韩国的双边贸易额存在小幅波动，2020 年进出口贸易总额为 428.30 亿元，较 2017 年下降 0.25%，其中出口规模增长 27.90%，进口总额下降 25.83%。2021 年，双边贸易规模大幅上涨，进出口总额达 603.68 亿元，出口增长率、进口增长率、进出口增长率均超过 40%，分别为 41.16%、40.61%、40.95%。

2017～2022 年福建与澳大利亚的进出口规模如图 11 所示。2017～2022 年，福建与澳大利亚之间的贸易规模不断扩大。2022 年进出口贸易总量达 908.49 亿元，是 2017 年的 1.86 倍，占福建与 RCEP 进出口总额的 13.48%，其中出口 667.61 亿元，增长 82.89%，进口 240.88 亿元，增长 96.57%。

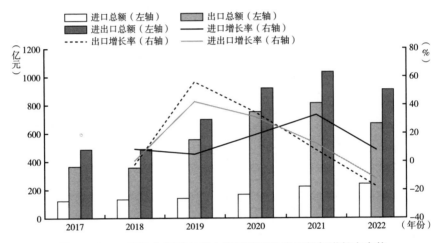

图 11　2017～2022 年福建与澳大利亚贸易进出口额与增长率走势

资料来源：中华人民共和国海关总署网站统计数据。

2017～2021 年，福建与澳大利亚的双边贸易额不断上升，2021 年进出口贸易总额达 1035.58 亿元，较 2017 年上升 112.39%，其中进口规模增长 81.83%，出口总额增长 122.65%。2022 年进口总额达 240.88 亿元，同比增长 8.11%，出口总额为 667.61 亿元，同比下降 17.86%，进出口总额为 908.49 亿元，同比下降 12.27%。

2017～2022 年福建与新西兰的进出口规模如图 12 所示。2017～2022 年，福建与新西兰之间的贸易量持续增加。2022 年进出口贸易总量达 161.79 亿元，是 2017 年的 1.95 倍，占福建与 RCEP 进出口总值的 2.40%，其中出口 136.04 亿元，增长 104.22%，进口 25.76 亿元，增长 58.07%。

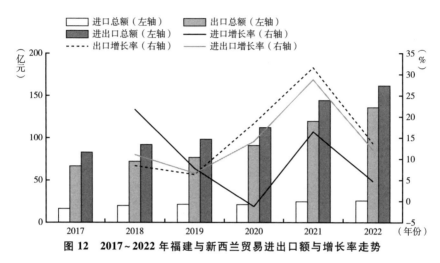

图 12 2017～2022 年福建与新西兰贸易进出口额与增长率走势

资料来源：中华人民共和国海关总署网站统计数据。

2017～2022 年，贸易总额不断增长，出口总额增长率与进出口总额增长率变化幅度基本保持一致。2021 年进出口总额达 144.37 亿元，较 2017 年增长 74%，其中出口 119.77 亿元，增长 80%。2022 年双边贸易额均增长，出口总额同比增长 13.59%，进口总额同比增长 4.69%，进出口总额为 161.79 亿元，同比增长 12.07%。

福建与 RCEP 成员国之间的双边贸易额在 2017～2022 年稳步上升，尤其在 RCEP 协定签订后，2021 年双边贸易额均出现明显增加。从国别视角看，2022 年福建对 RCEP 成员国进出口总额排前五位的国家依次为印度尼西亚、澳大利亚、菲律宾、日本、越南，双边贸易总额分别为 1218.32 亿元、908.49 亿元、844.85 亿元、825.90 亿元、668.51 亿元。

3. 福建与 RCEP 成员国贸易产品结构

根据海关统计数据，按照海关分类标准 HS2 位编码分类，本专题分别计算了福建和 RCEP 成员国 2016～2022 年各种商品在出口商品和进口商品中所占的百分比，尝试分析福建与 RCEP 成员国之间进出口产品结构变化，计算结果如表 5~表 8 所示。

从出口方面看，由表 5 中的数据可以看出，近年来福建向 RCEP 成员国出口最多的前三类产品依次是机电产品、纺织原料及纺织制品、贱金属及其制品，这三类产品的出口量之和占福建向 RCEP 成员国总出口的47.49%。

表 5 2016~2022 年福建向 RCEP 成员国出口产品比较

单位：%

产品类别	2016 年	2017 年	2018 年	2019 年	2020 年	2021 年	2022 年
农产品	7.45	6.37	6.03	5.15	5.14	4.10	4.00
植物产品	3.38	3.11	3.54	2.89	2.46	2.08	1.95
动植物油脂	0.03	0.03	0.03	0.04	0.03	0.02	0.02
食品饮料烟酒	4.19	4.48	4.78	4.41	5.43	6.57	7.40
矿产品	0.29	0.41	0.41	0.55	0.32	0.46	0.44
化工制品	3.48	3.74	4.48	3.67	3.18	3.65	4.71
塑料制品	2.85	2.81	3.11	3.75	4.63	5.56	5.08
皮革制品	1.04	0.97	1.17	1.54	1.60	1.84	1.76
木头和木制品	1.18	1.22	1.29	1.19	1.29	1.32	1.22
纸和纸制品	1.33	1.40	1.25	1.64	1.65	1.37	1.43
纺织原料及纺织制品	20.95	22.01	19.64	18.17	18.64	17.57	15.30
鞋帽制品	7.16	6.19	6.12	7.91	6.60	5.70	6.61
石料、陶瓷玻璃及类似的制品	9.58	7.28	6.02	6.37	6.77	5.37	5.93
宝石及制品	0.09	0.17	0.14	0.11	0.11	0.52	0.24
贱金属及其制品	6.72	7.00	8.71	8.51	8.38	9.56	10.01
机电产品	19.00	21.69	22.21	21.40	20.04	19.87	22.19
运输设备	3.01	3.16	3.16	2.96	2.26	2.75	2.26
光学等仪器设备	3.49	3.46	3.41	3.32	3.58	3.93	2.26
杂项制品	4.78	4.48	4.50	6.20	7.57	7.47	7.00

注：没有计算贸易份额较小的 HS19、21、22 类产品。

资料来源：中华人民共和国海关总署网站统计数据。

针对福建主要出口的三类产品，本专题报告进一步分析了其出口规模，2016~2022 年该三类产品出口数据如表 6 所示。2016~2020 年，除纺织原料及纺织制品出口额在 2018 年和机电产品在 2016 年存在小幅下降外，三类产品出口额均不断增加，增速波动较大。2021 年福建对 RCEP 成员国的机电产品出口额达 679.18 亿元，增长率为 25.45%。纺织原料及纺织制品出口 RCEP 成员国 600.36 亿元，同比增长 19.23%，贱金属及其制品出口 326.91 亿元，同比增长 44.39%。

表 6 2016~2022 年福建向 RCEP 成员国主要出口产品

单位：亿元，%

年份	纺织原料及纺织制品	机电产品	贱金属及其制品	纺织原料及纺织制品增长率	机电产品增长率	贱金属及其制品增长率
2016	387.27	351.18	124.17	19.83	-4.04	9.60
2017	427.21	420.86	135.83	10.31	19.84	9.39
2018	412.44	466.44	182.88	-3.46	10.83	34.64
2019	451.59	531.96	211.59	9.49	14.05	15.70
2020	503.53	541.41	226.41	11.50	1.78	7.00
2021	600.36	679.18	326.91	19.23	25.45	44.39
2022	585.32	849.12	383.00	-2.51	25.02	17.16

资料来源：中华人民共和国海关总署网站统计数据。

2016~2022 年福建对 RCEP 成员国的上述三种产品的出口情况变化趋势如图 13 所示。机电产品、纺织原料及纺织制品、贱金属及其制品这三类产品 2021 年增长率均出现明显上升，其中贱金属及其制品出口额增长速度最快，可见随着 RCEP 签订与疫情恢复，福建的机电产品、纺织原料及纺织制品、贱金属及其制品等主要出口商品在很大程度上将受益于关税减让政策。

接下来，本专题报告对 2021 年出口份额最大的机电产品的细分门类在不同国家的出口情况进行了分析，如表 7 所示。2021 年核反应堆、锅炉、机器、机械器具及零件主要向日本、韩国、马来西亚、印度尼西亚、菲律宾

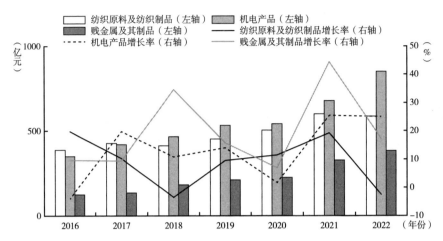

图 13　2016~2022 年福建对 RCEP 成员国排名前三产品出口情况

资料来源：中华人民共和国海关总署网站统计数据。

等国出口，出口额分别为 80.09 亿元、45.75 亿元、37.93 亿元、31.41 亿元、30.88 亿元，与 2020 年相比增长率最大的为马来西亚（63.16%）。同期，电机、电气设备及其零件以及录音机及放声机、电视图像、声音的录制和重放设备及其零件、附件主要向越南、日本、马来西亚等国出口，出口额分别为 88.43 亿元、71.22 亿元、60.12 亿元，与 2020 年相比增长率最大的为柬埔寨（80.12%）。

表 7　2021 年福建向 RCEP 成员国出口机电产品情况

单位：亿元，%

国家	核反应堆、锅炉、机器、机械器具及零件		电机、电气设备及其零件；录音机及放声机、电视图像、声音的录制和重放设备及其零件、附件	
	本期出口金额	本期增长率	本期出口金额	本期增长率
文莱	0.04	-30.91	0.03	-34.67
缅甸	2.17	-4.47	2.83	34.97
柬埔寨	2.25	-11.85	1.45	80.12
印度尼西亚	31.41	-4.24	18.98	-17.44
日本	80.09	17.21	71.22	26.52

国家	核反应堆、锅炉、机器、机械器具及零件		电机、电气设备及其零件;录音机及放声机、电视图像、声音的录制和重放设备及其零件、附件	
	本期出口金额	本期增长率	本期出口金额	本期增长率
老挝	0.21	-1.91	0.09	-35.21
马来西亚	37.93	63.16	60.12	53.94
菲律宾	30.88	25.97	32.03	7.46
新加坡	8.56	-36.67	22.72	0.64
韩国	45.75	36.76	33.17	43.52
泰国	16.64	1.32	28.55	28.12
越南	24.63	-0.48	88.43	75.73
澳大利亚	12.17	37.99	22.90	29.51
新西兰	1.85	34.12	2.08	10.23

资料来源:中华人民共和国海关总署网站统计数据。

从进口方面看,如表 8 所示,近年来福建向 RCEP 成员国进口最多的前三类产品依次是矿产品、机电产品、贱金属及其制品,这三类产品的进口额之和平均占中国向 RCEP 成员国总进口的 66.75%。

表 8　2016~2022 年福建向 RCEP 成员国进口产品比较

单位:%

产品类别	2016 年	2017 年	2018 年	2019 年	2020 年	2021 年	2022 年
农产品	2.75	3.70	4.20	5.04	4.99	0.00	5.05
植物产品	1.92	2.37	2.66	2.33	1.78	2.08	3.87
动植物油脂	0.64	0.24	0.33	0.52	0.80	1.46	1.39
食品饮料烟酒	0.98	0.82	1.12	1.25	1.43	1.18	1.71
矿产品	28.89	34.01	31.68	42.96	43.45	44.20	40.99
化工制品	5.67	6.25	9.50	7.45	5.06	4.89	5.50
塑料制品	7.41	6.63	6.01	5.95	5.71	4.37	4.40
皮革制品	0.59	0.45	0.39	0.32	0.20	0.19	0.24
木头和木制品	2.11	1.73	1.91	2.00	1.91	1.57	1.28
纸和纸制品	0.94	1.24	1.75	1.47	1.94	1.59	1.58
纺织原料及纺织制品	1.46	1.97	2.16	2.09	1.36	1.24	0.88

续表

产品类别	2016 年	2017 年	2018 年	2019 年	2020 年	2021 年	2022 年
鞋帽制品	0.10	0.09	0.15	0.16	0.22	0.15	0.32
石料、陶瓷玻璃及类似的制品	0.41	0.52	0.67	0.60	0.38	0.65	0.77
宝石及制品	2.29	1.43	1.73	0.24	1.36	2.41	2.50
贱金属及其制品	2.64	4.95	6.55	5.33	12.43	15.31	15.01
机电产品	28.99	25.86	23.52	17.50	14.26	16.16	12.55
运输设备	2.43	1.61	1.08	1.04	0.57	0.50	0.76
光学等仪器设备	9.62	5.92	4.44	2.61	1.58	1.80	1.02
杂项制品	0.16	0.16	0.15	0.14	0.16	0.08	0.06

注：没有计算贸易份额较小的 HS19、21、22 类产品。
资料来源：中华人民共和国海关总署网站统计数据。

针对福建主要进口的三类产品，本专题报告进一步分析了其进口规模，2016~2022 年该三类产品进口数据如表 9 所示。2017~2018 年，矿产品、机电产品的进口规模小幅下降，2021 年福建对 RCEP 成员国的矿产品进口额达 1247.34 亿元，增长率为 26.67%，机电产品从 RCEP 成员国进口 456.02 亿元，同比增长 41.12%，矿产品进口规模较大，2022 年进口数据为 1188.36 亿元，相较于 2016 年增长 235.61%。贱金属及其制品进口规模整体呈迅速扩大态势，2021 年进口 432.05 亿元，相较于 2016 年扩大 12.36 倍。

表 9　2016~2022 年福建向 RCEP 成员国主要进口产品

单位：亿元，%

年份	矿产品	机电产品	贱金属及其制品	矿产品增长率	机电产品增长率	贱金属及其制品增长率
2016	354.09	355.31	32.33	34.30	27.04	23.54
2017	561.34	426.86	81.73	58.53	20.14	152.81
2018	543.21	403.31	112.27	-3.23	-5.52	37.37
2019	801.30	326.43	99.35	47.51	-19.06	-11.51
2020	984.68	323.14	281.63	22.89	-1.01	183.48
2021	1247.34	456.02	432.05	26.67	41.12	53.41
2022	1188.36	363.87	435.31	-4.73	-20.21	0.75

资料来源：中华人民共和国海关总署网站统计数据。

　　分析 2016~2022 年福建对 RCEP 成员国上述三种产品的进口情况变化趋势如图 14 所示。机电产品呈现先上升后下降再上升的波动态势，增长幅度不大。矿产品进口规模最大，且仍处于不断增长态势。贱金属及其制品呈现明显上升趋势，2020 年增速达 183.48%。机电产品同时作为主要的进口品和出口品，表明福建与 RCEP 各成员国之间同样存在规模较大的产业内贸易，RCEP 生效之后，关税减让等一系列贸易优惠政策将更有利于推动机电产品产业内贸易的发展。

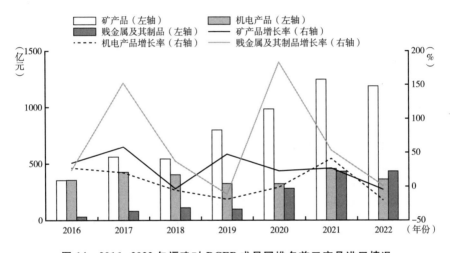

图 14　2016~2022 年福建对 RCEP 成员国排名前三产品进口情况

资料来源：中华人民共和国海关总署网站统计数据。

　　接下来，本专题报告对 2021 年进口份额最大的矿产品的细分门类在不同国家的进口情况进行了分析，如表 10 所示。2021 年，盐、硫黄、泥土及石料与石膏料、石灰及水泥主要从越南、澳大利亚、韩国、日本、柬埔寨等国进口，进口额分别为 160919.26 万元、25974.16 万元、22484.02 万元、21190.08 万元、19250.22 万元，与 2020 年相比增长率最大的为菲律宾（875.43%）。同期，矿砂、矿渣及矿灰主要从澳大利亚、菲律宾、印度尼西亚等国进口，进口额分别为 7157885.01 万元、382348.39 万元、317565.12 万元，与 2020 年相比，增长率最大的为泰国（498.15%）。矿物燃料、矿物油及其蒸馏产品和沥青物质、矿物蜡主要从印度尼西亚、韩国、马来西亚等国进口，进口额分别为 3038519.94 万元、303827.35 万元、261980.00 万元，与 2020 年相比，增长率最大的为印度尼西亚（98.01%）。

表 10　2021 年福建从 RCEP 成员国进口矿产品情况

单位：万元，%

国家	盐;硫黄;泥土及石料;石膏料、石灰及水泥		矿砂、矿渣及矿灰		矿物燃料、矿物油及其蒸馏产品;沥青物质;矿物蜡	
	本期进口金额	同期增长率	本期进口金额	同期增长率	本期进口金额	同期增长率
文莱	—	—	—	—	—	—
缅甸	0.01	-99.75	—	—	—	—
柬埔寨	19250.22	119.57	—	—	—	—
印度尼西亚	2594.03	-80.08	317565.12	69.50	3038519.94	98.01
日本	21190.08	-45.31	—	—	99650.54	-16.40
老挝	8.12	—	57410.94	-33.50	—	—
马来西亚	3488.63	-61.04	12136.18	-50.05	261980.00	76.79
菲律宾	4885.85	875.43	382348.39	36.20	134696.48	36.95
新加坡	0.00	-100.00	—	—	173947.22	87.25
韩国	22484.02	94.60	289.10	—	303827.35	38.88
泰国	1124.12	-86.25	7931.77	498.15	16060.16	-55.55
越南	160919.26	-20.85	18914.45	397.95	—	—
澳大利亚	25974.16	-18.06	7157885.01	20.99	222818.05	-70.07
新西兰	20.62	-81.03	0.11	-100.00	5506.67	54.70

注：—表示当年未从该国进口该类矿产品。

资料来源：中华人民共和国海关总署网站统计数据。

4. 福建与 RCEP 成员国贸易方式

2022 年，福建对 RCEP 成员国加工贸易进出口 693.54 亿元，同比增长 0.66%。其中，出口 423.95 亿元，同比增长 6.08%，来料加工出口 28.75 亿元，同比增长 55.01%，进口 269.59 亿元，同比下降 5.87%，进料加工进口同比下降 6.53%。同期，对 RCEP 成员国一般贸易进出口规模进行分析，进出口总额 5179.12 亿元, 同比上升 3.57%。其中, 出口 2716.30 亿元, 同比增长 8.76%, 进口 2462.82 亿元, 同比下降 1.61%。

三 厦门与 RCEP 成员国的贸易

1. 厦门与 RCEP 成员国整体贸易

厦门是我国最早开放的沿海港口城市之一, 对外贸易历史悠久。作为我国改革开放设立的四个经济特区之一, 是福建乃至我国开放型城市的代表, 外贸进出口对于厦门经济发展发挥了强力引擎和动力车的作用, 历年的经济发展和外贸数据都切实地证明了外贸对于厦门经济发展的重要支撑作用。目前, 厦门已成为中国东南沿海的航运物流中心、福建的最大贸易口岸, 外贸成为厦门经济特区的最大优势和最大特点, 贸易总量已持续多年占据福建省 "半壁江山"。[①] 2016~2022 年厦门外贸进出口的总体情况如图 15 所示。2016~2022 年厦门进口总额、出口总额以及外贸进出口总额均处于上升态势, 这表明虽然当前国际市场瞬息万变, 逆全球化思潮和贸易保护主义抬头, 贸易冲突频发, 但在一系列外贸政策扶持下, 厦门外贸企业适时把握机遇, 规避贸易风险, 使外贸行业仍然取得了长足发展。此外, 就增长率来说, 2016~2020 年, 进口增长率、出口增长率、进出口增长率均呈现先下降后上升的趋势。

具体到厦门与 RCEP 的外贸关系, 厦门高度重视与 RCEP 成员国保持紧密的贸易合作伙伴关系。2020 年 11 月 RCEP 正式签署后, 为积极把握 RCEP 新机遇, 推动构建对外开放新格局, 厦门针对 RCEP 出台多项政策举措。厦门市政府外贸外资工作专班印发了《厦门市全面对接〈区域全面经济伙伴关系协定〉行动计划》, 厦门海关以多种方式宣讲 RCEP 项下原产地规则和关税减让安排, 梳理重点享惠产品清单, 对重点企业 "靶向" 推介 RCEP 政策, 指导企业提前谋划开拓市场, 当下 RCEP 原产地规则与关税减

---

① 陈祥健、伍长南:《厦门经济特区 40 年: 高质量发展超越再出发》, 2020 年 10 月 26 日, 中国社会科学网, https://www.cssn.cn/zkzg/zkzg_skyskl/zkzg_skyskl_yc/202207/t20220727_5421932.shtml。

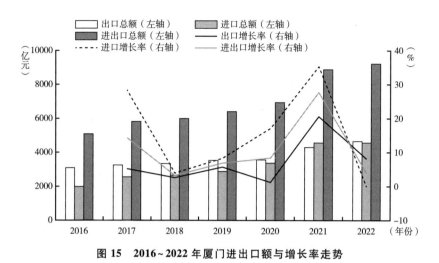

图 15 2016~2022 年厦门进出口额与增长率走势

资料来源：CEIC 数据库。

让已在厦门顺利落地。随后厦门市积极优化"智能审核+自助打印"全流程智能签证服务，联合地方政府搭建 RCEP 智能享惠平台，实现政策咨询、证书打印等多项服务功能一体化集成，以科技赋能放大惠企效应。同时针对自贸协定的关税减让情况，梳理可享惠商品税号对应优惠税率数据，筛选 1590项重点享惠产品清单，更新升级"优惠贸易协定进口享惠分析"模块，准确定位关区未享惠企业，横向比对相关商品税号项下对应的原产国、实征税率以及能够适用的各个协定税率、最低协定税率和预计免税税额，助力企业"惠中选惠"。针对享惠涉及环节中可能出现的难点，开展调查研究，找准企业享惠痛点、难点。2023 年 1~8 月，厦门海关累计提供原产地合规管理咨询等专业服务上千次，上述企业享惠进口货值达 19 亿元，比上年同期增长 24%，共签发 RCEP 原产地证书 1.4 万份、涉及金额 9.49 亿美元，分别同比增长27.4%、31.3%，其中 98.85%为厦门市企业自助打印；RCEP 项下享惠进口6.06 亿元，减免税款 1193 万元，分别同比增长 61.23%、59.73%。

在上述政策举措的扶持下，厦门与 RCEP 的贸易发展十分迅速，根据厦门市海关统计数据，2023 年 1~8 月，厦门市对 RCEP 其他 14 个成员国进出口 2063.5 亿元，比上年同期增长 2%，占厦门市外贸总值的 32.7%；其中出口 816.7 亿元，下降 1.7%；进口 1246.8 亿元，增长 4.5%。在进出口产品结构方面，在进口环节，铁矿砂、煤炭和农产品货物贸易均同比增长；在出口环节，机电产品、农产品同比增长，劳动密集型产品同比下降。从出口侧看，根据厦门市海关统计数据，2022 年厦门向 RCEP 成员国出口货物总额 188.49 亿美元，占全市出口总额的 25.8%，申报出口退税出口额为 140.23 亿美元，同比增长 8.45%。2023 年 1~8 月，厦门市向 RCEP 成员国出口货物总额 133.43 亿美元，占全市出口总额的 27.5%，同比增长 10.4%，申报出口退税出口额 90.87 亿美元，与上年同期 91.59 亿美元基本持平。在出口地区上，东盟及日韩均为厦门主要出口国，2023 年 1~8 月，对 RCEP 成员国出口额排前五位的国家为日本、韩国、越南、菲律宾、泰国，出口额分别为 49.73 亿美元、15.8 亿美元、11.82 亿美元、10.68 亿美元、10.57 亿美元；相比上年 1~8 月，出口额增幅较大的国家有老挝（155.69%）、日本（85%）、印度尼西亚（10.47%）、泰国（9.39%）、新加坡（2.1%）。

2. 厦门与 RCEP 成员国双边贸易规模

除厦门与 RCEP 整体贸易关系外，本专题报告还考察了厦门与 RCEP 成员国双边贸易规模的发展情况。厦门与 RCEP 其他 14 个成员国 2020~2022 年进出口额及其同比变化如表 11 所示。从出口看，2020~2022 年厦门对所有 RCEP 成员国出口金额同比均有所增加，表明自 2020 年 RCEP 正式签署以来，厦门对 RCEP 成员国出口增长显著，其中日本、菲律宾、韩国和越南是厦门市前四大出口目的国，出口金额分别为 731.47 亿元、597.24 亿元、433.53 亿元和 404.39 亿元，马来西亚、印度尼西亚、泰国和澳大利亚紧随其后，对其他几个国家出口金额相对较少；就同比增速来说，2020~2022 年，文莱和老挝增速远超其他国家，同比分别增长 93.72% 和 74.41%，因此虽然厦门向文莱和老挝出口的金额较少，但是出口势头上升十分迅速，其他国家方面，如对韩国、柬埔寨、马来西亚和缅甸等出口均有超过 10% 的同比增速。从进口看，除个别国家（老挝和新加坡）外，2020~2022 年厦门从其他 RCEP 成员国进口金额同比均有明显上升，其中澳大利亚、印度尼西亚和日本是厦门市前三大进口来源国，进口金额分别为 1427.92 亿元、

1370.44 亿元和 514.91 亿元，越南、马来西亚、韩国、新西兰和泰国同样是厦门进口金额较高的来源国，而从其他 RCEP 成员国进口的金额相对较少；就同比增速看，柬埔寨、缅甸和印度尼西亚是厦门对其进口增长最快的三个国家，分别为 62.45%、57.51% 和 54.29%，对其他国家如新西兰、泰国和菲律宾的进口同比增速也都超过了 10%。总结表 11 可以发现，厦门与 RCEP 成员国之间的双边贸易存在较大异质性，一般而言，厦门与经济体规模较大的 RCEP 成员国之间的贸易规模也相对较大，与经济体规模较小的 RCEP 成员国之间的贸易规模较小；但同时厦门与这些规模较小的国家（如文莱、老挝、缅甸、柬埔寨等）的贸易增速在近两年大都有十分显著的增长，表明 RCEP 的生效确实加强了厦门与 RCEP 成员国之间的双边贸易关系。

表 11　2020~2022 年厦门与 RCEP 成员国双边贸易发展情况

单位：亿元，%

国家	出口金额	同比增长率	进口金额	同比增长率
文莱	1.61	93.72	2.90	0.00
缅甸	36.17	10.07	8.21	57.51
柬埔寨	44.86	14.47	10.19	62.45
印度尼西亚	293.36	2.23	1370.44	54.29
日本	731.47	5.23	514.91	5.65
老挝	1.00	74.41	6.65	-7.96
马来西亚	294.20	12.80	379.38	1.27
菲律宾	597.24	0.08	161.35	15.32
新加坡	108.47	6.44	89.58	-3.40
韩国	433.53	21.81	363.92	6.97
泰国	284.99	19.17	280.18	15.84
越南	404.39	15.49	382.54	7.91
澳大利亚	236.10	14.71	1427.92	1.62
新西兰	34.18	4.05	280.35	19.33
RCEP 成员国合计	3501.58	9.46	5278.51	15.22

资料来源：中华人民共和国厦门海关统计数据。

3. 厦门与 RCEP 成员国贸易结构

本专题报告进一步分析了 2020~2022 年厦门与 RCEP 成员国贸易结构

的发展情况，结果如表 12 和表 13 所示。

从出口方面看，表 12 呈现了 2020~2022 年厦门市对 RCEP 成员国出口的主要产品金额及其增速。除个别种类产品（鞋靴类产品）外，2020~2022 年厦门市对 RCEP 成员国出口产品金额均有所增加，其中机电产品、高新技术产品和纺织服装是厦门前三大出口产品种类，出口金额分别为 1545.75 亿元、642.91 亿元和 526.25 亿元，此外农产品、食品和钢材等产品同样是厦门出口较多的产品种类。厦门这一出口结构表明，机电、高新技术等资本和技术密集型产品已经成为厦门的主要出口产品种类，同时厦门也比较好地兼顾了对纺织服装等劳动密集型产品的出口。就同比增速看，2020~2022 年增长率排名前三的产品种类是未锻轧铝及铝材、钢材、食品，同比增长率分别为 56.19%、26.56% 和 20.44%，此外，农产品与纸浆、纸及其制品以及高新技术产品等产品种类的出口增长也较快。

表 12　2020~2022 年厦门对 RCEP 成员国出口主要产品

单位：亿元，%

产品类别	出口金额	同比增长率
农产品	239.27	19.92
食品	218.36	20.44
纺织服装	526.25	5.50
家具及其零件	59.72	4.30
鞋靴	121.87	-8.40
塑料制品	118.76	4.96
钨品	31.74	10.82
纸浆、纸及其制品	35.94	13.07
花岗岩石材及其制品	60.99	11.24
陶瓷产品	69.32	11.89
钢材	138.94	26.56
未锻轧铝及铝材	79.95	56.19
机电产品	1545.75	5.52
高新技术产品	642.91	12.92
体育用品及设备	33.51	3.44
文化产品	52.60	4.67
全部商品合计	3501.58	9.46

资料来源：中华人民共和国厦门海关统计数据。

从进口方面看，表 13 展示了 2020～2022 年厦门市从 RCEP 成员国进口的主要产品金额及同比增长率。结果表明，2020～2022 年厦门市从 RCEP 成员国进口金额排名前六的产品种类是金属矿及矿砂、机电产品、高新技术产品、农产品、食品、煤及褐煤，进口金额分别为 1344.03 亿元、1064.01 亿元、873.11 亿元、650.98 亿元、589.43 亿元和 512.84 亿元。就同比增速看，2020～2022 年厦门市从 RCEP 成员国进口金额增速较快的产品种类包括农产品、食品、煤及褐煤与纸浆、纸及其制品，同比增速均超过了 10%；而纺织纱线、织物及其制品、未锻轧铜及铜材、高新技术产品和机电产品的进口金额同比增速则有所下滑。此外，比较表 12 和表 13 的厦门与 RCEP 成员国进出口产品结构会发现，厦门与 RCEP 成员国之间同样存在大量的行业内贸易，例如在机电产品、高新技术产品、农产品、食品等行业，厦门既从 RCEP 成员国进口这些产品，也向 RCEP 成员国出口这些产品。

表 13 　2020～2022 年厦门从 RCEP 成员国进口主要产品

单位：亿元，%

产品类别	进口金额	同比增长率
农产品	650.98	32.58
食品	589.43	31.13
金属矿及矿砂	1344.03	7.47
煤及褐煤	512.84	21.63
初级形状的塑料	199.12	8.91
纸浆、纸及其制品	69.58	16.88
纺织纱线、织物及其制品	63.24	-8.44
钢材	80.94	8.41
未锻轧铜及铜材	41.88	-6.65
机电产品	1064.01	-0.58
高新技术产品	873.11	-1.62
文化产品	3.34	6.55
全部商品合计	5278.51	15.22

资料来源：中华人民共和国厦门海关统计数据。

四　加强我国与 RCEP 成员国贸易往来的政策建议

当前，国际形势正在发生深刻变化，经济全球化遭遇逆流，贸易保护主义愈演愈烈，中美贸易摩擦和新冠疫情已对全球经济造成冲击。RCEP 签署实施以实际行动维护多边贸易投资体制，对我国构建"双循环"新发展格局、助推福建以及厦门高质量发展具有重要作用。近几年，中国与 RCEP 成员国的进出口贸易额稳步上升，随着 RCEP 协定的签订与生效，受益于政策红利持续释放，中国与 RCEP 成员国的贸易合作伙伴关系不断深化，贸易额在 2021 年的超高基数上实现新突破，双边贸易合作获得积极进展，RCEP 为区域经济一体化发展注入强劲动力。

借助 RCEP 的"东风"，福建省和厦门市积极拓展多元化的出口市场，加强与传统贸易伙伴合作的同时，不断开拓新兴市场，提升出口贸易的多样性和稳定性，与 RCEP 成员国之间的贸易规模不断扩大。同时，自贸试验区的建设也为其出口贸易的增长提供了重要支持。厦门片区作为自贸试验区之一，积极用好政策红利，抢抓发展机遇，贸易发展势头强劲，在 2018 年进出口首次突破 6000 亿元基础上，2021 年连续跨过 7000 亿元、8000 亿元两大台阶，达到 8876.5 亿元，再创历史新高，货物贸易量质双升，增长势头令人瞩目。2023 年 10 月，厦门港新增区域全面经济伙伴关系协定航线，目的地为韩国、越南、马来西亚等 RCEP 成员国港口，这将进一步加深与 RCEP 成员国之间的贸易往来，有助于福建省深入开拓外贸进出口市场，推动外贸产业链建设。

2023 年 6 月 2 日，RCEP 对菲律宾正式生效，标志着 RCEP 对东盟 10 国和澳大利亚、中国、日本、韩国、新西兰 15 个签署国全面生效，各国间的关税壁垒进一步消除，RCEP 实施迈向新阶段。未来在 RCEP 机制的深入建设与合作下，有助于区域产业链进一步稳固完善，我国以及福建省和厦门市的贸易进出口规模有望保持增长态势，推动外贸高质量发展取得新成效，区域内国家或将迎来贸易和投资的巨大增长潜力，为区域经济一体化发展注入新动能，引领高水平开放再登新台阶。

然而，虽然 RCEP 给我国以及福建省和厦门市的外贸发展带来很多机遇，我们也不能忽视 RCEP 给贸易、投资和产业发展方面所带来的挑战。首先，从贸易方面看，目前 RCEP 仍有成员国如泰国、马来西亚、越南、韩国等对部分来自中国的产品征收高昂的反倾销税，这对中国出口贸易的发展和产业链的海外布局存在较大影响。其次，从外资方面看，RCEP 实施后，外资涌入带来竞争，可能推进企业生产成本上升、收益率下降等问题，这对我国的产业布局和转型升级产生不利影响，部分企业将因竞争力不足而面临新的困难，被迫进行产业转移。最后，从产业发展看，RCEP 实施将加大我国机电产品、集成电路、网络通信设备等行业的竞争压力，其中对于部分技术密集型行业，我国当前技术含量还不够高、竞争优势不够强，日本、韩国产品的进入将挤占部分市场份额，这对我国长期优化产业布局、促进产业集群高质量发展可能会带来一定的影响。

针对上述挑战，我们应该发挥比较优势，深耕重点市场，优化产业结构，深化产业链供应链合作，持续提升融入发展水平。

第一，发挥比较优势，深耕重点市场。除 RCEP 外，我国与 RCEP 成员国还签署了其他 6 个区域贸易协定（中国-东盟、中国-韩国、中国-新加坡、中国-澳大利亚、中国-新西兰以及亚太贸易协定），我们可以在将它们与 RCEP 进行比较后实现协定利用最大化。建议货物出口企业从降税清单产品范围、原产地标准宽严程度、关税减让幅度、操作便利化程度等方面综合考量，选择最适合自身的自贸协定。此外，针对不同的市场，我们应该实施差异政策，深耕重点市场。例如，我们应该巩固提升东南亚市场，利用 RCEP 关税待遇和低成本优势，鼓励有实力企业在东盟投资，加快建设一批集种植养殖、加工、仓储物流、贸易为一体的综合性基地，支持工程设计、咨询、建设等企业参与东盟基础设施建设，有效提升与东南亚国家经贸合作水平。同时应该深度拓展日、韩等国市场，充分利用 RCEP 投资贸易自由化便利化安排，支持有条件的企业赴日本、韩国投资，建立生产基地、营销网络和研发中心，获取先进技术、品牌设计、管理经验等高端要素资源。

　　第二，优化产业结构，提升产业竞争力。RCEP 协议实施之后，相关企业面临的是来自他国技术优势上的竞争，因此需要优化产业结构，通过推动新兴产业的发展，加快企业技术改造与升级，更好应对外国企业的竞争。同时，我国高新技术企业研发投入对自主创新能力建设的贡献率较低、产学研分离、企业管理能力普遍较低等，严重限制了高新技术企业的发展，导致我国高新技术企业缺乏国际竞争力，建议相关企业进一步加大研发强度，提高自身的核心竞争力。政府方面也应该加大科技投入，创新发展高科技企业，在维持现有高新技术企业优惠税费的基础上，不断给企业带去更多红利，助力我国企业在国际竞争中处于优势地位。

　　第三，优化产业链布局，深化产业链供应链合作。① 优化产业链布局，积极吸引日本、韩国、马来西亚等国半导体、生物医药、新能源等龙头企业落地，稳定 RCEP 成员国产业链供应链，加快构建一体化跨境产业体系，提升我国产业在全球价值链体系地位。同时还应该深化产业链供应链合作，支持企业与 RCEP 成员国开展矿产资源、现代农业开发合作，为国内产业提供能源资源保障。鼓励企业开展产品研发、管理咨询、专业设计等产业投资，积极拓展境外工程承包市场，提升资源配置效率，增强我国产业国际市场竞争力。

　　第四，特别针对推动福建省和厦门市与 RCEP 的深度融合，还应该打好手中的"侨牌"和"台球"。RCEP 成员国是华侨华人的重要聚集地、海外华商的重要投资地。福建海外侨胞数量众多、人脉关系广泛、经济实力雄厚，对家乡经济发展贡献大。要以东盟国家为重点，加强与海外侨商、华裔新生代联系，支持福建商会与海外华商建立密切关系，重点引进侨资、侨智、侨力。要积极吸引台资企业在自贸试验区等特殊区域内生产加工增值后再出口到 RCEP 成员国，享受 RCEP 的优惠政策。要深化闽台产业合作，积极承接台湾集成电路、精密机械、生物医药、精细化工等优势产业，促进产业链供应链融合发展。

---

　　① 福建社会科学院课题组、李鸿阶：《福建与 RCEP 成员国经贸关系评估及其对策研究》，《亚太经济》2022 年第 6 期。

专题四 厦门与 RCEP 成员国间的双边投资

2020 年 11 月，中国与东盟十国、日本、韩国、澳大利亚、新西兰正式签署了《区域全面经济伙伴关系协定》（RCEP）。该协定覆盖了经济体量和贸易总额均占全球总量约 30% 的区域，也是全球人口最多、最具发展潜力的自贸协定。RCEP 中货物贸易最终零关税产品将超过 90%，服贸和投资总体开放水平显著提高。厦门作为"海丝"战略支点城市，一直以来和 RCEP 成员国有着密切的经贸往来。随着 RCEP 落地生效，厦门越来越多的企业享受到 RCEP 政策带来红利的同时，深入挖掘和把握发展机遇，将有助于实现更高水平发展，为高度外向型经济的厦门参与国际贸易增添了新动力。

一 厦门与 RCEP 成员国间的双边投资及其主要特点

（一）RCEP 成员国对厦门的投资

如表 1 所示，从 2020~2022 年 RCEP 成员国在厦门的整体投资情况来看，占厦门外资的比例并不高。2020 年厦门实际利用 RCEP 成员国外资金额约占全部实际利用外资的 9%，2021 年、2022 年约占 8%。从国别来看，新加坡和日本是厦门主要的外资来源国。值得注意的是，近年来，来自马来西亚的外资逐渐减少；来自韩国的外资占比逐渐减少。从现有存量企业来看，厦门的外资企业主要来自日本、韩国和新加坡。其中，日本企业有电气硝子、松下、富士电气、日立能源、雅马哈等公司，韩国企业有爱思开。

表 1　厦门实际利用 RCEP 成员国外资情况

单位：万美元，家，%

2020 年									
国家	实际使用外资金额	增长率	占全部实际使用外资比重	合同外资金额	增长率	占全部合同外资比重	企业数	增长率	占全部企业比重
文莱	5520	0.00	0.14	6914	0.00	0.10	51	0.00	0.32
柬埔寨	—	—	0.00	47	0.00	0.00	—	—	—
印度尼西亚	6778	0.00	0.17	7730	3.72	0.11	53	6.00	0.33
老挝	—	—	0.00	—	—	0.00	—	—	—
马来西亚	49788	0.00	1.25	72222	19.58	1.01	218	10.10	1.35
缅甸	—	—	0.00	34	0.00	0.00	1	0.00	0.01
菲律宾	28260	0.00	0.71	44009	7.80	0.62	233	6.88	1.44
新加坡	134892	9.56	3.38	299354	6.75	4.20	620	4.55	3.84
泰国	7257	0.28	0.18	10280	0.79	0.14	44	4.76	0.27
越南	15	0.00	0.00	40	0.00	0.00	3	0.00	0.02
日本	114007	0.08	2.86	107402	11.19	1.51	330	2.80	2.04
韩国	11823	0.92	0.30	47709	0.40	0.67	163	6.54	1.01
澳大利亚	10549	0.00	0.26	27277	6.36	0.38	154	6.21	0.95
新西兰	1919	0.00	0.05	4191	2.54	0.06	28	7.69	0.17
2021 年									
国家	实际使用外资金额	增长率	占全部实际使用外资比重	合同外资金额	增长率	占全部合同外资比重	企业数	增长率	占全部企业比重
文莱	5520	0.00	0.16	6814	-1.45	0.11	51	0.00	0.32
柬埔寨	—	—	0.00	8207	17361.70	0.13	1	—	0.01
印度尼西亚	5260	-22.40	0.15	6544	-15.34	0.10	63	18.87	0.40
老挝	—	—	0.00	—	—	0.00	—	—	0.00
马来西亚	36955	-25.78	1.08	57776	-20.00	0.91	233	6.88	1.48

续表

	2021 年								
国家	实际使用外资金额	增长率	占全部实际使用外资比重	合同外资金额	增长率	占全部合同外资比重	企业数	增长率	占全部企业比重
缅甸	—	—	0.00	34	0.00	0.00	1	0.00	0.01
菲律宾	12926	-54.26	0.38	23594	-46.39	0.37	208	-10.73	1.32
新加坡	121587	-9.86	3.55	269787	-9.88	4.23	579	-6.61	3.67
泰国	4878	-32.78	0.14	7591	-26.16	0.12	39	-11.36	0.25
越南	15	0.00	0.00	40	0.00	0.00	3	0.00	0.02
日本	97992	-14.05	2.86	80697	-24.86	1.26	336	1.82	2.13
韩国	9995	-15.46	0.29	45937	-3.71	0.72	164	0.61	1.04
澳大利亚	5036	-52.26	0.15	21810	-20.04	0.34	155	0.65	0.98
新西兰	1649	-14.07	0.05	4024	-3.98	0.06	30	7.14	0.19

	2022 年								
国家	实际使用外资金额	增长率	占全部实际使用外资比重	合同外资金额	增长率	占全部合同外资比重	企业数	增长率	占全部企业比重
文莱	5520	0.00	0.15	6814	0.00	0.10	51	0.00	0.30
柬埔寨	—	—	0.00	9707	18.28	0.14	2	100.00	0.01
印度尼西亚	5260	0.00	0.14	9106	39.15	0.13	67	6.35	0.40
老挝	—	—	0.00	—	—	0.00	—	—	0.00
马来西亚	36980	0.07	1.00	80249	38.90	1.14	246	5.58	1.46
缅甸	—	—	0.00	34	0.00	0.00	1	0.00	0.01
菲律宾	12926	0.00	0.35	24302	3.00	0.34	211	1.44	1.25
新加坡	129120	6.20	3.49	283874	5.22	4.02	598	3.28	3.54
泰国	4878	0.00	0.13	7644	0.70	0.11	40	2.56	0.24
越南	15	0.00	0.00	40	0.00	0.00	3	0.00	0.02
日本	114016	16.35	3.08	88421	9.57	1.25	344	2.38	2.04
韩国	9995	0.00	0.27	46385	0.98	0.66	173	5.49	1.02
澳大利亚	5854	16.24	0.16	33940	55.62	0.48	161	3.87	0.95
新西兰	1796	8.91	0.05	4021	-0.07	0.06	30	0.00	0.18

注：—表示数据缺失。

资料来源：《厦门市经济特区年鉴》（2020~2022），厦门统计局网站。

（二）厦门对 RCEP 成员国的投资

厦门对 RCEP 成员国的投资呈现逐渐增加的趋势，投资项目数量和投资金额均有所增加。中方投资在对 RCEP 成员国的投资中占据较大比例，且投资目的地主要集中在新加坡、泰国、越南和印度尼西亚等国家。这表明厦门在加强与 RCEP 成员国的经贸合作和投资往来方面取得了一定的成果。

主要存在以下四点规律。第一，投资项目数量持续上升。厦门对 RCEP 成员国的投资项目数量在 2021 年、2022 年、2023 年 1~8 月这三个时期均有所增加，分别为 25 个、33 个和 30 个。第二，投资金额虽有波动，但总体稳定增长。厦门对 RCEP 成员国的投资总额在 2021 年至 2023 年 1~8 月波动较大（见图 1）。在这三个时期，投资总额分别约为 0.6316 亿美元、5.3 亿美元和 2.69 亿美元。第三，中方投资比例增加。在对 RCEP 成员国的投资中，中方投资额占比相对稳定。在这三个时期，中方投资额约占对 RCEP 成员国投资总额的 4.8%、28.6% 和 37.3%。第四，投资目的地分布较为集中。厦门对 RCEP 成员国的投资主要集中在新加坡、泰国、越南、印度尼西亚、马来西亚等国家。其中，新加坡是最主要的投资目的地，在这三个时期，分别有 6 个、10 个和 8 个投资项目。其他重要目的地包括泰国、越南和印度尼西亚。

2021 年，厦门市境外投资备案项目 122 个；投资总额约 18.16 亿美元，中方投资额约 12.99 亿美元。其中，对 RCEP 成员国共 25 个投资项目，占比 20.5%。投资总额约 0.6316 亿美元，占比约 3.5%；其中中方投资额约 0.6222 亿美元，占比约 4.8%。主要集中在制造业、批发零售、信息技术及建筑等行业。对外投资国家主要包括马来西亚（8 个）、新加坡（6 个）、越南（3 个）、泰国（3 个），印度尼西亚、柬埔寨、澳大利亚、日本和韩国各 1 个。

2022 年，厦门市境外投资备案项目 114 个；投资总额约 14.65 亿美元，中方投资额约 12.43 亿美元。其中，对 RCEP 成员国共 33 个投资项目，占比约 28.9%。投资总额约 5.3 亿美元，占比约 36.2%；其中中方投资额约 3.56 亿美元，占比约 28.6%。主要集中在制造业、矿产开发、信息技术及批发零售等行业。对外投资国家主要包括新加坡（10个）、越南（5个）、泰国（5个）、印度尼西亚（4个）、澳大利亚（3个）、马来西亚（2个）、日本（2个），菲律宾和韩国各1个。

2023年1~8月，厦门市境外投资备案项目105个；投资总额约7.39亿美元，中方投资额约6.52亿美元。其中，对RCEP成员国共30个投资项目，占比约28.6%。投资总额约2.69亿美元，占比约36.4%；其中中方投资额约2.43亿美元，占比约37.3%。主要集中在制造业、信息技术、批发零售及贸易等行业。对外投资主要目的地分布情况：截至2023年8月，厦门市企业对外投资地点主要集中在新加坡（8个）、泰国（8个）、越南（6个）、印度尼西亚（3个）、马来西亚（3个），老挝和日本各1个。

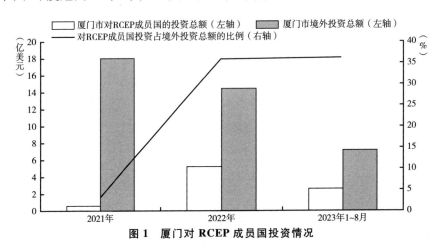

图 1　厦门对 RCEP 成员国投资情况

资料来源：《厦门市经济特区年鉴》（2021~2023），厦门统计局网站。

二　厦门与 RCEP 成员国间双边投资的主要领域

（一）RCEP 成员国在厦门投资的主要领域

第一，制造业。

一是玻璃制造。电气硝子玻璃（厦门）有限公司是由日本电气硝子株式会社在厦门投资设立的专门从事 8.5 代液晶玻璃基板的制造工厂，注册资本金 27.45 亿元，投资总额 45.75 亿元。电气硝子四期及四期增资项目（日本、平板显示产业）：日本电气硝子在厦建设玻璃基板加工厂以满足三期项目 10.5 代玻璃基板的切割加工需求。在此基础上，再增设一条 10.5 代玻璃基板加工产线。项目已竣工投产，并到外资 3.3 亿元。电气硝子五期项目（日本、平板显示产业）：日本电气硝子在厦建设 10.5 代液晶玻璃基板加工厂，投资总额 5.7 亿元，注册资本 1.9 亿元，计划于 2024 年内投产，规划年加工产能 1800 万平方米，年产值约 8 亿元。当前，项目已到外资 1.9 亿元，项目主体结构施工中。

二是电子制造。厦门松下电子信息有限公司是日本松下电器产业株式会社在厦门设立的一家独资企业。公司成立于 1993 年 9 月，总投资额 4300 万美元，注册资本 1450 万美元。公司位于厦门市火炬高技术产业开发区，占地面积约 13064 平方米，建筑面积约 37101 平方米。现有员工 2000 余人，主要产品为数码相机、镜筒、镜片、基板安装、成形及模具加工等。

三是化学品制造。厦门富士电气化学有限公司（厦门 FDK）创立于 1994 年 3 月，位于厦门火炬高新区火炬园马垄路 16 号，总投资人民币约 4 亿元，从事高质量电子产品的生产，主要产品包括液晶模组、车载模组、电池组加工、开关电源、变流器等。公司由日本富士公司作为法人独资，作为一家专业的电气化学品制造企业，厦门富士电气化学有限公司拥有先进的生产设备和技术，具备相关领域的研发和生产能力。公司致力于和谐劳资关系建设，被评为劳动保障守法 A 级单位、诚信用工单位，曾荣获"厦门打工者最信赖十佳雇主"称号。

四是高压开关制造。厦门日立能源高压开关有限公司成立于 1999 年，是日立能源 GIS 及 GIL 在华的研发、制造和服务基地，产品覆盖 72.5 千伏到 1200 千伏全系列电压等级。秉承日立能源全球统一的研发和工程技术平台优势，工厂采用现代工艺技术，实现高效的生产管理，年生产能力达到 4000 间隔。在全球化标准的基础上，工厂融合本地市场需求，确保产品符合公司全球质量水准，并充分满足客户的各种实际需求。生产基地的特高压实验室具备对 1200 千伏电压等级的高压产品进行试验的能力，结合先进的测试工具、检测手段，为产品的安全性、可靠性提供了有力的保证，已实现高质量快速交付。

五是钢材加工制造。爱思开实业（厦门）钢铁有限公司是一家由韩国 SK 集团（世界 500 强企业）全额投资建设的专业生产和加工高档钢板的外商独资企业，工厂位于翔安火炬开发区，投资总额达 2500 万美元。公司主要经营和销售热电镀锌板、镀铝板、镀铝锌板、铝板、冷轧、热轧酸洗钢板、彩涂钢板、电镀锡板、不锈钢、电磁钢板等。韩国浦项、现代、东部、联合及国内钢厂等稳定的资源支持和一流的技术能力和生产能力结合 SK 商事一流的国际化销售能力和企业管理能力，将使爱思开厦门 C/C 成为在福建地区具备最高竞争力的专业加工钢材的企业。

六是光罩制造。厦门美日丰创光罩有限公司由美国丰创和大日本印刷合资设立，它们是光掩膜板全球领导者，全球前三大商用光罩生产企业，计划在厦建设全球顶级的光罩生产中心。项目增加投资总额 5000 万美元购买生产设备，升级改造现有技术。项目已到资 5000 万美元，设备已购置并安装，项目已完全投产。

第二，软件业。

雅马哈发动机（厦门）信息系统有限公司成立于 1999 年 6 月，诞生于日本雅马哈发动机集团，致力为雅马哈发动机集团及相关企业提供销售物流、经销商管理、生产管理、供应链管理、售后服务、总务人事等"一站式"服务。业务领域覆盖国内、日本和东南亚地区，2007 年度开始开拓美国市场。公司在中国上海、中国重庆、日本、新加坡拥有分公司或驻在机构，是福建省第一家日资软件企业，连续多年软件外包出口额居福建省和厦门市前列，是厦门技术企业之一，并于 2007 年荣获"中国软件出口百强企业"称号。

（二）中国在 RCEP 成员国投资的主要领域

1. 大宗商品贸易

第一，厦门建发集团有限公司。建发集团涉及的行业主要有纸制品、钢铁、农产品和矿产品等大宗商品贸易业务，在东盟及韩国已设立 8 家公司。建发集团于 2016 年后发力海外业务，2022 年进出口总额（含国际贸易）业务收入占供应链总收入比例达 40%。公司进口、出口和国际贸易具有一定规模和历史，具备向海外发展的业务基础和人才基础。2016 年，为响应国家提出的"一带一路"倡议并充分抓住拓展海外业务的历史机遇，公司在其 2016~2020 年发展战略规划中调整了"走出去"发展战略的内涵，将侧重点调整为海外。2022 年公司实现进出口和国际业务收入 2814 亿元，占全年供应链业务营收比例 40%，国际与国内双循环业务模式也有助于平抑收入波动、增强公司经营韧性。

公司的海外市场还有较大的增长空间。参考欧美大宗商品贸易商、日本商社的发展经验，即使本国市场停止增长，海外市场还能支撑增长；即使大宗商品需求停止增长，工业品和消费品还能大幅增长。

公司持续完善全球化供应链服务体系、拓展国际产业链资源，厦门建发农产品有限公司、厦门建发汽车有限公司等多家经营单位积极探索海外仓模式，增强货源控制能力的同时为下游客户提供更多服务。截至 2022 年末，公司已在 RCEP 成员国、金砖国家及"一带一路"国家设立了超 30 个海外公司和办事处，与 60 余个"一带一路"国家建立贸易合作，派驻境外员工与聘用外籍员工超 250 人。2022 年，公司实现进出口和国际业务总额超 404 亿美元，同比增速约 9%，占供应链运营业务的比重达 40.42%；其中，出口业务同比增速超 62%。

第二，厦门国贸集团股份有限公司。国贸集团涉及的行业主要有铁矿、煤炭以及有色金属等大宗商品贸易业务。在新加坡、新西兰等国设立 4 家分支机构，其中子企业 3 家、办事处 1 个。

国贸集团持续推进全球化布局，在新加坡、印度尼西亚、缅甸、新西兰、乌兹别克斯坦、美国等多个国家设立驻外分支机构，与全球 170 多个国家和地区、8 万余家产业链上下游客户建立稳定的合作关系，搭建了境内外重要购销市场的经营网络。2023 年 1 月厦门国贸金属有限公司驻菲律宾办事处、越南办事处正式揭牌成立。厦门国贸金属有限公司越南业务组多年来在越南市场持续耕耘，专注于冷轧基料等钢铁原料以及建筑钢材、品种钢等产品的进出口，为产业链上下游客户伙伴提供集采销、物流、价格管理等于一体的供应链综合服务。2023 年 3 月国贸集团物流板块旗下厦门国贸船舶进出口有限公司印度尼西亚办事处与厦门启润船舶科技有限公司印度尼西亚办事处正式揭牌成立。这是继新加坡航运平台、印度尼西亚 ARK 驳船公司设立之后，国贸集团布局的又一东南亚物流节点，标志着国贸集团东南亚航运网络的不断完善与拓展。

2. 平台+制造业

象屿集团在印度尼西亚、新西兰、新加坡等国设立 9 家业务或平台公司。主要为印度尼西亚的货代公司、不锈钢冶炼厂；在印度尼西亚、新西兰和新加坡设立了平台公司，为业务开展提供人力、行政、融资、信息等保障。

象屿集团国际物流能力卓越，在印度尼西亚打造标杆项目拓展海外物流供应链市场。象屿集团是少数在大宗商品赛道拥有国际物流供应链能力的公司。在美国、越南、印度等地都设立了供应链运营子公司，负责当地供应链业务的地推，打开本土市场。2021 年象屿集团实现海外业务收入 228.6 亿元，占公司业务总收入的 5.05%，但海外业务实现毛利 14.09 亿元，毛利率高达 6.16%，显著高于公司整体毛利率水平，并较同业其他公司有较大优势。由于部分大宗商品原材料需要从海外进口，象屿集团经过多年布局形成了稳定的国际物流线路，海运线路上建设了由上海、广州、青岛、大连等港口至东南亚各国的航线，同时积极推进从非洲获取新能源矿产资源的能力，欧洲方面通过欧洲班列打造对发线路，2021 年发运量达到 240 列。同时公司在上游资源的核心节点拓展业务线条，能够在资源产出地开展相应的境外大宗商品物流供应链业务。

2020 年母公司象屿集团在印度尼西亚苏拉威西组建的不锈钢冶炼一体化项目逐步投产，预计在 2024 年内能够释放全部产能，总产能达到 250 万吨以上，上游需求的镍矿、煤炭等总原材料接近 4000 万吨。象屿集团在当地开展相应的供应链物流业务，负责全链路的原料供给及产品销售，为公司贡献利润，国内大宗商品分销、仓储、物流的先进模式得以复制到海外。以服务该项目为契机，公司整合印度尼西亚当地仓库、清关、驳船等资源，为三一重工、力勤集团等多家中资企业印度尼西亚项目提供内贸海运、驳船运输、报检清关、仓储配送等服务。

随着"一带一路"倡议不断深化以及全球供应链重构趋势加深，中国大宗供应链国际化正迎来全新机遇。2022 年，公司国际化业务总额约 247 亿美元，其中进出口总额超 160 亿美元，出口国家/地区 100 余个，出口业务总额大幅增长 56%；铝供应链出口额同比增长超 360%；黑色金属供应链出口额同比增长 67%；塑料供应链出口量同比增长 60%；农产品供应链进口量同比增长 2 倍以上。

2022 年，象屿集团大力拓展国际化业务，国际化业务总额约 247 亿美元，其中进出口总额超 160 亿美元，出口国家/地区 100 余个，出口业务总额大幅增长 56%；铝供应链出口额同比增长超 360%；黑色金属供应链出口额同比增长 67%；塑料供应链出口量同比增长 60%；农产品供应链进口量同比增长 2 倍以上。同时，象屿集团加强国际航线和国际班列运营能力建设：中国-越南、中国-泰国航线年货运量超 2.7 万 TEU，中国-印度尼西亚航线年货运量超 460 万吨，新拓展北欧、北美、西非等跨大洋航线，新开通"中国-欧洲""中国-老挝"多条国际班列，"中国-欧洲"班列出口发运数同比增长约 150%。

2023 年，象屿集团紧盯"一带一路""金砖国家""RCEP"等方面的政策和形势，拓展海外渠道和国际业务规模；深化"象屿集团印度尼西亚 250 万吨不锈钢冶炼一体化项目"全方位供应链服务，上游构建稳定的海外镍、铬及煤炭采购渠道，下游进一步拓展海外增量客户；结合各供应链国际化布局和需求，加强国际物流通道建设，推动海外仓布局拓展，提升综合服务能力。

三　厦门与 RCEP 成员国间双边投资的主要方式

企业通常采取独资和合资进行跨国经营。独资企业最大的优势是具有决策自主权，可以自主制定和执行决策，不受合作伙伴的限制。此外，可以灵活性和快速决策，由于不存在合作伙伴之间的协商和决策程序，独资企业可以更迅速地做出决策和调整经营策略，以适应市场变化。另外，独资企业通常由具有先进技术和管理经验的外国企业投资，可以从其技术和管理优势中受益。最后，独资企业可以全面掌控品牌形象和市场定位，确保在市场上保持一致的形象和声誉。

合资企业能够共享合作伙伴的资金、技术、市场和人力资源，从而降低投资风险和成本。同时，可以借助本地合作伙伴的市场洞察力和经验，更好地了解本地市场需求、文化和法规，提高在当地的竞争力。在某些国家和地区，政府可能对中外合资企业提供特殊的支持政策和便利条件，如税收优惠、土地使用权等。此外，合资的方式还可以将风险分担给合作伙伴，共同承担市场波动和经营风险，提升企业竞争力。

（一）RCEP 成员国在厦门的投资方式

RCEP 成员国在厦门的投资方式包括外资独资企业和中外合资。其中，具有代表性的外商独资企业如下。电气硝子玻璃（厦门）有限公司是日本电气硝子株式会社全资子公司，注册资本金 27.45 亿元，投资总额 45.75 亿元，专门从事 8.5 代液晶玻璃基板的制造工厂。厦门松下电子信息有限公司是日本松下电器产业株式会社全资子公司，注册资本为 1450 万美元，主营业务为各种音响、影像商品、数码产品、光学器件的生产。

具有代表性的中外合资企业如厦门日立能源高压开关有限公司，其中，日立能源（中国）有限公司持股 66%、中国华电科工集团有限公司持股 20.4%、厦门克利尔能源工程有限公司持股 13.6%，主营业务为配电开关控制设备制造。

（二）厦门在 RCEP 成员国的投资方式

厦门对 RCEP 成员国的投资方式包括全资子公司和中外合资。如建发集团在东盟及韩国设立 8 家公司，全资子公司有建发（新加坡）商事有限公司、建发金属韩国株式会社、建发商事株式会社。国贸集团在新加坡、新西兰等国设立了 3 家子企业，其中包括全资子公司国贸新加坡有限公司（100%直接控股）、国贸新加坡能源有限公司（100%直接控股）；间接控股了新西兰宝达投资有限公司（100%间接控股）、印度尼西亚国贸宝达资源有限公司（100%间接控股）等。除此之外，国贸集团还参与了中外合资项目，如 PT Wanxiang Keerun Investment Indonesia 公司，国贸集团持股比例为 10%。

四　厦门与 RCEP 成员国间双边投资的不足之处及 RCEP 的促进作用

（一）主要不足之处

1. 投资与贸易没有形成良性互补，对反倾销的助力不足

RCEP 成员国中存在部分国家针对中国出口产品征收较高税率，如何综合利用 RCEP 协议优惠政策寻求突破是后续需要关注的重点之一。一方面，部分东南亚国家对中国的产品征收反倾销税，如泰国、马来西亚、越南、韩国，涉及产品包括不锈钢冷轧板、马口铁等。以泰国为例，自 2021 年起，5 年内（到 2026 年 11 月）对来自中国的马口铁按 CIF 价格的 2.45% ~ 17.46%课征。另一方面，许多进口外商均采用其他与 RCEP 同等或更低税率的协定，如东盟、亚太协定等，企业与 RCEP 成员国的交易未使用 RCEP 的相关协议优惠政策。这需要通过投资布局，对如钢材产业链重新规划，以规避政府间的反倾销政策。可惜的是现有的厦门对 RCEP 成员国投资中主要依靠几家国企进行相关产业布局，没有形成系统的产业链。

2. 贸易保护主义制约双边投资发展

部分成员国贸易保护主义氛围浓厚，存在较多非关税壁垒。中国钢材、铝材和化工品等出口产品在东南亚国家面临诸多非关税壁垒。随着中国及越南、马来西亚等新兴市场工业化进程不断加速，工业制成品成本优势凸显，越来越多优势产品出口海外，对其他东南亚国家的国内产业造成冲击，尽管

中国-东盟自贸区已成立十余年之久，部分成员国为保护国内制造业濒临破产或亏损，贸易保护主义氛围依然浓厚，2019~2023 年，成员国对华发起的贸易救济案件多达 86 起。企业出口钢材、铝材、化工品业务面临澳大利亚和东南亚诸多国家的反倾销、技术性贸易壁垒、配额问题，不胜枚举。反倾销案件阻断了业务延续性，钢材技术性标准临时变更和农产品检验检疫要求朝令夕改大大提升了交易成本和外商违约风险。受到这种大环境的制约，厦门与 RCEP 成员国之间的投资一直处于不温不火的状态。

3. 营商环境有待进一步提升

海外市场拓展难度大，各国法规制度内容及执行情况不一，国际客户信用存在潜在风险，部分地区存在社会文化和宗教信仰冲突、复合型国际化人才缺失问题，这些因素影响企业拓展海外市场。同时，海外业务不断发展，驻外人员出行便利性仍需提高。如越南、印度尼西亚等国要求企业派驻当地员工每月前往中国驻当地大使馆办理加签，给员工驻外工作带来诸多不便。

4. 标准差异带来风险

RCEP 的部分成员国认证制度体系不健全，产品质量参差不一。RCEP 协议的重要贸易便利化举措，是对技术文件的同效性给予认可、产品合格性评定结果的互认。但 RCEP 成员国之间标准体系差异较大，标准互认难度很大。部分成员国内部标准体系复杂，即使本国也难以统一标准，这种标准化差异带来采约风险。

（二）RCEP 带来的促进作用

1. 零关税带来广阔的市场机遇

RCEP 各成员国承诺 90% 以上货物贸易将最终实现零关税，日本与中国首次签署自贸协定。两国间部分产品立即零关税带来贸易机会。中国对日本进口产品零关税税目新增 1371 个，占总税目的 16.6%，涉及产品的 2020 年进口额为 85.4 亿美元，约占 2020 年中国从日本进口总额（1748.7 亿美元）的 4.9%；日本对中国进口产品零关税税目新增 1876 个，占总税目的 16.3%，涉及产品的 2020 年中国对日本出口额为 133.6 亿美元，约占 2020

年中国对日本出口总额（1426.6 亿美元）的 9.4%。

除日本外，中国与其他 13 个 RCEP 成员国均已签订自贸协定。经比较现有自贸协定及分析 RCEP 协议的中国对外关税承诺表发现，中国与东盟、澳大利亚、韩国、新西兰相互新增立即零关税产品税目占比微乎其微，因此 RCEP 对货物贸易影响主要为未来 10~15 年关税逐步降至零所带来的长期机遇，国内上游产业如纺织制造、有色金属、橡胶、矿产冶炼等行业将长期受益于关税减让带来的原材料价格下降。中国进口关税在未来 10~15 年内边际降幅较大的产品为液晶装置、汽车配件、丁苯橡胶。

2. RCEP 投资自由化将导致国际化分工更加明显

国内劳动密集型产业将加速向越南、马来西亚等具备成本或资源优势的东盟成员国转移，给国际供应链服务企业带来更多新的合作机会，同时有利于国际供应链服务企业在东南亚地区构建配套物流资源，提升供应链服务能力。

RCEP 将采用负面清单的模式对制造业、农业、林业、渔业、采矿业五个非服务业领域投资做出较高水平开放承诺，承诺投资将受到保护、允许外商独资、享受最惠国待遇和国民待遇、禁止业绩要求等，促进了投资自由化和便利化。区域内投资自由化将加速国内产能过剩产业和劳动密集型产业向东盟等低成本国家转移，从而带动相关产业链的资源倾斜，将给国际供应链服务企业带来更多项目合作机会。投资自由化有利于国内供应链企业加快布局海外关键物流基础设施，在东南亚保税区建立配套的物流设施，加强海外货权安全管理，实现库存前移，进一步提升供应链服务能力。

3. 形成区域性供应链体系规避国际贸易摩擦

RCEP 的签署有利于国际供应链服务企业构建亚太地区加工和分销体系，规避中美贸易摩擦的长期性影响。中美关系仍存不确定性，中澳关系正处紧张，中国与两国进出口贸易存在关税加征和非关税壁垒风险。RCEP 的签署有利于国际供应链服务企业构建亚太地区供应链体系，在东南亚建立生产和加工中心，承接部分国内订单，利用东南亚与美国市场关税优惠协议，稳固原美国市场份额。此外，构建亚太地区供应链体系有利于国际供应链企业将原计划进口到中国的美国农产品或澳大利亚煤炭/冻肉转销至东盟，规避关税及非关税壁垒，同时打造更为广阔的外部市场。

4. 加速通关和贸易便利化

RCEP 要求各成员国海关方面的法律法规具有可预测性、一致性和透明性，完善海关程序的有效管理，以及实现通关程序与贸易的便利化。RCEP 简化了海关通关手续，采取预裁定、抵达前处理、信息技术运用等促进海关程序的高效管理手段，在可能情况下，对快运货物、易腐货物等争取实现货物抵达后 6 小时内放行，促进了快递等新型跨境物流发展，推动了果蔬和肉、蛋、奶制品等生鲜产品的快速通关和贸易增长。自贸区内简化海关通关手续，将加快跨境物流运输，助力跨境电商高速发展。

5. 原产地累积规则提高协定优惠利用率

RCEP 适用的原产地区域价值累积规则将来自该区域任何成员国的价值成分计算在内，大大提高了协定优惠的利用率。各贸易协议现行主流原产地规则是商品从 A 国进入 B 国，需要达到在 A 国的增值标准，即 40% 以上，才可认定原产地为 A 国。各成员国将在 RCEP 生效后五年内审议是否将原产地累积规则适用范围扩大到所有缔约方内的价值增值，即商品从 A 国进入另一自贸伙伴 B 国，可以用协定中多个缔约方的中间品，以达到所要求的区域内累计 40% 增值标准，即可认定为原产地为 A 国，原产地累积规则将带来中间品需求的增加以及催生一批保税区组装加工企业。

6. 提升人员便利化程度

RCEP 进一步调整了区域内自然人临时移动规则，提高了自然人临时移动便利化，将使公司内部流动人员的临时移动更加灵活，更加有利于海外业务的开展。RCEP 自然人临时移动人员类型增加了公司内部流动人员、随行配偶及家属等类别，并可适当延长允许停留期限，同时减少了自然人临时移动的限制性条件，有利于供应链企业输出业务人才到国外机构工作，进而提升海外业务稳定性和供应链服务水平。

7. 促进厦台企业融合发展

台湾地区目前并不在 RCEP 协定范围中，台湾企业如果想要享受到 RCEP 的政策效应，必须依托其在厦门的企业。随着 RCEP 政策的实施落地，可以预见，未来厦台企业融合发展会不断加深。

8.扩大双向投资和加快融入区域价值链

当 RCEP 生效后，厦门将受益于该区域内投资采用负面清单和服务贸易部门的高水平开放。这将为厦门引进外资和对外投资提供更广阔的机会和更开放的市场环境。

首先，采用负面清单的投资制度意味着厦门将享受更加开放和透明的外商投资政策。负面清单制度指明了禁止或限制外国投资的特定领域，而其他未列入清单的领域则默认为开放。这将为外国投资者提供更大的投资领域和机会，激发他们对厦门市场的兴趣。作为一个重要的经济中心和外向型城市，厦门将吸引更多的外资引入，推动经济的发展和创新。

其次，RCEP 的服务贸易部门高水平开放将为厦门的现代服务业提供更多的市场准入机会。新加坡等国在现代服务业方面具有先进经验和技术，在金融、物流、信息技术等领域取得了显著成就。通过 RCEP，厦门的企业可以与这些国家的企业进行更紧密的合作和交流，吸收先进技术和管理经验，提升自身的竞争力。同时，厦门的现代服务业企业也可以通过 RCEP 的市场准入优惠，进一步拓展海外市场，开展跨国业务和合作。

最后，RCEP 还将促进日本、韩国等先进制造业国家的投资进入厦门市场。这些国家在汽车、电子、机械等制造业领域具有先进技术和丰富经验。通过投资和合作，厦门的制造业企业可以借鉴他们的先进技术、管理模式和供应链体系，提升自身的生产能力和产品质量，提高市场竞争力。

对于厦门的纺织服装、轻工、汽车和建材等优势企业来说，RCEP 的生效为它们的"走出去"战略提供了更广阔的投资空间。通过与 RCEP 成员国的合作和投资，这些企业可以进一步拓展国际市场，加强品牌建设，提升产品质量和竞争力。同时，他们也可以利用 RCEP 成员国的市场和资源，实现更高效的供应链管理、技术创新和合作发展，推动企业的国际化进程。

（三）促进厦门与 RCEP 成员国双边投资的政策建议

厦门应继续深化与 RCEP 成员国间的投资合作，坚持补齐产业链、提升产业强度和保障供应链稳定与引进人才和技术，共同推动产业升级。相关政策应重点关注厦门的优势产业和高端资源，致力于吸引更多优质项目落地发展。

1. 提升公共服务水平，推动协定实施经验复制推广

持续为企业提供 RCEP 政策咨询和答疑服务，鼓励支持地方以多种形式服务企业，梳理总结各地在对接 RCEP、优化营商环境、促进贸易投资合作等方面的好经验好做法，不断提升协定利用率和利用水平。深入推进 RCEP 机制建设与合作。持续推动 RCEP 关税减让承诺、服务贸易和投资开放承诺落实到位，贸易投资自由化便利化等规则义务充分履行。加强 RCEP 经济技术合作。积极推动成员国间产品和服务标准规制的协调对接，为 RCEP 高质量实施创造更好条件，带动地方和企业更加充分融入 RCEP 大市场，在更高水平上实现互利共赢和共同发展。

2. 加强对外宣传

为了吸引更多高水平外资投资厦门，应积极主动对接各国驻华使领馆、商会等相关机构，向他们推介厦门现代化产业体系中的"4+4+6"先进制造业倍增计划以及一流的营商环境。同时，充分利用中国国际投资贸易洽谈会等重大展会平台，针对重点产业链组织招商促进活动。此外，为各区、各管委会赴欧洲开展招商活动的团组在出国批次和经费方面给予保障倾斜。

3. 支持已落地企业快速发展

加强引导电气硝子玻璃、日立能源富士电气化学等知名企业向研发、设计等领域延伸，鼓励企业用好"专精特新"等政策向高端化智能化转型。鼓励企业以利润再投资、增资扩股等方式加大在厦投资，落实相关税收减免和优惠政策，支持满足用地、能耗等经营建设指标需求。

4. 推动厦门投资规则进一步与国际接轨

瞄准 RCEP 规则，大力推动规则、管理、标准等制度与 RCEP 相衔接，在促进资金、技术、人员等要素的"要素型开放"的同时，加快规则、规制、管理和标准等的"制度型开放"，要把握机遇，先行先试，充分发挥自贸试验区制度创新优势，率先落实 RCEP 过渡性条款，推动投资便利化、服务贸易负面清单、数字贸易、跨境电子商务等协议内容在厦门自贸片区率先落地。

5. 以开放促改革，实现自身投资规则创新发展

借助加入 RCEP 机会，推进"放管服"改革，完善行政审批制度，创新健全市场监管。既要减少不当干预，发挥市场自我调节作用；又要积极推动投资制度转变，从"正面清单"转向"负面清单"，减少准入限制。此外，发挥海丝中央法务区制度优势，探索涉外法律服务，重点引进 RCEP 成员国的法务机构，通过与其合作交流提升涉外法务工作水平。

6. 对接好企业人员的医疗、教育和身份需求

推进国际学校建设，为外籍人员子女教育需求提供服务保障。放宽外籍人员子女学校举办者主体限制，允许内资企业和中国公民兴办外籍人员子女学校。探索建设国际医疗联合体，完善机构合作、分级诊疗等功能集成的国际化医疗服务新模式。推进在华永久居留身份证在铁路、社保、银行、不动产登记、医疗等系统实现全面适用。深化海外人才用汇便利化试点，满足真实合理的用汇需求。

专题五　RCEP 给厦门对外经贸发展
带来的机遇与挑战

开展与 RCEP 成员国的经贸合作，厦门拥有区位、港口、侨务、海洋、自贸试验区等诸多方面的基础优势，应牢牢把握 RCEP 生效的发展机遇，利用 RCEP 促进厦门国际贸易高质量发展，推动厦门成为中国-东盟投资合作的中心城市，通过融入 RCEP 促进厦门的对外贸易和投资规则创新发展，加快制度型开放步伐，夯实厦门在海丝核心区和新发展格局节点城市的地位，探索中国与周边国家经贸合作的新模式。同时，拓展与 RCEP 成员国经贸合作也面临短期内关税降税不明显、非关税壁垒仍然较多、部分 RCEP 成员国基础设施存在短板、营商环境和贸易便利化程度差异大、存在较多地缘政治风险干扰经贸合作等挑战。

一　RCEP 给厦门带来新的发展机遇

RCEP 是亚太地区规模最大、最重要的自由贸易协定，覆盖世界近一半人口和近 1/3 贸易量，是世界上涵盖人口最多、成员构成最多元、发展最具活力的自由贸易区。RCEP 将极大地推动亚太区域经济一体化，减轻国际经济形势对亚太地区供应链和价值链的冲击，为全球经济复苏注入新动力。RCEP 谈判的阶段，正值美国特朗普政府动辄对世界各国挥舞关税大棒、发起贸易战的时期，一时间，国际上贸易保护主义大行其道，全球化面临倒退的风险。因此，RCEP 的签订和生效是一次"多元融合"对"封闭排他"的胜利，是一次"贸易自由化"对"贸易保护主义"的胜利，让世界看到在全球化逆流下，亚太区域的许多国家仍然坚信贸易与投资自由化，并且愿以实际行动促进区域经济融合发展。RCEP 的全面生效将为我国推进更高水平对外开放提供强劲助力，有利于我国与世界上发展最快、经济最活跃的亚太市场的进一步融合，破解贸易保护主义干扰叠加全球经济下行周期下对我国经济的负面冲击，有利于我国新发展格局中"外循环"的壮大和"双循环"的相互促进。开展与 RCEP 成员国的经贸合作，厦门拥有区位、港口、侨务、海洋、自贸试验区、"海丝"核心区等诸多方面的基础优势，应牢牢把握 RCEP 带来的发展机遇，全方位扩大与 RCEP 成员国的经贸往来，促进厦门的国际贸易高质量发展，推动厦门成为中国和东盟间投资合作中心城市，实现厦门对外贸易投资规则创新发展，夯实厦门"海丝"核心区和新发展格局节点城市地位，推动建设 RCEP 合作示范区，为中国更好融入 RCEP 提供示范和引领，探索寻找中国与周边国家经贸合作的新模式。

（一）贸易发展新动力

当前，世界百年未有之大变局加速演进，国际局势复杂多变，全球化出现反复、国际产业链供应链重塑、新冠疫情、俄乌冲突、欧美通胀和国际经济衰退等近年来各种复杂问题接连冲击世界经济，全球经济面临严峻挑战，使得我国的进出口增长乏力。作为全国排名前列的经济外向型城市，在这样的大环境下厦门也难以独善其身，近年来国际贸易特别是出口面临增长乏力困境，其中，厦门海关数据显示，2023 年 1～9 月，厦门外贸进出口 7150.9 亿元，同比增长 4.6%；其中进口 3774.7 亿元，增长 11.8%，出口 3376.2 亿元，下降 2.5%，贸易逆差 398.5 亿元。在这样的外部环境下，RCEP 的生效为厦门的贸易发展提供了新动力。

第一，RCEP 将贸易自由化和便利化作为首要任务，有助于扩大厦门出口产品市场空间，满足国内进口消费需求，对进出口贸易具有积极作用。RCEP 要求对区域内 90% 的货物实施立即零关税或未来 10 年递减至零，

RCEP 生效以来，已为我国广大企业带来实实在在的红利和实惠，帮助企业降低了贸易成本。从全国情况看，2022 年，我国企业在 RCEP 项下享惠出口货值 2353 亿元，可享受进口国关税减让 15.8 亿元；享惠进口货值 653 亿元，减让税款 15.5 亿元。从厦门情况看，2022 年厦门海关为 741 家出口企业签发 RCEP 原产地证书 17757 份，货值约合 72.67 亿元，出口企业凭借 RCEP 原产地证书预计可在进口国享受关税减免超 7000 万元；2022 年，厦门市贸促会为企业签发 RCEP 优惠原产地证书共 1699 份，涉及金额达 5.54 亿元，为企业节约关税成本 500 多万元。

第二，RCEP 令中国首次与日本建立自贸关系，有助于增强厦门和日本的经贸往来。在 RCEP 签署前，日本与欧盟、东盟、美国、英国、新加坡、墨西哥等国家或地区签订或生效自贸协定 20 个，但一直没有与中国签订双边自贸协定或与中国加入同个多边自贸协定下。而 RCEP 的签署不仅降低了中日间贸易的关税水平，还将日本和中国纳入共同规则平台。RCEP 生效后，日本对华出口的零关税产品数量将由生效前的 8% 逐步提高至 86%，其中 2022 年日本对华出口立即实现零关税的产品比例为 25%，日本汽车零部件和清酒等中高档消费品有望扩大对华出口，同时中国对日出口的零关税产品数量将由 8% 逐步提升至 88%，其中 2022 年我国对日出口 57% 的税号产品将立即实现零关税。在此政策助力下，厦门和日本的经贸关系将得到明显加强，RCEP 生效前，日本是厦门第六大贸易伙伴，RCEP 生效当年，日本与厦门进出口额达 427.2 亿元，出口额达 268 亿元，日本已变为厦门的第五大贸易伙伴和第二大出口市场。

第三，RCEP 有助于通过区域经济一体化合作，构建上下游产业链的紧密联系，缓解我国与美国之间的经贸紧张关系。与日本在 20 世纪 80~90 年代由于对美出口巨额顺差从而和美国出现剧烈的贸易摩擦类似，我国与美国之间存在的巨额贸易顺差是美国发动对华贸易战的重要原因和借口。然而，实际上，中国某些产业的出口竞争力实际上被巨额的出口数字表面上夸大了。以苹果手机为例，价值中包含大量美国、日本、韩国等国家的中间品投入，而中国的增加值占比并不高，但由于产品在中国最终组装并出口，表面上看形成了美国对中国的巨额贸易逆差。当前，在美国的压力下，国际产业链供应链面临调整，一些企业的产能从中国向越南、印度尼西亚等国转移。因此，RCEP 的生效正逢其时，有助于深化我国和 RCEP 其他国家的国际产能合作。将产业链的下游向越南、印度尼西亚等国转移，我国向产业链的中上游转移，从而变中国直接向美国出口最终商品为中国向其他国家出口中间产品而其他国家向美国出口最终产品，最终实现我国向"微笑曲线"的上游转变，缓解我国对美巨额顺差带来的经贸关系紧张压力。

第四，RCEP 或将促进台企加大在大陆投资和扩大产能，扩大厦台贸易规模和水平。由于中国台湾并未加入 RCEP，台湾产品只有符合原产地规则才可进入该区域市场享有零关税。RCEP 生效后，东盟与中、日、韩、新、澳相互间排除关税与非关税贸易障碍，在"贸易转移效果"与"投资转移效果"双重压力下，从中国台湾直接向 RCEP 成员国出口将面临更激烈的竞争。这可能促使一些台湾企业采取迂回大陆的办法，扩大两岸贸易规则，刺激台企在大陆投资和扩大产能，从而享受 RCEP 成员关税及原产地规则优惠，打开更广阔市场。厦门是两岸经贸往来最为紧密的地区，厦门或将受益于此变化，进一步加强与台湾的产业协作，扩大与台湾的贸易规模和水平。

（二）投资合作新引擎

RCEP 生效后更高水平的贸易投资开放力度和更有保障的制度性合作环境将使成员国共同受益，分区域看，RCEP 成员国中最大受惠方是东盟国家。商务部国际贸易经济合作研究院发布的《RCEP 对区域经济影响评估报告》测算显示，RCEP 将使东盟国家宏观经济层面相对受益最大，实际GDP、进出口、投资等都将呈现大幅增长，而中国、日本、韩国、澳大利亚和新西兰在经济福利总量增加方面则更为显著。从资本要素的角度看，RCEP 生效将促进区域投资增长，拉高东盟大多数成员国的资本价格，同时也将提高柬埔寨、泰国、马来西亚、新加坡、印度尼西亚等东盟国家的资本回报率，因此，RCEP 建立将促进东盟地区的投资和资本流入，加速当地的经济发展，厦门应把握 RCEP 战略机遇，力争成为中国-东盟投资合作中心城市。

第一，厦门与东盟国家有区位相近、交通便利、民心相通等投资合作天然优势。厦门与东盟国家地理距离相近，交通便利，海运、航空都可方便地联络交通。厦门港口管理局的数据显示，2023 年，厦门港已有外贸航线 134 条，其中 97 条是 RCEP 成员国航线。目前，分布在世界各地的闽籍华侨华人中，东南亚地区占比高达 78%。华侨华人 70% 以上从事商业经营活动，身处东盟各国的闽籍华侨华人努力拼搏艰苦创业，已成为所在国经济发展中举足轻重的力量。海外华侨华人与故乡剪不断的关系促进民心相通，成为推动中国与东盟国家经贸合作重要的人文和社会基础。

第二，厦门与东盟国家经贸合作日益密切，具有投资合作的良好经贸基础。东盟是厦门最大的贸易伙伴，厦门海关数据显示，2023 年上半年厦门市对东盟进出口 854.6 亿元，占厦门市外贸进出口总值的 17.8%，其中，印度尼西亚是厦门市在东盟最大贸易伙伴，上半年共计进出口 377.7 亿元。同时，东盟也是厦门最重要的对外投资目的地之一，越来越多厦门企业牵手东盟，共享发展成果。统计数据显示，截至 2023 年 3 月，厦门市累计对"一带一路"国家和地区投资企业项目 296 个，总协议投资额 60.4 亿美元，主要涉及制造业、批发和零售业、农林牧渔业，投资主要集中在东盟国家。[①] 如象屿集团在印度尼西亚投资的不锈钢冶炼一体化项目等已在东盟落地生根，产生良好经济效益，实现国内国际两种资源、两个市场的互联互动。

第三，国际产业链供应链的重塑需要我们加大对外投资力度。一方面由于美国实施"友岸外包"政策，另一方面由于中国经济发展带来的产业转型升级，部分产业链的产能存在移出中国倾向，国际产业链供应链格局正在重塑。我们不能做产业链重构的被动接受者，而要积极应对，主动"走出

---

① 李思源：《海陆联运无缝对接 厦门为"一带一路"添动力》，中国（福建）自由贸易试验区网站，2023 年 6 月 16 日，https：//www.china-fjftz.gov.cn/article/index/aid/21165.html。

去"布局海外市场，通过资本、技术、品牌向外输出继续保持产业竞争优势，在产业链重构中增强与 RCEP 成员国特别是东盟国家的产业生态联系。要看到部分企业产能转移的同时，仍然和国内的产业生态有紧密的联系，要积极打造产业"母工厂"模式，在到海外建厂的同时，保持国内工厂在技术研发、先进制造等方面的核心竞争力，以确保产业链供应链稳定。在这一大趋势下，厦门应发挥自身独特优势，用好 RCEP 机会，做好"走出去"的先行示范，力争成为中国-东盟投资合作中心城市。

（三）制度型开放新方向

我国实行渐进改革开放的发展模式，对外开放具有零散、碎片化、以商品和要素流动为主的特征，制度型开放有所不足。与商品和要素流动型开放相比，制度型开放是规则、规制、管理、标准等方面的开放，其本质特征是一种由"边境开放"逐步向"境内开放"的拓展，从贸易壁垒、市场准入等向国内规则、规制、法律等体系的延伸，是制度层面的"引进来"与"走出去"。因此，制度型开放的层次更高、难度更大。RCEP 是东亚东南亚地区最具含金量的自贸协定，相较于 CPTPP、USMCA 等，RCEP 各项指标领先，经贸规则更加开放、自由、透明。并且，RCEP 在许多方面还有创新，例如，与世界多数自贸协定实行双边原产地规则不同，RCEP 实行原产地积累规则，商品从 A 国进入另一自贸伙伴 B 国，可以用协定中多个缔约方的中间品，来达到所要求的增值标准或生产要求，这样 A 国享受 B 国零关税的门槛可明显降低，这提高了协定优惠税率的利用率，对于放大自贸区的规模效应、促进中小企业发展等都有积极作用。在融入 RCEP 过程中，厦门应借此机会推进制度型开放，与国际制度更好对接，以自贸试验区为核心平台载体，实现贸易投资规则创新发展，以开放促改革，进一步优化政务公共服务和营商环境，推动厦门市对外贸易投资规则创新发展。因此，RCEP 落地有助于推动乃至倒逼厦门加快制度型开放步伐，以开放促改革，推动厦门市对外贸易投资规则创新发展。

第一，RCEP 落地有助于推动厦门市对外贸易投资规则进一步创新发展。RCEP 涵盖了从关税降低到降低非关税壁垒、从货物贸易到服务贸易便利化、从金融到电信、从贸易到投资、从原产地规则到贸易便利化、从知识产权保护到争端解决、从中小企业到经济技术合作等诸多内容，融入 RCEP 要求我们必须履行承诺，对 RCEP 的所有条文进行梳理，主动对标和对接 RCEP 规则体系，从而推动我们的对外投资贸易规则进一步创新发展。厦门要瞄准 RCEP 规则，突破体制机制障碍，率先开展开放压力测试，大力推动规则、管理、标准等制度与 RCEP 相衔接，在促进资金、技术、人员等要素的"要素型开放"的同时，加快规则、规制、管理、标准等的"制度型开放"；要把握机遇，先行先试，充分发挥自贸试验区制度创新优势，率先落实 RCEP 过渡性条款，推动投资便利化、服务贸易负面清单、数字贸易、跨境电子商务等协议内容在厦门自贸片区率先落地；吃透用足 RCEP 在贸易、投资方面的便利措施，用活用好原产地规则，搭建适合 RCEP 原产地累积规则管理需求的信息化系统和管理制度体系，有针对性地做好相关技术准备。

第二，融入 RCEP 有助于推动以开放促改革，实现自身制度变革进一步深化。制度存在惰性惯性，往往需要有外部力量推动才能实现变革，RCEP 带来的制度型开放机会将起到推动制度性变革的作用，RCEP 包括电子商务、政府采购、中小企业等大量"边境后"条款，这涉及国内多个部门法律和规章制度的调整，有利于推动我国要素市场化改革、强化竞争政策基础性地位等深层次体制机制改革取得重要突破。厦门应借助融入 RCEP 机会，继续推进"放管服"改革，完善行政审批制度，创新并健全市场监管，减少不当干预，维护市场公平竞争，持续推进政务公共服务不断优化；积极推动投资从"正面清单"向"负面清单"制度转变，全面放开制造业准入限制，加快服务贸易部门高水平开放；加强顶层设计和系统改革集成，完善厦门自贸试验区相关领域的对外开放规则设计，继续推进港口收费改革、通关便利化改革、港口智能化自动化改革等任务，争创国际一流口岸营商环境；积极开展海丝中央法务区的涉外法律服务模式探索，重点引进 RCEP 成员国的法务机构开展法律服务业务，扩大本国法务机构和 RCEP 成员国法务机构的合作，实现"以法促商、法商融合"，以提升涉外法务工作水平实现提升涉外营商环境。

（四）城市地位新机遇

2017 年，国家发展改革委、外交部、商务部联合发布的《推动共建丝绸之路经济带和 21 世纪海上丝绸之路的愿景与行动》中，福建被定位为"21 世纪海上丝绸之路核心区"，厦门等 15 个港口成为 21 世纪海上丝绸之路核心区建设的排头兵和主力军。当前，"一带一路"在国际上的影响越来越大，截至 2023 年 6 月底，中国与 150 多个国家、30 多个国际组织签署了 230 多份共建"一带一路"合作文件。厦门要利用 RCEP 的战略机遇，夯实自身"海丝"核心区和新发展格局节点城市的地位，在双循环新发展格局中发挥更大作用。RCEP 带来的战略机遇有利于厦门夯实自身"海丝"核心区和新发展格局节点城市的地位，在双循环新发展格局中发挥更大作用。

第一，利用 RCEP 夯实厦门"海丝"核心区地位。21 世纪海上丝绸之路是 2013 年习近平总书记访问东盟时提出的战略构想，东盟地区自古就是海上丝绸之路的重要枢纽和组成部分，直接受惠于我国的海上丝绸之路合作倡议。福建是海上丝绸之路的东方起点，是 21 世纪海上丝绸之路核心区，厦门作为福建对外开放的窗口城市也面临福建省内乃至省外沿海诸多城市的激烈竞争。把握好融入 RCEP 机遇，进一步加强与 RCEP 成员国的互联互通和经贸合作，有利于夯实厦门的"海丝"核心区的城市地位，扩大厦门作为"海丝"核心区重要城市的经济、文化等多方面的影响力。具体来看，RCEP 生效有利于厦门进一步织密与 RCEP 成员国的海运航线，做大"丝路海运"品牌和联盟，推进厦门港"RCEP + 海丝"海运物流大通道建设，加强与 RCEP 成员国港口的贸易联系和战略合作。有利于厦门加强与 RCEP 成员国的空中互联互通，实现对更多 RCEP 成员国主要城市的航线覆盖，加快构建厦门"4 小时飞行经济圈"，使厦门成为连接日本、韩国与东南亚、澳大利亚等国的中转枢纽。有利于充分发挥厦门邮轮母港的作用，以邮轮旅游为重点推进海洋旅游合作，抓住新冠疫情结束后东南亚国家对旅游合作意愿强烈的有利时机，开辟连接东南亚等"一带一路"共建国家的定期邮轮旅游航线，打造"一程多站"式国际邮轮旅游航线。

有利于加快海丝中央法务区建设发展，构建"一带一路"国际商事海事争端解决体系，打造法治创新聚集区和一流法律服务高地。有利于深化海丝文化交流，举办 RCEP 国际合作论坛等系列交流活动，打造丰富多彩的海丝文化产品，推动"文化出海"。

第二，利用 RCEP 夯实厦门新发展格局节点城市地位。打造新发展格局节点城市，是厦门积极服务和融入新发展格局、不断增强以制度创新为核心的改革开放新优势的具体举措。然而，国内许多城市都提出打造新发展格局节点城市的目标，厦门打造新发展格局节点城市需要突出自身对外开放程度高的特色，发挥两个市场在厦门交汇、两种资源在厦门聚集的优势。RCEP 为发挥厦门优势提供了更广阔的平台，有利于进一步促进国际国内两个循环在厦门的相互贯通和相互促进，吸引台企台资进一步来厦投资兴业创业，助力厦门金砖国家新工业革命伙伴关系创新基地建设，帮助企业通过供应链优势打通 RCEP 与金砖国家市场，从而夯实自身新发展格局节点城市的地位。RCEP 全面生效有利于厦门更高水平融入国际大循环，加强港口、机场、海运、空运等交通基础设施建设，增强国际物流通达性和时效性，进一步提升贸易便利化程度，加强国际产业链合作和产能布局优化，巩固提升厦门在亚太区域国际商贸中心的地位；有利于厦门更充分融入国内大循环，改变"两头在外"的经济发展模式，进一步发掘内需潜力，加快建设国际消费中心城市，进一步加大对内开放的力度、深度与广度，实现各类要素在区域间的自由流动和优化配置，推进厦漳泉都市圈一体化融合发展，做大做强区域市场，以国内大市场吸引更多 RCEP 成员国的跨国企业进入中国投资经营和产能投放，实现本地产业链的延伸与补足。

（五）产业升级新助力

RCEP 的生效为亚太地区价值链重构提供了重大机遇，有助于发挥我国超大规模市场的吸引力吸引外资进一步流入，有助于企业在 RCEP 成员国范围内进行产业链布局与生产网络再优化，有助于我们推动开拓新市场，更有助于我们的制造业产业升级和产业竞争力提升，RCEP 将是厦门产业高端化发展的新助力。

第一，RCEP 有助于进一步吸引高质量外资流入。RCEP 服务贸易和投资总体开放水平显著高于原有中国-东盟"10+1"自贸协定，对吸引外商投资具有重要推动作用，与日本首次建立自贸关系也有助于吸引日资企业进入中国投资。特别是随着中国产业高端化和科技水平的进展，吸引到的外商投资也更趋于高端化，技术水平进一步提高。由于中国目前已是包括电子信息、新能源等领域国际上重要的创新策源地和产业集聚地，外商投资从过去向中国技术外溢变成到中国合作开发最新产品和技术的趋势，更有利于外商投资的高端化，而不再仅仅把在中国的投资当作一个组装工厂。

第二，RCEP 有助于开拓厦门"4+4+6"现代化产业体系的发展机遇。RCEP 全面生效有助于进一步发挥厦门电子信息、商贸物流等四大支柱产业集群的优势，推动开拓新的国际市场，有利于汇聚资本、人才、技术等要素，进一步培育壮大生物医药、新材料等四大战略性新兴产业，有利于抓住前瞻布局的第三代半导体、未来网络、氢能与储能等未来产业的发展机遇，累积先发优势。

第三，RCEP 有助于加强外移产能和国内产业生态的紧密联系。一些企业的产能向外转移实际上是企业进行产业链布局与生产网络再优化的过程，要看到，虽然一些产业环节的部分产能有转移出去的倾向，但转移出去的企业不是一只断线的风筝，它们仍然和国内的产业生态体系有紧密的联系。国内产业生态一是可通过中间产品贸易，为海外企业的生产提供中间产品，这样可以继续扩大国内制造业中上游的规模；二是可通过服务贸易，实现生产性服务业的"出海"；三是可通过专利、品牌、营销网络等无形资产，融入海外企业的生产制造，从而获取收益。相应地，在产能外迁的同时，本国的产业也将实现高端化发展。

（六）合作模式新空间

第一，RCEP 全面生效有助于拓展同时包含多个成员国的多边经贸合作。在 RCEP 签订之前，东亚地区（特别是中国与其他国家）以双边自贸协定为主，双边自贸协定在促进多国的经贸协作时存在困难，会降低市场规模效应和竞争效应，且重叠交织的双边自贸协定还会产生"意大利面碗效应"，增加企业交易成本并降低企业对自贸协定的利用率。而 RCEP 是巨型的多边自贸协定，RCEP 全面生效有助于拓展同时包含多个成员国的多边经贸合作。例如，RCEP 的一项重要成果是使用区域累积原则统一了原产地规则，这显著降低了企业利用优惠关税的难度，有助于产业链供应链在多个成员国内部的进一步分工与协作。

第二，RCEP 生效有助于拓展经贸合作新领域。RCEP 对服务贸易、投资自由化、知识产权保护、电子商务、数字贸易等领域的开放提出了更高要求，服务贸易和投资分阶段全面转向负面清单制度，成员国间相关领域贸易投资的限制与歧视性措施大幅减少，这有助于我们拓展与其他成员国经贸合作的新领域，进一步发挥厦门的比较优势，推动优势产业"走出去"，实现跳出厦门发展厦门。

同时，须注意到，RCEP 是一个高度多样化的经济体，成员国既有日、韩、澳等发达经济体，也有中国和东盟的数量众多的发展中国家，不同国家有不同的发展阶段、产业结构、资源禀赋等条件，国家间差距较大。因此，探索寻找中国与周边国家经贸合作的模式，要充分认识到 RCEP 成员国之间的差异性，在充分掌握 RCEP 规则的情况下，积极探索寻找与周边国家经贸合作的新模式。

首先，要完善 RCEP 服务与交流平台建设。充实厦门外资外贸专班，在资金和人才方面给予支持，完善全市 RCEP 跨部门协调推进工作机制，出台未来几年更加全面的《厦门市全面对接 RCEP 行动方案》。由市商务局、市贸促会牵头，打造 RCEP "一站式"服务平台，提供综合化服务。高水平举办与 RCEP 相关的经贸论坛、研讨会、展览会等，继续用好 RCEP 国际合作论坛这个平台，搭建 RCEP 成员国政府、企业交流合作平台以交流经验。加强外贸企业针对 RCEP 成员国的业务培训，帮助企业尤其是外向型中小微企业熟悉 RCEP 规则内容和成员国关税减让情况，熟练掌握原产地证书申领程序、证明材料等 RCEP 规则，提升利用协定的意识和主动性。

其次，探索与友好国家和城市建设境外经贸合作区。在我国发展历史上，为了加快吸引外商直接投资，学习借鉴其他国家的发展经验，提升我国的资本、技术和管理水平，我国先后设立一批经济特区和各种开发区，还曾与新加坡合作建设中新苏州工业园区，这为苏州经济的发展做出巨大贡献。随着我国经济发展和境外投资的增加，境外经贸合作区已经成为我国主动"走出去"开展对外投资合作的重要方式，我国已经建设包括国家层面和各级地方政府层面主导建设的 100 多个境外经贸合作区。未来，可借鉴深圳、浙江、江苏等地经验，抓住目前很多国家希望承接中国产业转移的机会，探索与友好国家和城市建设境外经贸合作区，吸收目前已有的"两国双园"合作项目的建设经验，鼓励引导厦门企业参与境外园区建设运营，带动其他企业抱团"走出去"，巩固厦门与相关国家的产业链供应链联系。

最后，帮助落后国家提升软硬件基础设施，提高经贸的效率。RCEP 成员国中，部分国家发展水平相对较低，存在国内基础设施薄弱、港口和口岸设施落后、通关效率低、信息化水平差等问题。而厦门在港口建设运营、物流、贸易、通关等方面有长期的管理经验和技术积累，在目前一些方面甚至超过了新加坡的水平。应借 RCEP 的机会主动"走出去"，探索帮助其他国家提升相应软硬件基础设施的模式，通过输出服务、技术、资本等方式，深度参与这些国家的经济发展进程。

二　厦门拓展与 RCEP 成员国经贸合作面临的挑战

尽管 RCEP 将极大地推动区域内贸易和投资自由化、便利化，是一个重要的发展机遇，但对我国和厦门而言，仍然存在一些问题或者说挑战，包括企业对 RCEP 关税降低的感受不是很明显、部分 RCEP 成员国营商环境有待改善、成员国内部差异大、法规制度内容及执行情况不一等问题，这些问题可能对我们利用 RCEP 机会拓展和其他国家的经贸合作产生制约。

（一）RCEP 相对现有自贸协定的关税优惠不够明显

尽管 RCEP 将进一步降低区域内关税水平，但由于中国已与除日本外其他 13 个 RCEP 成员国签订自贸协定，比较现有自贸协定与 RCEP 关于关税的优惠安排可以发现，RCEP 对进一步降低中国与这 13 个成员国的关税水平的作用十分有限。因此，目前除日本外，厦门企业与 RCEP 成员国的交易较少使用 RCEP 原产地证书和 RCEP 的优惠政策。此外，实际享受到的关税优惠还取决于进出口商品的具体情况以及相关国家的贸易政策和法规。以 RCEP 和中韩自贸协定为例，与中韩自贸协定相比，RCEP 的降税力度明显偏低，在 RCEP 生效后的六年内，中国对韩国以及韩国对中国的关税税率将分别降至零关税，但是，这一过程相对于中韩自贸协定来说较慢。因此，RCEP 或将为中日贸易和投资带来直接的、立竿见影的机会，但对拓展除日本外其他成员国贸易的作用主要体现在未来 10 ~ 15 年关税逐步降至零所带来的长期机遇上。

（二）RCEP 成员国对中国的非关税壁垒较多

RCEP 部分成员国贸易保护主义氛围浓厚，存在较多非关税壁垒，制约了厦门与它们之间的经贸合作。中国与 RCEP 成员国之间的非关税贸易壁垒主要表现为各种类型的反倾销制裁和农产品贸易保护政策。例如，尽管中国-东盟自贸区已签订十余年之久，但部分成员国为保护其国内制造业濒临破产或亏损，贸易保护主义氛围依然浓厚，频频对中国发起反倾销调查并征收反倾销税。中国企业出口到澳大利亚的钢材、铝材、化工产品经常面临澳大利亚的反倾销、技术性贸易壁垒、配额问题。日本农产品贸易的检验检疫手续繁杂，缺乏"等效性"，企业从域外其他国家进口到厦门再转口至日本等国家时，仍须再次检验检疫，极大增加了国际货物物流时间和业务运营成本，等等。反倾销案件阻断了业务延续性，钢材技术性标准临时变更和农产品检验检疫要求朝令夕改大大提升了交易成本和外商违约风险。

（三）部分 RCEP 成员国在基础设施方面存在短板

日本、韩国、新加坡已经是发达国家，具有良好的基础设施，但是位于东盟的部分 RCEP 成员国在贸易便利化、国内运输物流等基础设施方面存在明显短板，制约了厦门拓展与这些国家的经贸发展。此外，东盟一些国家的地理环境复杂多变，例如印度尼西亚、菲律宾属多岛屿国家，岛与岛之间的交通不像陆地相连的国家那么方便，物流配送时间较长；而越南是一个狭长的沿海国家，2/3 的土地在农村，城乡基础设施水平差异很大。物流基础设施水平较低也限制了厦门与这些国家的跨境电商业务的发展，东南亚市场规模及稳定性不足，跨境电商的最终市场很多时候仍是欧美发达国家，但东南亚国家自动化智能化技术发展与美国等发达国家差距较大，进而导致厦门市出口 RCEP 成员国的占比难以提高，RCEP 的作用发挥较为有限。

（四）RCEP 成员国营商环境和贸易便利化技术标准差异较大

一方面，位于东盟的 RCEP 成员国的营商环境差异较大。其中，新加坡的营商环境表现最好，其次是马来西亚和泰国相对也可以。但是，印度尼西亚、越南等国家的营商环境相对较差，企业经常会遭遇货款无法收回问题，在对外投资过程中也经常面临产权保护、行政效率低下、腐败等问题。东盟成员国之间的经济发展水平、法律法规与政策的完善程度还存在较大差异，这可能制约厦门与东盟成员国的经贸发展。另一方面，RCEP 成员国之间的标准体系差异较大，标准互认难度很大。有些成员国内部标准体系复杂，同类产品即使在本国也难以做到标准统一。尤其是一些东盟国家认证认可制度体系还不健全，所以对这些 RCEP 成员国产品的采购质量问题还是存在一些担忧。各成员国在标准、技术法规和合格评定程序方面存在差异可能会对成员国之间的贸易产生影响，因为不同的标准可能会导致产品在进口和出口时遇到障碍。

（五）RCEP 将加剧厦门与其成员国间的产业竞争

RCEP 的实施将使厦门的产业面临来自其他成员国的更加激烈的竞争压力。第一，RCEP 的贸易投资自由化政策（包括原产地累积规则、对外投资负面清单管理模式等）将导致中国企业在区域内国家间的生产分工更加明显，厦门及周边城市的低端劳动密集型产业（如服装、纺织等）或将加速向越南、印度尼西亚等具备成本或资源优势的东盟成员国转移，特别是

RCEP 下中国对东盟产品关税减让的过渡期较短，因此短时间内将对厦门的低附加值产业形成较大冲击。第二，RCEP 生效后，新一代电子信息产业、高端装备制造、新材料、生物医药等战略性新兴产业将面对日本、韩国、新加坡等优势企业的激烈竞争，会加剧"进口替代"过程，也可能会给厦门相关企业带来一定的冲击。第三，RCEP 进一步降低从东盟、澳大利亚、新西兰等农产品进口的关税，厦门本地及周边的都市现代农业可能迎来进口农副产品的更激烈竞争。

（六）地缘政治风险对厦门与 RCEP 成员国经贸合作形成干扰

RCEP 成员国既包括东北亚的中、日、韩，也包括东盟十国、澳大利亚和新西兰，同时美国因素在该区域的作用不容忽略。因此，世界五大力量中心有三个集中于该区域，是世界大国利益的一个重要交汇点。域内各种力量关系错综复杂，中日关系、日韩关系、中越关系、中菲关系、中澳关系等均是国际关系的重点。一直以来，美国全力干预和破坏东亚经济一体化，围堵和遏制中国发展。此外，虽然日韩两国对美国的依赖和美国在东亚的影响力有所下降，但美韩、美日、美澳和美新同盟关系短期内不会发生实质变化。因此，可以说 RCEP 是全球地缘风险的典型区域，地缘风险可能会影响未来协定的全面实施，这为拓展和 RCEP 成员国的经贸合作增添不确定性，必须加强 RCEP 协定的落地实施和政策协调机制建设，降低政策不确定性的影响，特别是防范非关税壁垒不确定性的影响。

专题六 厦门加强与 RCEP 成员国经贸合作的模式与政策

RCEP 的签订无疑将进一步扩大区域内市场规模、提高区域内市场一体化程度、拓展厦门与区域内国家的产业链供应链合作。结合厦门与 RCEP 成员国经贸合作良好的发展基础与发展势头以及厦门与 RCEP 成员国经贸服务质量的进一步改善，本报告认为厦门与 RCEP 成员国的经贸合作前景广阔。进一步，基于当前国内外经贸合作模式的最新发展趋势、贸易模式的演变以及厦门自身的特征，本报告认为厦门可重点以境外经贸合作区模式、跨境电商和数字贸易模式、建设一批"小而美"特色项目和特色产品进出口基地、服务贸易进出口基地建设等为抓手，从货物贸易、服务贸易、吸收外资、对外投资、优化政府的公共服务能力和政务服务质量、完善厦门与 RCEP 成员国的物流运输网络和效率等方面推出更多政策举措，强化厦门与 RCEP 成员国间的经贸合作。

一 厦门与 RCEP 成员国经贸合作的前景评估

RCEP 区域内市场规模巨大，协定的签订使成员国之间的一体化程度大幅提高，货物贸易、服务贸易、双向投资等领域的市场准入进一步放宽，原产地规则、海关程序、检验检疫、各类技术标准等逐步统一，将促进区域内各类要素自由流动，强化成员间的生产分工合作。而且，厦门与 RCEP 经贸合作具有较好基础且表现出较好发展势头，借助 RCEP 契机，厦门也进一步提高与 RCEP 成员国之间的贸易服务质量。因此可以预期，厦门与 RCEP 成员国的经贸合作具有广阔的发展前景。

（一）区域内巨大市场规模赋予厦门与 RCEP 成员国经贸合作广阔前景

RCEP 成员国包括中国、东盟十国、日本、韩国、澳大利亚、新西兰共 15 个成员国，涵盖全球约 30% 的人口、30% 的经济总量和 30% 国际贸易量。而且，中国和东盟作为主要的新兴经济体，具有巨大的经济、贸易和投资发展潜力。RCEP 的生效实施，标志着全球人口最多、经贸规模最大、最具发展潜力的制度型开放平台正式形成，区域内整体市场规模将超过欧盟和北美自由贸易区。这赋予厦门与 RCEP 成员国对外贸易和投资合作广阔前景，将成为厦门未来对外贸易和投资合作高质量发展的基石。对于厦门的一些优势产业，RCEP 的实施将更加有利于这些产业在区域内的发展。

（二）区域内一体化程度提高将拓展厦门与 RCEP 成员国经贸合作潜力

第一，RCEP 使成员国间的货物贸易关税进一步降低。RCEP 生效后区域内 90% 以上的货物贸易将逐步实现零关税。从出口方面来看，中国出口近三成可实现零关税待遇，与现下的自贸协定相比，东盟显著扩大了对中国零关税产品的范围，印度尼西亚、菲律宾、柬埔寨、缅甸、马来西亚等国家均对我国新增了降税产品，有助于推动厦门与东盟各国的贸易增长。从进口方面来看，中国进口关税在未来 10～15 年内边际降幅较大的产品包括液晶装置、汽车配件、丁苯、橡胶等。国内上游产业如纺织制造、有色金属、橡胶、矿产冶炼等行业将长期受益于关税减让带来的原材料价格下降。在 RCEP 下，中国对进口自韩国的 86% 的产品关税最终降为零，其中 38.6% 的韩国产品关税在协定生效时立即降为零；同时，韩国对进口自中国的 86% 的产品关税最终降为零，其中 50.4% 的中国产品关税在协定生效时立即降为零。

此外，通过 RCEP，中日两国首次建立自贸伙伴关系，RCEP 的实施已经推动中日之间达成关税减让承诺，日本多次下调 RCEP 项下的进口关税。日本从中国进口产品零关税税目新增 1876 个，占总税目的比重为 16.3%，涉及产品的贸易额在 2020 年为 133.6 亿美元，占 2020 年中国对日本出口额的 9.4%。中国从日本进口产品零关税税目新增 1371 个，占总税目的比重为 16.6%，涉及产品的贸易额在 2020 年为 85.4 亿美元，占 2020 年中国从日本进口额的 4.9%。未来，日本出口至中国的零关税产品比例将从此前的 8% 扩大至今后的 86%。日本将对来自我国的 88% 货物产品实施零关税，鉴于日本是厦门第四大贸易伙伴，这将有助于提升厦门与日本之间的贸易规模。

第二，RCEP 下的原产地区域价值累积规则有利于区域内生产分工和中间品贸易的发展。目前各类贸易协议现行的主流原产地规则是商品从 A 国进入 B 国，需要达到在 A 国的增值标准，即 40% 以上，才可认定原产地为 A 国。RCEP 成员国将在协定生效后五年内审议是否将原产地累积规则适用范围扩大到所有缔约方内的价值增值，即商品从 A 国进入另一自贸伙伴 B 国，可以用协定中多个缔约方的中间品，以达到所要求的区域内累计 40% 增值标准，即可认定为原产地为 A 国。这意味着，RCEP 下的原产地区域价值累积规则将来自该区域任何成员国的价值成分计算在内，实现 15 个成员国之间的累积，打破了原先中韩、中澳、中国东盟等不能跨协定累积的限制。产品在加工过程中，实现的增值部分只要属于 15 个成员国，且价值增值超过 40%，即视为原产地产品。累积的原产地规则将带来成员国间中间品需求的增加，并催生一批保税区组装加工企业。

第三，RCEP 将进一步推进成员国间的贸易便利化程度。RCEP 要求各成员国海关方面的法律法规具有可预测性、一致性和透明性，完善海关程序的有效管理以及实现通关程序与贸易的便利化。RCEP 要求成员国简化海关通关手续，采取预裁定、抵达前处理、信息技术运用等促进海关程序的高效管理手段。在可能情况下，对快运货物、易腐货物等争取实现货物抵达后 6 小时内放行，促进了快递等新型跨境物流发展，推动了果蔬和肉、蛋、奶制品等生鲜产品的快速通关和贸易增长。RCEP 自贸区内简化海关通关手续，将加快跨境物流运输，助力跨境电商高速发展。

第四，RCEP 的实施将促进自然人在区域内更加便利流动。RCEP 调整了区域内自然人临时移动规则，提高了自然人临时移动的便利化水平，增加了跨国公司内部流动人员、随行配偶及家属等类别，并可适当延长允许停留期限，同时减少了自然人临时移动的限制性条件。这将使得跨国公司内部人员的临时移动更加灵活，有利于厦门跨国公司海外业务的开展。

（三）RCEP 将强化厦门与区域内国家的产业链供应链合作

第一，RCEP 原产地累积规则有利于成员国间的中间品贸易发展和更加广泛的区域内生产分工。根据 RCEP 原产地累积规则，只要产品在加工过程中实现的增值部分属于 15 个成员国，且累计增值超过 40%，即可在进出口过程中享受相应的关税优惠。这对企业在区域内进行跨国生产分工合作具有较强的促进作用。这将助力企业结合各国降税承诺、要素禀赋和产业特点，优化产业链供应链布局，加快完善区域乃至全球产业链供应链，促进区域产业链、供应链和价值链的有效融合。

第二，RCEP 采用负面清单管理模式有利于区域内国家强化投资合作。RCEP 采用负面清单管理模式对制造业、农业、林业、渔业、采矿业等行业的投资做出较高水平开放承诺，承诺投资将受到保护、允许外商独资、享受最惠国待遇和国民待遇、禁止业绩要求等。这将促进区域内的投资自由化，进而有利于区域内产业链供应链合作。

第三，RCEP 将促进厦门的供应链服务企业与其成员国加强合作。例如，RCEP 有利于厦门的国际供应链服务企业在东南亚地区构建配套物流资源，提升供应链服务能力。区域内投资自由化将加速厦门的劳动密集型产业向东盟等低成本国家转移。RCEP 也有利于厦门的供应链企业加快布局海外关键物流基础设施，在东南亚保税区建立配套的物流设施，加强海外货权安全管理，实现库存前移，进一步提升供应链服务能力。

总体而言，RCEP 的签署将有利于厦门的国际供应链服务企业加快构建在区域内的加工和分销体系，规避中美贸易摩擦的长期影响。厦门部分企业可以在东南亚建立生产和加工中心，承接部分国内订单，利用东南亚与美国市场关税优惠协议，规避关税及非关税壁垒，稳固原美国市场份额，同时打造更为广阔的外部市场。

（四）厦门与 RCEP 成员国经贸合作基础与发展势头良好

第一，厦门与 RCEP 成员国的贸易投资增长较快。厦门与 RCEP 成员国出口经贸互动日益紧密，东盟、日本和韩国均为厦门主要的出口目的地。2022 年，厦门对 RCEP 其他成员国进出口 473 亿美元，占厦门进出口总值的 34%，其中向 RCEP 成员国出口货物总额为 188.49 亿美元，占全市出口总额的 25.8%。2023 年 1～8 月，厦门对除中国之外的 RCEP 其他14 个成员国进出口 2063.5 亿元，比上年同期增长 2%，占厦门外贸总值的 32.7%。其中，出口 816.7 亿元，比上年同期下降 1.7%；进口 1246.8 亿元，比上年同期增长 4.5%。在进口方面，铁矿砂、煤炭和农产品贸易货值均同比增长；在出口方面，机电产品、农产品同比增长，劳动密集型产品则同比下降。

第二，中国和日本第一次建立了自贸关系，厦门对日本的出口增长较为明显。厦门针对出口日本的企业开展了一对一政策宣讲，帮助企业更好地掌握相关出口产品的关税减让幅度。2022 年，日本与厦门进出口额达 427.2 亿元，其中出口额 268 亿元，日本是厦门的第五大贸易伙伴和第二大出口市场。厦门与日本在进出口贸易和双向投资上具有很大的合作潜力和发展空间。

第三，RCEP 通过关税减让和更加优惠的原产地证书，使得厦门企业出口成本下降，出口竞争力显著提升。RCEP 带来的关税优惠、区域原产地累积规则已经让厦门的出口企业享受到了实实在在的实惠。RCEP 在关税方面的优惠、清关效率和物流效率的提高，帮助企业在进出口环节节约了时间和成本。2023 年 1～8 月，厦门海关共签发 RCEP 原产地证书 1.4 万份、涉及金额 9.49 亿美元，同比分别增长 27.4%、31.3%，其中 98.85% 为厦门企业自助打印，RCEP 项下享惠进口达 6.06 亿元，减免税款 1193 万元，同比分别增长 61.23%、59.73%。其中，厦门海关共为厦门近 439 家出口企业签发 RCEP 原产地证书 9142 份，出口享惠货值达 41 亿元，出口企业凭借 RCEP 原产地证书预计可享受进口国关税减让金额超 4100 万元。2023 年 1~10 月，厦门市贸促会为 116 家企业签发 RCEP 原产地证书 1650 份，涉及金额 7316.10 万美元，可享受进口国关税减让金额超 700 万元。其中，签发量最多的国家为日本。由于此前中国已和除日本以外的其余 13 个 RCEP 成员国签署了自贸协定，达成了关税减让安排，相较而言，RCEP 生效实施后对日贸易关税减让更加显著，促进了对日贸易发展，增进了中日经贸合作关系。未来随着 RCEP 深入实施，进出口企业利用原产地规则的灵活性和便利性都将大幅提高，可根据不同协定关税减让情况选择最高关税减免进行享惠，累积规则的区域扩大将给进出口企业尤其是中小企业带来更多的贸易机会，也有助于降低其最终产品的生产成本。企业用好用足政策优惠的意识也会不断增强。

（五）厦门与 RCEP 成员国经贸服务质量将进一步提高

RCEP 签订以来，厦门海关、厦门口岸办、港口管理局等各部门不断提高贸易服务质量。厦门商务局牵头出台了《厦门市全面对接〈区域全面经济伙伴关系协定〉行动计划》，在加强货物贸易合作、创新发展服务贸易、拓展投资合作、构建国际物流通道、提升跨境贸易便利化等方面持续发力，深化了与 RCEP 成员国的经贸合作。

第一，厦门相关部门不断提高贸易便利化水平，促进口岸提效、降费、促便利系统集成改革，持续优化航线网络布局，鼓励增开 RCEP 航线，深化港航合作，完善服务效能。一是截至 2023 年 4 月，厦门港全港共开通 RCEP 航线 96 条，覆盖 11 个成员国的 58 个港口。二是厦门允许原产地证书有微小差错。2021 年海关总署同意在厦门等地综保区先行试点，2023 年 7 月 13 日关税司发文要求各关在审核优惠贸易协定项下原产地证明时，不因微小差错或细微差异而拒惠。三是货物放行、快运货物通关时效方面。在实施提前报关、未命中实施检验检疫、检查等要求且已缴纳税款或提供有效担保的前提下，厦门快运货物已实施"秒放"。四是制造商或供应商的自我合格声明。厦门规定在开展合格评定时，可接受制造商或供应商的自我合格声明。

第二，厦门海关不断升级优化原产地证书申领一体化平台，与厦门自贸委、邮政部门联合打造"出口原产地证服务"系统，在全国率先实现证书 EMS 自助寄递。企业登录厦门数字口岸平台，即可"一站式"办理企业备案、证书申请、状态查询、自助打印、享惠受阻上报等 12 个事项。厦门也同步开发出微信小程序，将业务办理从"网上办"升级为"掌上办""随手办"。

第三，厦门推出 RCEP 公共服务平台，聚焦最新资讯、培训信息、政策文件、关税查询、综合服务、协定文本六大实用板块，及时精准地为企业提供全面的信息和优质的咨询服务。此外，厦门商务局还进一步发挥出口信保作用，支持外贸稳定发展。

第四，厦门国际贸易"单一窗口"建设取得了较大成绩。目前，厦门国际贸易"单一窗口"已经实现 3.0，正向数字口岸平台推进，从而集成物流、金融、航空电子货运平台、小包裹通关、海关边检、银行等各类服务。"单一窗口"已经上线各类应用系统和功能模块 70 多项，成为提供跨境贸易、物流、政务、金融等信息服务的"一站式"公共服务平台。目前，厦门口岸进出口货物通关申报时间从原来的 4 小时减至 5~10 分钟，船舶申报时间从原来的 1 小时减至 5 分钟，船舶滞港时间从原来的 36 小时缩短至 2.5 小时，货物验放效率从原来的 3 天缩短至最快 6 秒。

二　厦门加强与 RCEP 成员国经贸合作的主要模式

基于当前国内外经贸合作模式的最新发展趋势、贸易模式的演变以及厦门自身的特征，接下来首先总结提出厦门加强与 RCEP 成员国经贸合作的主要模式。

（一）境外经贸合作区模式

近年来，境外经贸合作区已经成为世界各国吸收外商直接投资、促进对外经贸合作发展的重要方式。中国在经济园区建设方面积累了丰富的经验，中国也在世界各国特别是东南亚国家建立了大量境外经贸合作区，成为中国与相关国家加强经贸合作的重要模式。① 在厦门与 RCEP 成员国的经贸合作中，这种模式值得借鉴。

第一，境外经贸合作区已经成为各国促进经贸发展的重要模式。近年来，境外经贸合作区逐渐成为带动全球对外投资、吸收外资和对外贸易的重要手段。联合国贸易和发展会议（UNCTAD）专门以特殊经济区为主题撰写了《2019 年世界投资报告》，系统考察了其对吸引外国投资、促进对外贸易和产业升级的重要作用。例如，特殊经济区贡献了越南 60%~70% 的外商直接投资，孟加拉国的 8 个国家级经贸合作区中 72% 的投资者来自境外。因此，世界各国设立了大量各类型经贸合作区以促进国内国际的经济合作。如表 1 所示，截至 2018 年底，世界各国共建成了 5383 个特殊经济区；2014~2018 年，全球范围内就设立将近 1000 个特殊经济区，在未来几年，还有望新设立 500 多个。而且，外国直接投资深度参与了新一轮特殊经济区建设，不仅对园区的开发商和运营商，而且对东道国的园区激励措施和管理政策具有重要影响，全球至少有 30%~50% 的园区有外资参与，广义境外园区约达 2000 个。

表 1　截至 2018 年底全球范围内特殊经济区数量

单位：个

经济体	总数量	建设中	计划建设
世界	5383	474	507
发达经济体	374	5	—
欧洲	105	5	—
北美	262	—	—

---

① 刘洪愧：《"一带一路"境外经贸合作区赋能新发展格局的逻辑与思路》，《改革》2022 年第 2 期。

续表

经济体	总数量	建设中	计划建设
发展中经济体	4772	451	502
亚洲	4046	371	419
东亚	2645	13	—
中国	2543	13	—
东南亚	737	167	235
南亚	456	167	184
印度	373	142	61
西亚	208	24	—
非洲	237	51	53
拉丁美洲	486	28	24
转型经济体	237	18	5

注：—表示没有相关数据。

资料来源：UNCTAD《2019 年世界投资报告》。

第二，中国的境外经贸合作区建设取得显著成效。中国具有丰富的经济园区建设实践和经验，各类经济园区也对中国经济发展起到了非常重要的促进作用。表 1 显示，截至 2018 年底，中国共建设有 2543 个特殊经济区，在所有国家中排名第一位。在此基础上，中央和各级地方政府、有实力的大型园区开发企业纷纷"走出去"，在世界各国特别是东南亚诸国建立了各种类型、各种级别的境外经贸合作园区（见表 2）。RCEP 及其制度安排更是为中国和厦门在成员国进行境外经贸合作区建设提供了重要契机和便利。根据现有资料，截至 2019 年底纳入中国商务部统计的境外经贸合作区已经达到 113 家，累计投资 419 亿美元，进一步对地方政府数据进行统计可以发现，中国已经在 57 个国家建设了 201 家境外经贸合作区。这些境外经贸园区有相当大比例分布在 RCEP 成员国。这些国家在自然资源、地理位置、劳动力成本、产业发展等方面与中国存在一定的互补关系。许多国家与中国在地理位置上比较接近且劳动力成本优势明显，如泰国、柬埔寨、越南等。

表 2　中国在东南亚国家的主要经贸合作区

序号	园区名称	园区类型	序号	园区名称	园区类型
1	柬埔寨西哈努克港经济特区	加工制造型	12	泰国-中国罗勇工业园	多元综合型
2	柬埔寨桑莎(柴桢)纺织工业园	加工制造型	13	文莱大摩拉岛境外经贸合作区	资源利用型
3	柬埔寨斯努经济特区	多元综合型	14	中国-印度尼西亚经贸合作区	加工制造型
4	柬埔寨福隆盛工业园	加工制造型	15	中国-印度尼西亚东加里曼丹岛农工贸经济合作区	农林开发型
5	柬埔寨恒睿现代农业产业园	农林开发型	16	印度尼西亚苏拉威西镍铁工业园	资源利用型
6	柬埔寨-中国热带生态农业合作示范区	农林开发型	17	中国-印度尼西亚综合产业园区青山园区	资源利用型
7	中国-老挝万象赛色塔综合开发区	多元综合型	18	中国-印度尼西亚聚龙农业产业合作区	农林开发型
8	老挝-中国现代农业科技示范园	农林开发型	19	华夏幸福印度尼西亚卡拉旺产业园	加工制造型
9	马来西亚-中国关丹产业园	多元综合型	20	越南北江省云中工业园区	加工制造型
10	江西(马来西亚)现代农业科技产业园	农林开发型	21	越南龙江工业园	加工制造型
11	中国-东盟北斗科技城	技术研发型	22	中国-越南(深圳-海防)经贸合作区	加工制造型

资料来源：刘洪愧《"一带一路"境外经贸合作区赋能新发展格局的逻辑与思路》，《改革》2022 年第 2 期。

第三，境外经贸合作区有助于推动中国企业高质量"走出去"，提高厦门与 RCEP 成员国经贸合作的效率。一是境外经贸合作区将基础设施建设、企业对外直接投资、劳务输出、承包工程融为一体，呈现前后相接、相互联系的"走出去"格局。在境外经贸合作区的建设过程中，一般都是由中国企业进行基础设施的规划、投资和建设，包括"五通一平"、各类管网建设、办公大楼及其设施建设等，对于大的境外经贸合作区，其基础设施建设规模可相当于一个小型城市。在基础设施建设完成之后，中国的其他生产性和服务性企业开始入驻境外经贸合作区，同时也积极引导东道国和其他国家的企业在园区开展生产经营活动。在这个过程中，中国的资本、劳动力、技术、各类标准等生产要素共同"走出去"，并与其他国家的企业和劳动力形成互动循环。因此，通过境外经贸合作区建设，可以使中国的生产技术和资金与"一带一路"共建国家的土地和劳动力更好结合，更好开拓国外市场。这远比单一企业和单一要素"走出去"更为高效。二是境外经贸合作区不仅大幅度降低了企业对外投资的信息搜索和交易成本，而且提高了投资效率，从而可以引导国内企业批量化抱团"走出去"，并产生一系列规模效应。境外经贸合作区作为一种新的对外投资模式，可以凝聚多方力量，整合优势资源，为企业对外投资搭建了一个重要平台。特别是，中国和东道国政府和机构在基础设施、政策支持、安全保障等方面为园区企业创造了便利条件。中国企业赴境外经贸合作区投资经营可以依托园区一级开发企业获得各方面的协调安排，从而有效降低投资过程中的信息收集和整理、市场调研、经营资质、牌照申请、政府关系维护等一系列成本，并且有效降低各种政策不确定性。此外，境外经贸合作区一般以中国企业为主，可以引导中国企业批量化抱团"走出去"，彼此之间比较熟悉且容易形成稳定的产业链供应链关系，从而获取一定的产业集聚效应和规模效应。三是中国制造业企业在境外经贸合作区建立加工贸易生产基地，是中国主导的国内产业链的国际延伸，形成了初步的国际产业链。这可以有效带动中国的零部件和中间产品出口，有效扩大产品消费市场，也有利于中国的品牌"走出去"，是从需求侧对国内经济大循环的促进。四是中国的资源能源、农产品企业在境外建立产业园区将有利于保障中国的资源能源供给。这也将使得这些国家的资源能源产品和农产品获得更好的市场机会，同时中国企业也将帮助它们提高产业发展水平和附加值。

（二）数字贸易模式

数字贸易正在成为未来全球贸易发展的新模式和新动力，也是世界各国重点发展的领域，并成为当前各个自贸协定的焦点，[①] 未来也应该成为厦门

---

① 刘洪愧、赵文霞、邓曲恒：《数字贸易背景下全球产业链变革的理论分析》，《云南社会科学》2022 年第 4 期。

与 RCEP 成员国经贸合作的主要方式。具体而言，中国商务部服务贸易司 2021 年发布《中国数字贸易发展报告 2020》，将数字贸易定义为以数据为生产要素、以数字服务为核心、以数字交付为特征的服务贸易，并将其进一步划分为数字技术贸易、数字产品贸易、数字服务贸易、数据贸易四大类。其中，数字技术贸易包括软件、通信、大数据、人工智能、云计算、区块链等数字技术的跨境贸易；数字产品贸易包括数字游戏、数字出版、数字影视、数字动漫、数字广告、数字音乐等数字内容产品的跨境贸易；数字服务贸易包括通过跨境电商平台的贸易以及金融、保险、教育、医疗、知识产权等线上交付的服务；数据贸易则是指数据跨境流动形成的贸易。

第一，数字贸易对全球贸易增长的贡献不断攀升。在全球范围内超过 50% 的服务贸易已实现数字化，超过 12% 的商品贸易是通过数字平台企业实现的。① 麦肯锡研究报告中的数据显示，受数字技术和数字贸易的推动，跨境服务增速比货物贸易增速高 60%。② 世界贸易组织（WTO）把《世界贸易报告 2018》的主题定为"未来的世界贸易：数字技术如何改变全球商务"，报告预计到 2030 年数字技术的使用有望使全球贸易量增加 34%。③ 亚洲开发银行（ADB）测算 2019 年全球数字平台的交易额达到 3.8 万亿美元，占全球 GDP 的比重达到 4.4%。④

第二，中国各级政府正在加快推进数字贸易发展。2019 年 11 月《中共中央 国务院关于推进贸易高质量发展的指导意见》、2021 年《国务院关于印发"十四五"数字经济发展规划的通知》等文件都提出要加快发展数字贸易。2022 年 10 月党的二十大报告明确提出"发展数字贸易，加快建设贸

---

① 《把握数字贸易机遇 助力中小企业出海——敦煌网梦想合伙人项目大力推动中小企业跨境电商拓展海外市场》，敦煌网，https://seller.dhgate.com/news/media/i258602.html#cms_把握数字贸易机遇助力中小企业出海-list-1。

② McKinsey Global Institute，"Globalization in Transition：The Future of Trade and Value Chains"，2019.

③ World Trade Organization，"World Trade Report 2018：The Future of World Trade：How Digital Technologies Are Transforming Global Commerce"，2019.

④ ADB（Asian Development Bank），"Asian Economic Integration Report 2021：Making Digital Platforms Work for Asia and the Pacific. Manila"，2021.

易强国"。① 2022 年中国国际服务贸易交易会系列高峰论坛就以"数字贸易
发展趋势和前沿"为主题。商务部等相关部门先后出台深化服务贸易创新
发展试点总体方案，出台支持数字贸易发展的政策，确定 12 个国家数字服
务出口基地进行试点。就地方政府而言，北京市印发《北京市关于促进数
字贸易高质量发展的若干措施》；浙江省印发《中共浙江省委　浙江省人民
政府关于大力发展数字贸易的若干意见》；江苏省印发《江苏省推进数字贸
易加快发展的若干措施》；广州市印发《广州市支持数字贸易创新发展若干
措施》，旨在通过政策支持来加快推动数字贸易发展、推动贸易高质量
发展。

　　第三，RCEP 协定有"电子商务"章，这是亚太地区首次达成与电子商
务有关的规则，RCEP 也是中国目前数字贸易规则的最高标准。RCEP 的数
字贸易规则涉及数据和设施的自由化、数据跨境流动、无纸化贸易、电子认
证和电子签名、消费者权益和知识产权等多方面，同时注重保护网络安全，
充分尊重成员国监管要求，注重对话与争端解决。对于部分监管水平有限的
成员，RCEP 使用过渡期、保留性脚注、兼容性表述等灵活方式达成统一，
为其产业发展和国内监管体系完善保留空间。RCEP 的数字贸易规则涵盖了
数据和设施的自由化、充分尊重各方国内监管框架、推广数字技术、保护消
费者权益、个人信息和知识产权、网络安全与数据传输监管、传输设备等硬
件建设、新技术应用规则以及数字贸易对话与争端解决机制等方面，旨在推
动区域内数字贸易的发展和合作。在 RCEP 框架下，数字贸易的发展有助于
降低中国与 RCEP 成员国间的关税和非关税壁垒，减少贸易成本和时间，打
破传统贸易模式的限制，拓展贸易的广度和深度。可以预见，RCEP 将极大
推动中国与其成员国的数字贸易发展，有利于中国跨境电商模式的推广，促
进中国跨境电商进出口规模的扩大，推动跨境电商企业加大布局海外市场，
提高区域内贸易便利化水平，加速中国跨境云服务业务发展，因而也应该成

---

① 习近平：《高举中国特色社会主义伟大旗帜　为全面建设社会主义现代化国家而团结奋
　斗——在中国共产党第二十次全国代表大会上的报告》，《人民日报》2022 年 10 月 26 日。

为厦门强化与 RCEP 成员国经贸合作的主要模式。

而且，厦门具有较好的跨境电商发展基础。厦门跨境电商产业园已是福建省内跨境电商要素聚集度高、服务要素齐全的跨境电商全产业链综合服务平台，跨境生态圈及公共服务体系位于全国前列。2019 年 4 月，东南亚最大电商 Shopee 在厦门成立全国首个跨境孵化中心，设立转运仓加速闽货"出海"。截至 2022 年 10 月，产业园累计注册企业 852 家，累计引进注册资本近 40 亿元，带动电商创业就业人数达 3500 余人，累计培养中高端电子商务人才 2500 人以上。

（三）特色项目和特色产品进出口基地模式

中国在开展对外经贸合作实践中，不仅在相关国家建设了诸多"高大上"的大型国际合作项目，也推进了许多"小而美"的特色项目，聚焦具体产品、具体市场和特定人群，从而增加当地就业、提高人们技艺、改善人们生活，让对外经贸合作成果惠及更多人。这些诸多"小而美"特色项目汇集起来，将对厦门推进与 RCEP 成员国的合作发挥重要的实际作用，也有利于推动厦门与 RCEP 成员国之间的人员交往和民心相通，增加相互了解。这一系列"小而美"特色项目和特色产品进出口基地是厦门未来拓展与RCEP 成员国经贸合作的重要方式。厦门与 RCEP 成员国的特色产品贸易涉及多个领域。以下是一些具体的案例。

第一，厦门毛燕进口量全国第一，已经打造成为全球毛燕加工中心城市。厦门率先落实中国与马来西亚政府签订的合作协议，首批毛燕进口落地厦门东南燕都加工生产，形成印度尼西亚、越南等国家毛燕进口加工基地和行业协会合作平台。建立东南燕都安全燕窝溯源管理平台，已吸收 29 家燕窝生产加工会员企业、2 家燕窝原料供应商，下游联通 600 余家经销商，产品溯源率达 100%。目前，东南燕都总投资 7.3 亿元，集溯源平台、检测认证研发平台、B2B 电子商务平台及供应链金融平台四大专业平台，贯穿整个燕窝行业，实现了燕窝"原料—生产加工—终端销售"的全产业链标准化，是在国务院《进一步深化中国（福建）自由贸易试验区改革开放方案》指导下打造的重点平台之一。全球 90% 燕窝销往中国，而中国 70% 毛燕都来自东南燕都。厦门已成为全国最大燕窝品牌及深加工基地。2023 年，东南燕都预计年内毛燕进口量将超 33 吨，有望再次超越 2022 年累计进口量。

第二，厦门已经成为全国最大的进口酒集散中心之一，在国际市场上也逐渐拥有了话语权。厦门酒类进口独具特色，啤酒进口量连续多年位居全国第一，烈酒位居第二，葡萄酒位居第五，辐射福建、浙江、广东等主要的啤酒消费地。厦门海关、自贸片区等制度创新为进口酒快速发展提供了契机。例如，厦门自贸片区建成福建自贸试验区首个区外保税展示交易项目，形成了"前店后库"的进口酒类创新模式。厦门海关实施"一站式"酒类检验专区、全国首创"进口酒快检"模式、"72 秒通关"等举措，专人专岗对各类报关单进行审单、验估，确保货物申报完成后就能进入"优先查验、优先送检、优先检测"的绿色通道。再如，象屿保税区进口酒交易中心 365 酒博会享受自贸试验区及保税区双重政策叠加，是典型的新零售的会员中心、大数据中心、进口酒体验中心（包括进口葡萄酒、洋酒、啤酒等酒类）。目前，明达实业成为厦门首家经核准出口商，可自行对其生产和出口到 RCEP 成员国的产品开具 RCEP 原产地声明。

第三，厦门是煤炭及褐煤进口重要基地以及鞋类、箱包类、纺织类主要出口基地。2021 年，厦门煤炭进口量位居全国首位，对 RCEP 成员国的箱包类产品出口额为 13376 万美元，同比增长 4.51%；鞋类产品出口额为 72215 万美元，同比增长 20.78%，其中出口东盟国家 50336 万美元。随着 RCEP 的生效，厦门的这些特色产品出口将可能享受关税减让等优惠待遇，从而进一步促进与 RCEP 成员国的贸易往来。同时，也有助于厦门的企业拓展海外市场、提高在国际市场上的竞争力。

（四）服务贸易进出口基地模式

近年来，服务贸易在国际贸易中的比重持续攀升，重要性不断提高。随着厦门产业结构升级，服务贸易对厦门的重要性也不断提高，应该成为厦门未来对外贸易的重要增长点。厦门是重要的航空维修、游戏、文化产品出口基地，未来要依托这些服务贸易进出口基地推进厦门与 RCEP 成员国的经贸发展。

一方面，厦门是国家全面深化服务贸易创新发展试点城市之一，也是中国服务外包示范城市。厦门拥有多个专业性特色国家级服务出口基地，如国家文化出口基地、数字服务出口基地、中医药服务出口基地、语言服务出口基地等。这些服务出口基地的形成，有利于推动厦门形成"一试点""一示范""多基地"的服务贸易创新发展格局，为厦门的服务贸易进出口提供有力的支持。厦门商务局和厦门卫健委还专门出台了《关于支持厦门市中医院申报建设国家中医药服务出口基地的意见》，旨在推动厦门中医药服务出口增长。

在此基础上，厦门文化出口基地位居全国首位，厦门自贸片区国家文化出口基地以综合评价 91.4 分的成绩位列全国文化出口基地功能区类基地首位；17 家企业入选 2021~2022 年度国家文化出口重点企业；厦门自贸片区成为首批 13 家国家文化出口基地创新实践案例；厦门外图集团有限公司报送的东南亚中国图书巡回展案例获评全球服务实践案例。厦门数字服务出口基地规模增长迅速，2021 年数字服务出口基地（火炬）实现数字服务出口业务增长 28.3%。近年来，厦门与 RCEP 成员国的服务贸易发展情况呈现稳步增长的趋势。根据厦门商务局发布的数据，2021 年厦门与 RCEP 成员国服务贸易总额达到 463 亿元，同比增长 3%，其中出口额为 234 亿元，同比增长 6%。厦门积极推进与 RCEP 成员国的服务贸易合作。在教育、旅游、医疗等领域，厦门积极引进 RCEP 成员国的优质资源，推动服务业的双向开放。

另一方面，RCEP 下的服务贸易开放度显著提高，可为厦门强化与 RCEP 成员国的经贸合作提供制度支持。从原则层面看，RCEP 有以下几点要求。一是降低服务贸易壁垒，提高服务贸易开放程度。RCEP 要求成员国降低服务贸易壁垒，如减少服务贸易限制措施、提高服务市场开放程度、加强服务贸易合作等。二是规范服务贸易管理。RCEP 协议要求成员国规范服务贸易管理，如制定透明、公正、非歧视的法规和政策以及加强监管合作等。三是加强服务贸易合作。RCEP 要求成员国加强服务贸易合作，比如促进服务贸易便利化、加强服务业投资合作、推动服务业技术创新等。四是推进服务贸易数字化。RCEP 要求成员国推进服务贸易数字化，如加强电子商务合作、推动数字经济发展等。从具体举措来看，RCEP 第八章"服务贸易"共包括 25 个条款和金融服务、电信服务、专业服务 3 个附件；第九章"自然人临时移动"共包括 9 个条款，同时 RCEP 各缔约方还提交两部分服务贸易领域具体承诺表。RCEP 服务贸易条款涉及适用范围、原产地规则、国民待遇、最惠国待遇、透明度清单、本地存在、国内法规、承认等方面的规则，旨在消除服务贸易领域的限制性、歧视性措施。这将为厦门强化与 RCEP 成员国的服务贸易合作提供重要激励和支撑。

三 厦门加强与 RCEP 成员国经贸合作的政策举措

（一）货物贸易领域

1. 充分利用 RCEP 带来的关税下降优势

第一，引导企业用好 RCEP 对我国出口货物的优惠关税待遇。引导企业针对其出口产品关注 RCEP 成员国的关税减让情况，深入评估是否满足原产地规则。如果货物不能满足原产地规则，鼓励企业调整原材料来源，结合各成员国的产业优势，增加区域内原材料占比，并深入评估这种调整所需的合规成本。充分发挥厦门自贸片区的作用，先行先试针对部分国家和产品进行降税安排。

第二，引导企业择优选用现有自贸协定优惠安排，充分享受进口关税优惠。引导进口企业针对自身进口货物，比较不同自贸协定下的降税水平及原产地规则。尤其注意的是，同一原产国的同一货物在不同自贸协定下所适用的税率和原产地规则也可能有所差别。以韩国原产货物为例，RCEP 生效后，中国与韩国之间的优惠贸易协定将有 RCEP、中韩自贸协定、亚太贸易协定三项。自韩国进口时，进口企业须考虑申请适用哪一项自贸协定下的优惠关税，并须确保货物具备该协定项下原产资格。

第三，根据 RCEP 规定的关税减让时间表，列出厦门的主要产品关税清单。可分立即减免关税、五年内减免关税、十年内减免关税三大类产品，从而有利于企业掌握关税减让的进度，提高企业对 RCEP 的利用率、针对性、积极性。针对首年关税即降为零的、5 年内关税减让显著的商品，建立出口重点商品和企业清单，扩大机电产品和纺织服装出口，增加中间品和高新技术产品、消费品进口。

第四，研究开发 RCEP 关税智能享惠服务平台，为企业利用 RCEP 原产地规则提供指引。该平台要在提供各贸易国家优惠关税和原产地规则要求的查询服务基础上，进一步根据企业的自身实际，"一对一"为企业量身分析提供最优化的自贸协定选择方案。例如，出口越南所涉及的自贸协定分别有东盟自贸协定和 RCEP 协定。因此，要帮助企业了解这两个协定的相关政策优惠，以便帮助企业选择适合自身的自贸协定。对于关税相同且分别符合这两个自贸协定原产地规则的情况，要进一步引导企业关注在通关便利化等方面上哪个协定更具有优势、更符合自身的要求。如在通关便利化方面，RCEP 要求各成员国允许货物在抵达前提前申报，采取预裁定、抵达前处理、信息技术运用等促进海关程序的高效管理手段，从而简化了海关通关手续，加快了放行时间。此外，要引导企业进一步了解 RCEP 关于原产地证明的政策，如企业选择东盟或 RCEP 优惠原产地证书都可以享受零关税，但是基于 RCEP 原产地规则可以出具背对背原产地证明，对企业更具有吸引力。企业不仅可以享受 RCEP 带来的关税减免和通关便利化的优势，也可以提高其在销售策略以及物流安排方面的灵活性。因此，在面临多项自贸协定时，要引导企业比较产品的关税减让幅度、达到原产地规则的难易程度及付出的成本，在关税减让幅度相同又符合相关原产地规则的情况下，引导企业根据产品的需求比较协定中的其他相关条款，如通关便利化、直运规则途径时限、背对背原产地证书等方面哪个更符合产品的需要。

2. 强化与 RCEP 成员国的政策沟通

第一，加强与 RCEP 成员国关于反倾销政策谈判沟通，降低中国产品被反倾销的风险。虽然厦门作为地方政府无法与 RCEP 成员国进行反倾销政策的谈判，但是可以与 RCEP 成员国以及当地的各类工商协会等沟通，及时掌握可能的反倾销信息，并及时与厦门的企业交流信息，调整产品出口地区，降低产品被反倾销风险。

第二，加强与 RCEP 成员国间各类标准体系、认证体系的沟通。RCEP 一些成员国与中国的产品标准体系和认证体系差异较大，要进一步加强政策沟通，推动标准互认。利用各种方式推广中国的标准体系，如口岸管理和服务流程和操作等，如尝试将中国的"单一窗口"业务流程标准介绍和推广到东南亚国家。

第三，组织开展 RCEP 重点国家的营商环境调查。了解厦门"走出去"企业面临的实际困难与诉求，甚至帮助东盟成员国进一步优化营商环境。加强与 RCEP 重点城市的互联互通，帮助提高这些城市的物流基础设施建设水平。

3.完善贸易便利化各项措施

第一，进一步压缩通关时间、提高通关效率。持续巩固压缩进出口货物整体通关时间、提高工作成效，将进出口货物整体通关时间稳固在合理区间，为企业提供相对稳定的通关预期。推出集装箱"卸船直提""抵港直装"等模式，提高港口作业效率。对企业向海关提交的 RCEP 原产地证书中存在的各类微小差错（包括文件之间轻微差异、信息遗漏、打字错误、特定字段的突出显示等）予以接受。

第二，全面落实 RCEP "6 小时通关"。对抵达海关监管作业场所且完整提交相关信息的 RCEP 缔约方原产易腐货物和快件、空运货物、空运物品，实行 6 小时内放行便利措施。

第三，进一步完善厦门国际贸易"单一窗口"。推动厦门国际贸易"单一窗口"向数字口岸平台 2.0 发展，集成物流、金融、航空电子货运平台、小包裹通关、海关边检、银行等各类服务。完善"单一窗口"各类应用系统和功能模块，提高各功能模块的对接，促进系统集成，提高大数据分析和利用能力，使"单一窗口"成为提供跨境贸易、物流、政务、金融等信息服务的"一站式"公共服务平台。

第四，推进厦门国际贸易"单一窗口"与亚太示范电子口岸网络（APMEN）合作。未来要积极参与亚太示范电子口岸网络框架内海运物流可视化试点、空运物流可视化试点、电子原产地证书数据交换等项目。完善厦门国际贸易"单一窗口"与亚太示范电子口岸网络合作项目航空电子货运平台（该平台是 APMEN 首个落地运营项目），助力厦门跨境电商发展。

4. 针对重点国家采取更加针对性的举措

一是梳理总结厦门与 RCEP 经贸合作的重点国家和发展潜力较大国家。其中，日本、韩国、新加坡、马来西亚、印度尼西亚、越南的发展潜力较大。厦门要充分利用 RCEP 机遇扩大与这些国家的货物贸易往来。充分利用各成员国减税特点，采取"一国一策"，加大对上述重点国家的市场开拓力度。

二是中国和日本的贸易受 RCEP 影响较大，要充分利用中日首次建立自贸关系的契机，大力开拓日本市场。依托我国强大的市场需求，深挖立即零关税及关税边际降幅较大的产品。同时深入挖掘 RCEP 其他成员国的贸易数据，结合 RCEP 降税承诺安排，探索海外市场贸易机会，大力推动海外三国贸易。

5. 充分利用跨境电商的助推作用

第一，加强跨境电商引导，提供更多政策扶持，帮助企业完善跨境电商产业链和服务链。完善厦门跨境电商上下游产业链，使跨境电商出口产品可环环相扣、衔接顺畅，提升出口跨境电商产业链韧性。扶持跨境电商新型业态发展，为跨境电商企业提供跨境支付、国际物流、互联网技术、第三方支付技术等配套服务。引导企业加快建设海外仓、保税仓等多层次物流网络，提高海外物流配送效率。通过跨境电商综合试验区，减少行政干预，优化流程，提升政府服务效率。引导跨境电商企业用足用好 RCEP 下的跨境电商优惠政策和规则，为跨境电商企业加速资金回笼、拓展海外市场提供资金支持。

第二，做大做强厦门跨境电商产业园。扩大厦门跨境电商产业园规模和面积，吸引 RCEP 成员国的跨境贸易、跨境电商企业落地，完善跨境电商企业供应链，加大对 RCEP 成员国跨境电商人才的吸引力度，打造其成为服务

RCEP 区域内跨境电商企业的全产业链基地。

第三，加强跨境电商配套建设、培育跨境营销网络、深化电商平台合作、优化综合服务体系等。加强与主要市场在东南亚的电商平台合作，加快跨境电商产业集聚，推动跨境电商生态圈良性发展。引导金融机构在跨境贸易收支与结算方面提供便利服务，为跨境电商支付提供支持。

第四，在物流方面，打造"海陆空铁"四位一体的跨境电商物流体系。开通更多与 RCEP 成员国的全货机航线，实现东南亚全货机多式联运。在金融服务方面，引导银行等金融机构完善跨境电商综合金融服务方案，聚焦"结算、融资、撮合"三大板块，为跨境电商企业提供 N 项跨境电商全生命周期线上综合服务。

第五，鼓励企业在重点国家（地区）建设具备公共仓储、集货分销、物流配送能力的海外仓，对符合条件的企业给予资金支持与补助。对海外仓进行配套服务，在海外仓场地建设及装修、物流仓储信息化软件系统、硬件设备设施等方面的投入按比例给予一次性补贴。对跨境电商进出口电商平台给予租金减免、项目运营扶持等"一企一策"。支持企业开展跨境电子商务专业培训，对学员培训费用支出、活动举办等给予一次性资金支持。

第六，加快跨境电商人才培养。鼓励厦门大学等高校和知名互联网企业合作，开展中高端跨境电商人才培养。整合政府、协会、高校、企业等多方力量，采用跨境电商人才孵化基地、人才实训基地、产教联盟、职业技能实训班等多种方式共同培养高层次跨境电商人才。

第七，鼓励厦门制造业企业加强与大型跨境电商平台企业合作，提高对海外订单信息的获取及时度。推动传统外贸企业向跨境电商转型，鼓励企业在 RCEP 成员国建设"海外仓"，提高海外仓数字化、智能化水平，加强"跨境电商+海外仓"模式出口。

6. 充分利用 RCEP 的原产地累积规则和经核准出口商制度

充分利用 RCEP 的原产地累积规则促进厦门与区域内国家的中间品贸易和加工贸易。利用 RCEP 原产地累积规则，扩大对 RCEP 成员国先进技术设备、原材料、中间产品、优质消费品、紧缺产品进口，打造区域性进口商品展示和集散中心。建立完善 RCEP 实施"1+1"应急处置机制，针对企业自主出具的 RCEP 原产地声明遭遇境外拒惠问题，及时了解情况并通过海关总署相关渠道对外开展交涉，争取获得对方海关认可。大力培育海关高级认证企业成为经核准出口商，充分发挥经核准出口商制度的作用。

（二）服务贸易领域

1. 利用 RCEP 契机拓宽服务贸易合作领域

充分利用厦门作为服务贸易创新发展试点城市、中国服务外包示范城市的相关政策以及 RCEP 对于服务贸易的优惠政策，拓宽服务贸易合作领域。围绕航空维修、跨境电商等重点服务行业，加强产业投资合作，建设 RCEP 产业合作示范基地。加强与 RCEP 成员国高端服务业合作，探索在部分 RCEP 成员国如新加坡建设飞地孵化器，建设 RCEP 服务贸易合作示范基地。积极争取国家相关部委政策支持，逐步放宽或者取消厦门与 RCEP 成员国跨境交付、境外消费、自然人临时移动等模式的服务贸易限制措施，拓展同 RCEP 成员国的服务贸易合作行业。

2. 充分利用 RCEP 推动厦门数字服务贸易高质量发展

以推动厦门数字服务出口基地优化升级为抓手，鼓励企业积极开发数字服务内容、云服务、大数据、区块链等数字贸易业态，提升国家数字服务出口基地能级。在数字服务出口基地基础上，鼓励数字内容服务企业的发展，促进手游、动漫、电影等数字服务产品对 RCEP 成员国的出口。加强与日本在游戏、动漫、电影等产业方面的合作，提高中国数字服务产品的质量。利用 RCEP 大力吸引国内国际高水平人才，例如游戏产业所需的美术和编程人才、金融法律人才、飞机维修人才，大力吸收台湾地区的高素质人才。推进与 RCEP 成员国在数字基础设施等领域的合作，带动数字内容贸易发展，打造面向 RCEP 成员国的服务外包接发包平台。

3. 充分利用 RCEP 促进厦门文化出口平台

进一步打造厦门文化出口平台，推动厦门与 RCEP 成员国的文化交流和文化贸易。充分发挥厦门自贸片区国家文化出口基地的作用，推进厦门"国际图书版权超市""东南亚中国图书巡回展"高质量发展，高质量推进对外文化贸易"千帆出海"行动计划，打造更多具有闽南特色的文化影视产品，鼓励厦门文化产品出口到东南亚地区，增强厦门文化影响力。具体如下。

一是优化文化产品结构。根据 RCEP 的规则和优惠措施，调整文化产品结构，重点发展厦门具有比较优势的文化产品，如艺术品、手工艺品、文化创意产品、闽南文化的影视产品等。

二是加强与 RCEP 成员国之间的文化交流和合作。推出一系列具有国际影响力的文化艺术节，吸引广大侨胞来厦门旅游度假，提高文化产品的国际知名度和认可度，从而拓展国际市场，扩大文化产品的出口规模和市场份额。

三是提升文化产业创新能力。加强厦门中高端文化产业人才的培养，加大文化产品的研发和创新投入，提高文化产业的创新能力和竞争力。推动文化产业与科技、旅游等产业的融合发展，打造具有特色的文化产业集群。

四是搭建更多文化贸易国际合作平台。如文化创意产业园区、文化产业合作联盟等，推动厦门与 RCEP 成员国在文化产品开发、市场拓展、人才培养等方面的合作，实现互利共赢。同时，加强与 RCEP 成员国之间的政策沟通和协调，确保文化产品出口的顺利进行。

4. 利用 RCEP 培养厦门高端服务出口新优势

一方面，做大做强厦门飞机维修行业，打造其成为东南亚地区的飞机维修中心。降低飞机维修等服务贸易出口企业的关税和所得税，加大国外先进飞机维修技术和人才的引进力度，加快国内飞机维修人才的培养。继续支持太古飞机、太古部件等航空维修企业采用海关特殊监管区域外保税维修试点拓展业务，为飞机维修企业设立保税维修专用账册，开展面向 RCEP 成员国的进境航维业务和承接 RCEP 成员国服务商转包的发动机包修业务。支持厦门飞机维修企业拓展新加坡、澳大利亚、印度尼西亚的飞机维修业务。

另一方面，积极推进服务业扩大开放综合试点工作，推动现代化生产性服务贸易发展。争取自贸账户（FT 账户）资格在厦门自贸片区实施，推动发展国际金融服务，做强做大人民币结算代理清算规模，拓展 RCEP 成员国业务范围，开展"RCEP 跨境资金池"等金融产品创新，争取建设 RCEP 资金跨境结算中心。推动承接更多会计和咨询服务外包业务，加快发展法律服务，争取中央政策支持建设"海丝"国际仲裁服务中心，拓展国际海事调解与仲裁等业务。在教育、旅游、医疗等领域，积极引进 RCEP 成员国的优质资源，推动服务业的双向开放。积极推动国际旅游合作，与 RCEP 成员国的旅游部门开展交流合作，共同开发旅游产品和服务，提高旅游服务质量和水平。

（三）吸收外商投资领域

在吸收外商领域，要充分利用《国务院关于进一步优化外商投资环境加大吸引外商投资力度的意见》（国发〔2023〕11 号），落实 RCEP 在投资领域的优惠政策，加大厦门吸收外商投资的力度，放宽外商投资领域和持股比例限制，进一步完善外商投资环境，加强外资知识产权保护力度。

1. 加大吸收外商投资力度

第一，加大吸收 RCEP 成员国外资力度，特别是来自日本、韩国和新加坡等发达国家的外资。充分利用 RCEP 的政策优惠举措，围绕厦门"4+4+6"现代化产业体系，如生物医药、新能源、电子信息等产业，加强吸收外商直接投资的力度。围绕 RCEP 重点开放的投资领域，加强对 RCEP 成员国的招商推介与项目促进力度，吸引 RCEP 成员国 500 强企业、行业龙头企业、侨资华商行业龙头企业等来厦投资。聚焦日本、韩国、新加坡的高科技企业、行业领军企业和技术先进型中小企业，开展新一代信息技术、电子信息、高端装备、生物医药、新能源、新材料等产业链靶向招商引资，大力引进日本企业来厦门投资。例如，鼓励外商投资企业依法在境内开展境外已上市细胞和基因治疗药品临床试验，优化已上市境外生产药品转移至境内生产的药品上市注册申请的申报程序。

第二，创新吸收外资的形式，鼓励外资在厦门设立各种形式的独资企业。对高技术行业和高端服务业在厦门设立子公司和分支机构给予特殊优惠。加强招商引资力度，以制定更加优惠的招商政策、搭建招商平台、加强与国内外投资促进机构的合作等方式，吸引更多外资企业来厦投资。支持日本、韩国、新加坡等国高科技企业在华设立研发中心，与国内企业联合开展技术研发和产业化应用，鼓励 RCEP 成员国企业及其设立的研发中心承担国内重大科研攻关项目。

第三，针对 RCEP 成员国的外商投资，出台新一轮利用外资鼓励政策。成立 RCEP 重点外资项目工作专班机制，加强要素支撑、政策支持和服务保障，推动外资项目早签约、早落地、早开工、早投产。对重点外资项目出台针对性政策，推动重点项目尽快到资。对投资额 1 亿美元以上的重点制造业外资项目，在前期、在建、投资等环节，加大用海、用地、能耗、环保等方面服务保障力度。此外，放宽高端现代化服务业的外资奖励扶持政策，加大对引进外资高端制造业及世界 500 强项目的支持奖励力度。鼓励符合条件的 RCEP 成员国企业在厦门设立投资性公司、地区总部，相关投资性公司投资设立的企业，可按国家有关规定享受外商投资企业待遇。深入实施合格境外有限合伙人（QFLP）境内投资试点，建立健全 QFLP 外汇管理便利化制度，支持以所募的境外人民币直接开展境内相关投资。

第四，推动厦门与 RCEP 成员国建立投资促进合作机制，采取多种形式构建投资促进平台。鼓励厦门投资促进团组常态化赴 RCEP 成员国开展招商引资、参会参展等活动，邀请 RCEP 成员国企业定期来厦门投资洽谈。建立 RCEP 外资招商项目库和企业库，加快在 RCEP 成员国建立投资促进代表处、选聘投资促进顾问，加强与行业协会及华人华侨商会对接联系。加强与商务部、中国贸促会驻外经贸和投资促进机构的沟通，发挥厦门设立在境外的投资促进机构（代表处）的作用，强化与境外经贸和投资促进机构的联系合作。

2. 放宽外商投资的准入领域

第一，利用 RCEP 契机全面落实市场准入承诺即准营制试点，切实实施外商投资准入前国民待遇加负面清单制度。尝试在国家和其他省份负面清单基础上，出台厦门外商投资负面清单，清单之外不得新增外商投资限制。全面放开一般制造业吸收外资的限制，推动服务业领域开放。

第二，放宽服务业外商投资准入门槛和领域，使服务业成为吸收外资的重要领域。在金融领域，落实外资银行、证券公司、基金管理公司在厦门设立独资子公司制度。在教育领域，允许外资在厦门设立独资高等教育机构并提供在线教育服务，鼓励外资与厦门高校合作，共同培养高端人才。在医疗领域，逐步放开厦门医疗市场，允许外资独资医疗机构进入中国市场，推动医疗领域科技创新，加强与外资合作。支持飞机维修、电子商务等领域的外商投资企业与各类职业院校（含技工院校）、职业培训机构开展职业教育和培训。

3. 优化外商投资企业的营商环境

第一，在厦门范围内清理不符合最新版《外商投资法》的地方性法规和政策。全面落实《外商投资法》及其配套法规和实施条例，清理与《外商投资法》及其实施条例不符的规定。严格落实国家"两清单一目录"，积极跟进国家对外商投资新开放领域，创新利用外资新业态、新模式，引导外商投向厦门重点鼓励产业。

第二，优化外资企业投资审批备案流程。加强政府间关于外资投资比例的沟通，在外事人员雇佣手续和入境流程上做适当的优化，打通商务局、发改委、外管局等相关部门关于境外投资的备案手续，提供"一站式"备案，缩短企业境内备案相关时间。

第三，进一步优化外资企业投资经营环境。一是深入推进外商投资"放管服"改革，进一步简化外资投资审批流程，缩短审批时间，提高审批效率，加强事中事后监管，确保外资企业的合法经营。二是充分发挥外资企业投诉工作机制作用，加大外商投资合法权益保护力度，落实好外资企业国民待遇。持续加强外商投资领域法治建设，加强对外资企业合法权益的保护。三是完善竞争中性政策的基础地位，促进内外资企业公平竞争。对标国际通行标准，加快完善以"边境内规则"为特征的深化改革开放，建立竞争中性的市场环境，构建对国有、民营和外资企业一视同仁、平等对待、统一监管的制度体系。取缔区别性、歧视性的优惠政策及不正当市场干预措施。四是采取有效措施解决好国外人才的入境、生活和教育问题。外资企业员工难以拿到本人和家人签证，影响了外企在中国的经营。对高层次国外人才，提供包括签证、暂住证、居住证、住房、医疗、子女教育、交通出行、金融服务等方面的"一站式"服务体系，提高国外人才在我国生活和工作的舒适感和获得感。为 RCEP 成员国符合条件的外商投资企业聘雇并推荐的外籍高级管理、技术人才申请永久居留提供便利。五是健全外商投资公共服务体系和平台建设，强化政策宣传和法律服务支撑。指导外资企业用足用好国家、省、市各项支持政策，帮助外企协调处理对外贸易、对外投资及出口转内销业务方面的法律问题。六是加强知识产权保护力度，保护外资企业在高科技产品以及现代服务业产品方面的知识产权。

（四）对外投资领域

1. 引导企业利用 RCEP 机遇主动"走出去"

第一，鼓励厦门企业到 RCEP 成员国提前布点。可利用"前期先成立办事处、成熟后设立平台公司"的模式，在营商环境较优的日韩及东南亚地区设立平台公司。鼓励有条件的厦门物流龙头企业到日本、韩国、东南亚国家等主要跨境电子商务出口国建设海外仓，搭建以海外仓为支点的出口目的国配送辐射网点，提供"一站式"仓储配送服务。

第二，鼓励企业利用原产地累积规则、"背对背"原产地证明等制度在 RCEP 成员国优化产业和供应链布局。积极融入东南亚产业转移浪潮，依托 RCEP 投资自由化及劳动力成本优势带来的红利，鼓励企业以投资参股或战略合作方式在东南亚设立加工基地和物流设施，进一步发挥公司已建立农产品和矿产品海外资源优势。深入研究 RCEP 成员国的资源要素禀赋特点、产业发展特点，据此强化与各成员国的产业链供应链合作。围绕服务贸易、投资、原产地规则等领域的开放承诺，加快推动与 RCEP 成员国构建相互促进、互利共赢的产业链供应链体系。

第三，加强与 RCEP 成员国产能合作。持续开辟国际产能合作平台，促进企业参与 RCEP 成员国港口、铁路、公路、能源等重大基础设施项目建设，拓展境外工程承包项目。

第四，利用 RCEP 投资自由化契机，引导大型企业和企业集团建设一批境外经贸合作区，加快推进象盛镍业印度尼西亚经贸合作区等建设。境外经贸合作区已经成为我国主动"走出去"开展对外投资合作的重要方式，我国已经建设有 100 多个境外经贸合作区，包括国家层面和各级地方政府层面主导建设的，如柬埔寨西哈努克港经济特区、中国-越南（深圳-海防）经贸合作区、中国-白俄罗斯工业园区等。厦门可借鉴深圳、浙江、江苏等地区的经验，引导本市有条件的大型企业或者企业集团到 RCEP 成员国建设若干境外产业园区，从而推动本地企业"走出去"并巩固厦门与相关国家的产业链供应链联系。此外，要通过境外园区建设，带动厦门其他企业批量化抱团"走出去"，特别是带动更多贸易企业"走出去"。

2. 优化企业对外直接投资的政策环境

第一，继续推动经贸投资合作，减少境外投资备案时间。对于 3 亿美元以下的境外投资项目，在核实真实性情况下，尽量缩短审批备案时间。

第二，加强境外投资政策支持。为更好地鼓励企业"走出去"发展，建议厦门在政策上给予更多支持，例如将境外业务的效益与其他业务的经营情况区别考核或者给予考核剔除。在利息、税收等方面给予减免优惠，为企业提供境外融资支持等。适当简化人员因公出境、资金境内外流转等方面的审批流程。对于在 RCEP 成员国投资的重点投资项目，在中方人员出境方面给予特殊通道支持。

第三，针对制造业、高端服务业和资源能源类企业在 RCEP 成员国的对外直接投资，可在审批和资金方面给予绿色通道，加快审批速度。未来我国资源能源型对外直接投资可能会面临更多壁垒，政府层面需要进一步思考如何拓展企业对外直接投资空间、减少境外投资阻力。此外，要鼓励民营企业在制造业和资源能源领域的对外直接投资，在资金流出审批和融资上给予更多支持。

3. 提升对境外投资企业的海外服务能力

一是针对厦门企业对外直接投资落地难、资金短期、RCEP 成员国保护措施多、资质要求多、信息不透明等问题，要综合施策提高海外服务能力。

二是通过中国贸促会对外联络资源渠道、当地使领馆、行业协会等，协助解决企业对外直接投资面临的难点和痛点。三是利用海丝基金和股权投资基金给企业提供资金支持，鼓励政府投资基金和大企业联合或者组建联盟企业在海外建立产业园区，作为各类企业对外直接投资的基地和落脚地，引导企业批量化抱团"走出去"，形成完善的产业链供应链。四是有效发挥国贸集团、象屿集团等供应链企业的作用来引导中小企业"走出去"并提供相应的信息服务。

（五）公共服务领域

1. 进一步提高政府作为公共服务平台的功能

第一，建设完善 RCEP 企业服务中心，为企业提供商务、法律、税务、关务、物流等专业化服务，打造我国与 RCEP 其他成员国间"一站式"贸易投资服务平台。落实原产地企业备案与对外贸易经营者备案两证合一，原产地证书领事认证"一窗受理"，打造 RCEP "一站式"综合政务服务体系。依托"海丝中央法务区·云平台"，建立 RCEP 成员国产业法律等基础数据库，开展 RCEP 实施风险预警分析。

第二，充分用好现有的"9·8"投洽会、进博会等重大招商活动平台，增加投洽会（厦洽会）的 RCEP 元素内容。在这些平台基础上，由厦门商务局、经信局、贸促会等机构牵头，定期组织开展一些 RCEP 成员国的专业性的投资与贸易对接交流会、贸易对接会、服务贸易对接会、第三方产能合作研讨会等，邀请成员国的各类企业参加，为厦门与 RCEP 成员国间的企业搭建贸易投资合作的公共服务平台。

第三，加强厦门与 RCEP 产业合作委员会、中国-东盟商务理事会等组织的合作。通过合作，引导一些涉及 RCEP 的重要会议在厦门举办，邀请RCEP 成员国政府官员、商业领袖、行业协会负责人、学界人士等参与会议，提高厦门在 RCEP 成员国的影响力，打造区域内高端交流平台。其中，RCEP 产业合作委员会由 RCEP 的 15 个成员国组成，牵头机构是中国-东盟商务理事会，发起机构是 RCEP 成员国有关工商组织，旨在推动区域内各国贸易、投资、产业合作，推动 RCEP 建设。

第四，深入实施重点特色平台提升行动方案。做优做强航空维修、融资租赁、进口酒、进口毛燕、数字产品出口基地、文化出口基地等重点平台，推动厦门服务贸易发展。

第五，引进一批专业化服务机构落户厦门。推动落地国际商事争端预防与解决组织厦门代表处，引进知识产权运营公共服务平台等公共服务机构在厦门开展更多业务。引进各类律师事务所、各类交易平台等专业化机构落户厦门。积极引进一批 RCEP 成员国的各类国际组织在厦门设立办事处，强化厦门的国际服务功能。

2. 优化完善 RCEP 规则的推广宣传工作

第一，进一步完善 RCEP 相关政策的宣传推广工作。提高宣传培训工作的可操作性、针对性、普惠性、立体性，总结梳理 RCEP 相对其他现有协定在哪些产品、哪些方面有更多优惠，并形成一个 RCEP 与现有其他协定①的享惠（包括关税税率、双边投资等方面的优惠）对比清单，引导企业选择最适合自身需求的自贸协定。针对 RCEP 优惠政策的利用率进行系统的统计和分析、确定重点减税产品和重大减税企业，进行重点培训支持。针对厦门外贸企业的实际情况，分别对关税减让、原产地规则、知识产权保护、通关便利化等内容进行针对性、系统性宣讲解读。以企业、商品为单元，多维度对 RCEP 进口利用率进行动态分析，准确定位关区未享惠企业，横向比对相关商品税号项下对应的原产国、实征税率以及能够适用的各个协定税率、最低协定税率和预计免税税额，助力企业"惠中选惠"。

第二，加强出口企业走访调研，切实了解企业的实际需求和面临问题。针对享惠涉及环节中可能出现的难点，完善调查研究问卷，通过电话沟通、网上问卷、现场走访等方式对未享惠企业开展调查研究，通过新媒体收集企业需求，找准企业享惠痛点、难点。特别是加强走访日资企业和对日进出口

---

① 中国与 RCEP 成员国现有的自贸协定还包括：中国-东盟、中国-新加坡、中国-韩国、中国-澳大利亚、中国-新西兰自贸协定以及亚太贸易协定。

企业，从拓展对日经贸合作角度深入挖掘有利政策，最大化地发挥 RCEP 协定效力，促进对日本进出口贸易。

3. 科技赋能外贸服务效率提高

第一，利用大数据和人工智能系统给相关企业定向推送优惠政策。加强"线上+线下"相结合的宣传培训，选准重点企业靶向宣传，帮助小微企业了解规则、提前布局。持续提升业务便利化水平，推进原产地证书"智能审核+自助打印"，大力推广原产地证书全流程数字化服务。

第二，推广原产地证书自助打印制度，扩展到可以自助打印其他各类出口报关证书、表格和资料。优化"智能审核+自助打印"全流程智能签证服务，联合地方政府搭建 RCEP 智能享惠平台，实现政策咨询、证书打印等多项服务功能一体化集成。与 RCEP 成员国商谈，使更多国家接受厦门企业自助打印的原产地证书。充分运用我国与韩、日、泰等多国已建立的原产地信息智能核查机制以及与新西兰实现的原产地信息电子交换模式，快速验核证明真实性、经核准出口商资格，提升海关监管及服务效能。

4. 发挥贸促会等中介机构的作用

第一，鼓励厦门贸促会立足自身优势，为加深厦门与 RCEP 成员国经贸合作提供支撑。厦门贸促会、厦门国际商会作为经贸政策执行机构，要按照职能定位，多做"政府有必要但不便做，企业想做却做不了"的工作，在活跃贸易投资行业生态、搭建政企沟通平台方面发挥作用。贸促会要定期和不定期组织举办各类 RCEP 成员国间的经贸论坛，邀请 RCEP 成员国政要、驻华使节、国际工商机构、行业龙头企业负责人来厦交流研讨，促进厦门企业与 RCEP 成员国企业更多对接合作。

第二，鼓励厦门贸促会牵头召开 RCEP 成员国推介会，组织厦门企业到 RCEP 成员国交流洽谈。发挥厦门贸促会等机构的作用：一是邀请 RCEP 成员国贸促机构、商业协会等来厦门推介东道国的营商环境以及招商引资政策，为厦门企业解读政策、答疑解难，建立厦门企业与 RCEP 成员国组织的沟通联络渠道；二是组织举办各类与 RCEP 成员国的经贸对接、洽谈活动，邀请 RCEP 成员国工商界人士来厦门交流研讨，推动厦门企业与 RCEP 成员国企业双向经贸交流。

第三，针对部分 RCEP 成员国出口货款难回收问题，可进一步发挥出口信用保险机构的作用。鼓励成立民营出口信用保险机构，鼓励成员国的出口信用保险机构在厦门设立分支机构，为厦门出口企业提供相关保险服务。

（六）物流运输领域

要利用 RCEP 机会更高水平融入国际大循环，加强港口、机场、海运、空运等交通基础设施建设，增强国际物流通达性和时效性，巩固提升厦门在亚太区域国际商贸中心的地位。

第一，申请开通厦门与 RCEP 成员国的更多航线，进一步织密厦门外贸干线网络，积极构建"RCEP+丝路飞翔"物流大通道，使厦门成为连接日本、韩国与东南亚、澳大利亚等地区的中转枢纽。一是增加直飞或经停航班数量，覆盖更多的 RCEP 成员国。鼓励国内外航空公司增加航班频率，提供更多的航空运力。二是根据市场需求和运力情况，优化航线网络，提高航班计划的灵活性和适应性。采取点对点航线结构，缩短航班时间，提高航班频率。三是鼓励航空公司开展货运业务，提供更多的货运运力。可以提供货运补贴、税收优惠等政策支持，吸引更多的航空公司参与货运业务。四是支持开辟、加密 RCEP 成员国全货运航线，提升空中货运网络通达性。

第二，加强海运、铁路、公路等多种运输方式的衔接和配合。推动多式联运发展，实现不同运输方式之间的无缝衔接，提高物流运输的灵活性和适应性。进一步推进多式联运"一单制"改革，加快建设中国-东盟多式联运联盟基地和服务中心。推动试点企业在 RCEP 成员国设立办事处，支持在 RCEP 成员国设立集装箱海外还箱点，完善全链条服务。探索试点航空快件国际中转集拼，推动厦门与 RCEP 成员国之间冰鲜水产品、冷链产品和高附加值产品的高效快速运输。

第三，完善"丝路海运"国际航运综合服务平台和"丝路海运"联盟，服务更多 RCEP 成员国。积极提供物流全程可视化、命名航线监测、公共订舱、联盟运营管理等服务，促进港口领域降本增效提质。支持"丝路海运"班轮与厦台海空航线、中欧（厦门）班列对接。提升中欧（厦门）班列运行效率，优化班列运行线路，拓宽班列货源渠道，增强回程揽货能力，探索开通海铁联运客户定制专列，构建连接东盟中亚海陆枢纽通道，放大中欧（厦门）班列辐射牵引作用。

第四，进一步提高物流便利化水平。加强与 RCEP 成员国之间的沟通协调，进一步推动口岸通关便利化，简化通关流程，降低通关成本，提高货物快速通关和转运效率。完善"6 小时通关""24 小时过境免办边检手续""144 小时过境免签"等政策。进一步推广无纸化通关、实施预归类制度、提供"一站式"服务等措施。

第五，完善物流运输服务能力和效率。进一步支持象屿速传构建以中欧班列、中国-印度尼西亚、中国-越南、中国-泰国及全球大宗干散货国际租船为主的国际物流服务能力，在印度尼西亚、越南、泰国、新加坡、新西兰等 RCEP 成员国设立更多运营网点。精准对接航运及进出口贸易企业需求，拓展航线网络，深化港航合作展。提升物流设施水平，投资建设现代化的物流设施，如智能仓储、配送中心、中转站等，以提高物流运输的效率和准确性。优化仓储配送网络，在 RCEP 成员国重要节点城市建设智能仓储和配送网络，实现货物快速分拨和配送，提高物流运输的及时性和准确性。

第六，加强信息化建设，推动企业间的物流信息共享。实现物流信息的实时更新和共享，提高物流运输的透明度和可追踪性。以推动建立公共信息平台、开发物流管理软件、推广物联网技术等方式实现信息共享。加强与 RCEP 成员国之间的合作与信息共享，推动航空运输的便利化和规范化。与 RCEP 成员国建立合作机制，共享航班信息和运力资源，提高航空运输的效率和准确性。

（七）地区经贸合作领域

要充分利用 RCEP 全面生效背景下厦门连接 RCEP 成员国和中国台湾以及金砖国家的优势地位，将厦门打造成联通中国台湾和金砖国家的经贸合作枢纽。同时，要利用厦门自贸片区制度创新优势，推动厦门制度型开放步伐。

第一，用好 RCEP 规则吸引台胞台企台资来厦投资、兴业、创业。中国台湾不是 RCEP 成员，RCEP 生效可能导致台湾经贸边缘化风险，为厦台经贸合作提供了新机遇。因此，一是加强厦台产业融合，加快建设海峡两岸集成电路产业合作试验区等产业合作平台，大力引进台湾百大企业及泰博科技、永联物流等行业领军企业。探索与台资主体开展 RCEP 成员国第三地投资合作。二是适度超前开展交通物流基础设施建设，构建两岸物流大通道，推动台湾地区货物经由厦门出口。畅通厦门与高雄、台中航路，增加两岸直航快船航线，打造以金门为中转、海翔码头为集货中心的两岸快递物流通道，促进周边货物经厦台海陆空多式联运集散。三是大力吸收台湾地区的高素质人才，进一步扩大直接采认台湾职业资格范围。逐步扩大取得国家法律职业资格的台湾居民在闽从事律师职业的执业范围。四是放宽台湾地区高端人才在厦门的居住和落户限制。落实《中共中央　国务院关于支持福建探索海峡两岸融合发展新路　建设两岸融合发展示范区的意见》，取消台胞在厦门的暂住登记，鼓励台胞申领台湾居民居住证，实现台胞在厦门定居落户"愿落尽落"。扩大台湾居民居住证身份核验应用范围，努力实现台湾居民居住证与大陆居民身份证社会面应用同等便利。完善台胞在厦门的就业、就医、住房、养老服务、社会救助等制度保障，试点将在厦台胞纳入社会保障体系。落实厦门与金门加快融合发展，实现金门居民在厦门同等享受当地居民待遇，打造厦金"同城生活圈"。

第二，用好 RCEP 规则助力厦门金砖创新基地建设。一是利用 RCEP 给厦门带来的对外经贸合作优势，推动厦门与金砖国家展开更加深入的产业合作，发挥厦门作为联系 RCEP 成员国与金砖国家枢纽的作用。二是吸引金砖国家的更多企业在厦门投资，建设区域性总部或者在厦门设立各类研发营销中心。对于金砖国家企业在厦门设立子公司、区域性总部和营销中心的，要给予各类政策性优惠和鼓励。三是结合厦门金砖创新基地的重点发展产业以及金砖国家的优势产业，扩大厦门与金砖国家的产业互补和合作，强化彼此的产业链供应链联系，从而助益企业打通 RCEP 与金砖国家市场。

第三，以厦门自贸片区为基础，以 RCEP 成员国为主要对象，推动制度型开放。厦门在融入 RCEP 过程中，应推进制度型开放，与国际制度更好对接。以厦门自贸片区为核心平台载体，实现贸易投资规则创新发展，以开放促改革，进一步优化政务公共服务和营商环境。

一是推动厦门市对外贸易投资规则进一步与国际接轨。厦门要瞄准 RCEP 规则，大力推动规则、管理、标准等制度与 RCEP 相衔接，在促进资金、技术、人员等要素的"要素型开放"的同时，加快规则、规制、管理、标准等的"制度型开放"，要把握机遇，先行先试，充分发挥自贸试验区制度创新优势，率先落实 RCEP 过渡性条款，推动投资便利化、服务贸易负面清单、数字贸易、跨境电子商务等协议内容在厦门自贸片区率先落地。

二是以开放促改革，实现自身贸易投资规则创新发展。应借助融入 RCEP 机会，以开放促改革，要继续推进"放管服"改革，完善行政审批制度，创新并健全市场监管，减少不当干预，维护市场公平竞争，持续推进政务公共服务不断优化；要积极推动投资从"正面清单"向"负面清单"制度转变，全面放开制造业准入限制，加快服务贸易部门高水平开放；要积极开展海丝中央法务区的涉外法律服务模式探索，重点引进 RCEP 成员国的法务机构开展法律服务业务，扩大本国法务机构和 RCEP 成员国法务机构的合作，以提升涉外法务工作水平实现提升涉外营商环境。

三是落实《关于在有条件的自由贸易试验区和自由贸易港试点对接国际高标准推进制度型开放的若干措施》（国发〔2023〕9 号），在 RCEP 框架下加大高水平压力测试和探索实践。在厦门自贸片区内，对于与 RCEP 成员国的进出口贸易和双边投资活动，要不断创新货物贸易、服务贸易、数字贸易、商务人员临时入境、优化营商环境等方面的措施。在货物贸易方面，针对不同使用目的的产品，采取灵活的进出口监管措施。放宽 RCEP 成员国的金融、保险、咨询、审计等现代服务业机构在厦门自贸片区的经营许可和业务范围、服务对象，引进更多 RCEP 成员国的高端服务业企业，提高外资持股比例，允许其服务厦门自贸片区内的更多企业。制定鼓励类境外专业人员的专业服务清单，建立境外职业资格单向认可工作程序，对专业人员取得的境外职业资格实行单向认可，允许符合条件的具有境外职业资格的专业人员经有关部门审批备案后提供专业服务。延长在厦门自贸片区内工作的 RCEP 成员国工作人员的停留时间，随行家属可享受口岸签证办理便利。随行家属入境后，可在出入境管理部门申请换发与专家本人所持签证入境有效期相同、入境停留期限相同的签证。此外，在厦门自贸片区内企业与 RCEP 成员国之间，适当放宽跨境数据流动的限制，实行更加便利自由的跨境数据流动制度。对于与跨境电商、数字服务贸易特别是文化数字贸易、游戏等相关的数据跨境流动，给予更多自由度。

后　记

　　本书是中国社会科学院与厦门市政府战略合作的院际系列成果之一。全书由中国社会科学院经济研究所原所长黄群慧负责总体框架设计，厦门市发展研究中心主任彭朝明具体指导，中国社会科学院经济研究所和厦门市发展研究中心的多名专家参与研究和写作。具体分工如下：前言由黄群慧执笔；主报告"厦门与 RCEP 成员国经贸合作的背景、前景与对策"由黄群慧、刘洪愧、刘学良执笔；专题报告一"RCEP 成员国经贸发展现状和潜力"由续继执笔；专题报告二（RCEP 协定下国际贸易投资新规则的特点与中国安排）由王骁执笔；专题报告三"厦门与 RCEP 成员国间的贸易往来"由倪红福执笔；专题报告四"厦门与 RCEP 成员国间的双边投资"由张小溪执笔；专题报告五"RCEP 给厦门对外经贸发展带来的机遇与挑战"由刘学良、刘洪愧执笔；专题报告六"厦门加强与 RCEP 成员国经贸合作的模式与政策"由刘洪愧执笔。刘洪愧承担了课题的组织协调工作。

　　在项目研究和本书写作过程中，课题组于 2023 年 9 月赴厦门展开调研，与厦门市发展和改革委员会、工业和信息化局、商务局、贸促会、税务局以及国家金融监督管理总局厦门监管局、厦门海关等部门开展座谈交流，并对厦门市相关园区和企业进行实地调研。厦门市发展研究中心对调研过程给予了周到的安排。厦门市发展研究中心在项目研究思路、资料整理、成果报告修改等方面做了大量工作和贡献。厦门市发展研究中心各位同志的大力支持是本项目研究得以顺利执行和成果出版的关键，在此对他们表示诚挚的谢意！

社会科学文献出版社的领导和编辑老师为本书的出版付出了大量的心血，在此一并表示感谢！当然，限于写作时间和作者水平，书中难免存在错误和遗漏之处，敬请读者批评指正。

著者

2024 年 12 月

图书在版编目（CIP）数据

RCEP 框架下的经贸合作：基于厦门市的研究 / 黄群
慧等著 . --北京：社会科学文献出版社，2024.12.
ISBN 978-7-5228-4603-3

Ⅰ. F127.573

中国国家版本馆 CIP 数据核字第 2024X01S07 号

RCEP 框架下的经贸合作：基于厦门市的研究

著　　者 / 黄群慧 等

出 版 人 / 冀祥德
责任编辑 / 史晓琳
责任印制 / 王京美

出　　版 / 社会科学文献出版社·经济与管理分社（010）59367226
　　　　　 地址：北京市北三环中路甲 29 号院华龙大厦　邮编：100029
　　　　　 网址：www.ssap.com.cn
发　　行 / 社会科学文献出版社（010）59367028
印　　装 / 三河市东方印刷有限公司

规　　格 / 开 本：787mm×1092mm　1/16
　　　　　 印 张：17　字 数：256 千字
版　　次 / 2024 年 12 月第 1 版　2024 年 12 月第 1 次印刷
书　　号 / ISBN 978-7-5228-4603-3
定　　价 / 128.00 元